城乡最低生活保障对象
认定机制问题研究

Research on the Targeting Mechanism of
the Minimum Living Security Objects in
Urban and Rural Areas

刘央央 著

经济管理出版社
ECONOMY & MANAGEMENT PUBLISHING HOUSE

图书在版编目（CIP）数据

城乡最低生活保障对象认定机制问题研究 / 刘央央著 . -- 北京：经济管理出版社，2020.6

ISBN 978-7-5096-7141-2

Ⅰ.①城… Ⅱ.①刘… Ⅲ.①社会保障制度—研究—中国 Ⅳ.① D632.1

中国版本图书馆 CIP 数据核字（2020）第 093446 号

组稿编辑：张　艳
责任编辑：张　艳　乔倩颖
责任印制：黄章平
责任校对：张晓燕

出版发行：经济管理出版社
　　　　　（北京市海淀区北蜂窝 8 号中雅大厦 A 座 11 层　　100038）
网　　址：www.E-mp.com.cn
电　　话：（010）51915602
印　　刷：三河市延风印装有限公司
经　　销：新华书店
开　　本：720mm×1000mm/16
印　　张：16.25
字　　数：292 千字
版　　次：2020 年 8 月第 1 版　2020 年 8 月第 1 次印刷
书　　号：ISBN 978-7-5096-7141-2
定　　价：59.00 元

近年来，随着社会经济发展，我国贫困表现方式呈现多样性，由收入型贫困转变为收入型贫困与支出型贫困并重，支出型贫困成为当前贫困的主要表现方式之一，有效解决支出型贫困问题成为政府民生领域的重要任务，也是学术界关注的焦点。城乡低保制度（以下简称"城乡低保"）作为当前我国社会救助体系的核心内容，缺乏对贫困表现方式变化的应对举措，主要表现为该制度的对象认定机制尚无相应的改进措施。因此，深入研究城乡低保对象认定机制问题，有助于完善我国贫困救助制度的对象认定，从而实现对贫困对象的精准识别与精准救助，对我国城乡支出型贫困的缓解具有重要的理论价值和现实意义。

我国城乡低保对象认定机制包含认定标准和瞄准机制，部分地区将城乡低保作为缓解支出型贫困的救助措施，向全国推广这一做法是否具有可行性与必要性？答案若是肯定的，城乡低保对象认定机制又该如何应对？基于此，本书围绕"城乡低保对象认定机制问题"这一主题，重点关注以下三个问题：第一，在贫困表现方式发生变化的背景下，城乡低保对象认定机制存在什么问题？第二，导致城乡低保对象认定机制问题的原因是什么？第三，未来应如何优化城乡低保对象认定机制？

为解决上述问题，本书以目标定位理论、政策网络理论等理论为依据，在文献研究的基础上，综合运用统计分析、实证分析、案例分析等多种方法和手段，在论证将支出标准纳入城乡低保对象认定标准的必要性与可行性的基础上，对我国城乡低保对象认定机制问题、原因进行全面系统研究，并借鉴香港地区的实践经验，探索能精准识别支出型贫困对象的城乡低保对象认定机制优化对策。

本书的主要结论包括以下内容：

第一，城乡低保对象认定标准应增加支出标准。理论研究认为应以收入与支出标准来衡量贫困，收入标准反映基本物质资料的缺乏，而支出标准则反映发展型资源的缺乏。城乡低保对象认定标准瞄准的是贫困对象，应随贫困衡量标准的变化而调整为收支双重标准，多个国家与地方的实践也验证了贫困及社会救助对象实行双重认定标准的合理性。根据实证研究结果，城乡低保存在"悬崖效应"，一方面证明了城乡低保对低保家庭的支出型贫困具有一定的减贫效应，说明城乡低保救助支出型贫困具有可行性；另一方面凸显了制度的不公平性，即同等贫困程度的低保家庭与非低保家庭，前者因获得低保救助未来陷入支出型贫困的可能性显著低于后者，从而论证了城乡低保对象认定标准增加支出标准的必要性。

第二，城乡低保对象认定机制瞄准效率相对较低。已有文献认为我国城乡低保对象认定机制的瞄准效率不高，但是其是在缺乏参照前提下得出的结论。本书基于家庭贫困程度的差异构建了体现贫困敏感性的覆盖率和误保率指标，并分别以最小二乘回归、SVR等模型构建的代理家计调查法为参照基准，研究我国城乡低保对象认定的瞄准效率。结论显示，代理家计调查法的瞄准效率优于城乡低保的瞄准方法，特别是基于 SVR 的代理家计调查法的预测结果，在各类样本组的所有指标中均具有最优表现。

第三，城乡低保对象认定机制认定标准和瞄准机制存在问题。本书进一步通过对访谈内容进行深度分析，发现导致城乡低保的"悬崖效应"与瞄准效率相对较低的原因在于认定标准设置和瞄准机制的不合理。在认定标准设置上，收入标准与家庭财产标准设置的缺陷，以及全国范围内大部分地区支出标准的缺失，导致无法认定事实贫困对象，从而产生"悬崖效应"；瞄准机制的问题则主要表现在居民家庭经济状况核对机制问题与基层行政执行偏差上，具体包括数据共享困难，核对人员能力还不能适应当前核对工作的需要，人情保、维稳保及评选民主化虚设等问题。

第四，导致城乡低保对象认定机制问题的原因为政策网络内多元主体利益冲突。基于政策网络理论分析，城乡低保对象认定机制问题是由多元主体利益冲突所导致的。政策社群内以及地方政府间网络行为主体之间的博弈造成城乡低保对象认定标准设置的缺陷，地方政府间网络内的各类行为主体之间的利益考量造成了居民家庭经济核对机制的数据无法实现互联互通，地方政府间网络以及议题网络的行为主体之间的互动造成了基层政策的执行偏差行为。

第五，城乡低保对象认定机制需进一步优化。需进一步探索全方位的、衔接紧密的、可操作的优化措施来提升城乡低保对贫困家庭瞄准的精准度。在现有城乡低保制度的基础上，优化思路的主要内容包括：在对象认定标准方面，以民众利益为公共政策制定目标，减少博弈，将支出标准纳入城乡低保对象认定标准中，设计合理的刚性支出项目与资格认定方案；在居民家庭经济状况核对机制方面，依托国家电子政务信息共享机制建设，加强居民家庭经济核对机制建设；在基层行政管理方面，完善基层执行者的激励机制，平衡工作压力等；最后，对其他配套措施进行优化改进，包括出台社会救助法律以提高民众的违法成本、加大政府财政投入以及城乡低保监督机制的完善等。

c o n t e n t s 目录

第1章

绪论

第一节 选题背景与研究意义

一、选题背景

本书的主题为城乡低保对象认定机制问题研究，研究的主要目的是促进我国城乡低保制度实现对城乡支出型贫困对象的精准瞄准。瞄准被救助对象的前提是贫困对象的精准识别，因此本书将选题背景概括为三个部分：第一，贫困表现方式的多样性，城乡贫困的表现方式为收入型贫困与支出型贫困并存，由此形成对贫困的全局性认识；第二，贫困对象识别与救助对象识别标准的变化，回应了贫困表现方式的变化；第三，我国城乡低保对象认定机制的现实困境，凸显出城乡低保对象认定机制没有随贫困表现方式的变化而变化的弊端，进而对支出型贫困对象的瞄准形成挑战。具体分析如下：

（一）贫困表现方式的多样性

随着我国经济社会发展、人口老龄化及人口政策的变化，城乡地区出现了物价上涨、医疗服务成本上升现象，导致老年人照护费用和医疗支出增加；女性就业与全面放开二胎的计划生育政策，导致与工作相关的支出增加（如女性为出去就业必须将孩子委托给机构照顾而形成的孩子各类照顾费用、交通费用等）；子女抚养费用（生活费用和医疗费用）与教育费用增加；健康、就业及教育费用形成了较高的、刚性的、发展型支出[①]，使得一部分群体的收入不足

[①] 谢宇，谢建社.发展型社会政策视角下的支出型贫困问题研究［J］.学习与探索，2017（3）：40-47.

以应对各类大额支出，家庭收入与各种资源难以应付，家庭出现"入不敷出"现象而陷入贫困，即为支出型贫困。根据国务院扶贫办发布的数据显示，2015年我国因病致贫人口、因学致贫人口分别占总贫困人口的40%、10%，2016年全国因病致贫人口比例上升到44%，支出型贫困（主要是因病致贫）成为当前主要的贫困类型之一，也成为成本更高、难度更大的难题[①]。此类贫困并不一定是绝对收入的不足，主要呈现出贫困的多维性[②]，广泛存在于城乡地区。由此，随着支出型贫困人口的增加与收入型贫困人口的减少，贫困主体也不再是单一的收入型贫困人口，我国贫困表现方式出现收入型贫困与支出型贫困并存的局面，呈现出多样性特征[③]。

（二）贫困对象与救助对象认定标准的变化

面对不断变化的贫困问题，贫困对象的识别与认定成为亟待解决的重要问题。为了解决这一问题，一些西方发达国家已逐步调整贫困衡量标准。针对家庭支出的增加导致家庭陷入支出型贫困的情况，早在20世纪90年代初，美国就有研究指出应实行在原有的收入标准基础上增加支出标准[④]的补充贫困线标准（Supplemental Poverty Measures）[⑤]，2010年美国国会通过关于补充性贫困测量的法案，将家庭生活支出如工作开销、自费医疗费用、照顾儿童的费用等作为贫困测量的扣减项目。[⑥]2017年欧盟统计局提出新的贫困衡量标准，主要包括：应对家庭的意外支出能力；是否每年具有外出旅行一周的能力；是否具购买房产和租房的压力；生活中是否能够吃好、穿好和住好；家庭是否拥有车

---

① 沈秋，刘永富.党的十八大以来中国每年减贫超1300万人［EB/OL］.中国网，http：//www.china.com.cn/news/cndg/2017-10/10/content_41711032.html，2017-10-10.

② 李小云.2020年之后会是一个没有"贫困"的时代？［EB/OL］.南都观察网，http：//weibo.com/ttarticle/p/show?id=2309404085234772622956&infeed=1，2017-03-14.

③ 林闽钢.新历史条件下"弱有所扶"：何以可能，何以可为？［J］.理论探讨，2018（1）：42-46.

④ 下文中除了文献综述中出现的支出标准是指家庭消费支出以外，本书的标题及各章节内容出现的支出标准都是指我国部分地方政策实行的支出型贫困救助政策中的包括医疗、教育等支出在内的发展型支出。

⑤ Haveman，R.，et al. The War on Poverty：Measurement，Trends，and Policy［J］.Journal of Policy Analysis and Management，2015，34（3）：593-638.

⑥ ［美］Neil Gilbert，Paul Terrell 著.社会福利政策引论［M］.沈黎译.上海：华东理工大学出版社，2013：151-152.

辆；家庭是否能定期参与娱乐活动等 13 项指标，凡 5 项不达标者，均被列为生活在贫困线以下的人①。这些标准的改变直接决定了一国贫困对象的识别与社会救助对象的范围变化。

因大额支出造成的贫困问题，实质上是由于市场机制、公共服务发展及收入分配不合理导致的，体现的是发展不平衡，我国政府对此已有深刻认识，不断出台减轻民众生活负担的措施。一方面，在收入分配领域出台多个政策以缩小收入差距，如调整税收政策以减轻生活负担，个人所得税首次增加了专项附加扣除，可扣除包括子女教育、继续教育、大病医疗、住房贷款利息或者住房租金、赡养老人等的支出，②从税收角度减轻大额支出造成的生活负担，改变了以往单一的收入标准。另一方面，通过精准扶贫政策以解决农村的贫困问题。精准扶贫自 2013 年首次提出以来，理论界与实务界对其展开深入解读与广泛执行，精准扶贫主要包括精准识别、精准帮扶、精确管理三个核心环节③，其中，精准识别是精准扶贫的前提环节，精准识别是指利用贫困标准将贫困对象识别出来的管理过程，其中涉及贫困标准的设立与对象识别过程的管理。在部分地方政府实践中，改变以往单一的收入标准识别办法，探索多种识别标准与方法，如"三保障"（义务教育、基本住房、基本医疗）、"四看法"（一看房、二看粮、三看劳动力强不强、四看有没有读书郎）等。除此之外，国家层面也提出建立多维的贫困对象识别机制，即建立以收入为主要标准，结合住房支出、健康支出等情况的综合识别机制④。由此，以收入为衡量标准的贫困识别方法得以向多维性的贫困识别方法转变。

同时，在脱贫攻坚后期，支出型贫困群体成为深度贫困以及脱贫难度较大的主体，如何解决这部分群体的贫困问题成为我国扶贫任务能否成功完成的关键。为解决这批群体的支出型贫困问题，农村低保制度与扶贫开发有效衔接出现了新的发展方向：在农村低保对象认定机制中，引入支出标准将因病与因学致贫的、非低保户的贫困对象纳入低保。如相关文件提出"应根据家庭收入、

① Oriental Wealth Network. Europe to Redefine the Boundaries between Rich and Poor : The Youngest Poor in Italy at least［EB/OL］. http：//westdollar.com/sbdm/finance/news/1351，201712258158 53573.html，2017-12-25.

② 资料来源：《国务院关于印发个人所得税专项附加扣除暂行办法的通知》（国发〔2018〕41 号）。

③ 黄承伟，覃志敏.我国农村贫困治理体系演进与精准扶贫［J］.开发研究，2015（2）：56-59.

④ 资料来源：《国务院扶贫办关于印发〈扶贫开发建档立卡工作方案〉的通知》（国开办发〔2014〕24 号）。

财产及刚性支出评估家庭的贫困程度"[1]。由此可见，在脱贫攻坚的后期，农村低保肩负缓解支出型贫困的重要任务，通过改变农村低保对象认定标准，增加支出标准将农村支出型贫困对象纳入农村低保，农村低保对象的认定标准也由收入标准向多维标准转变[2]。

我国城市地区也存在着大量的支出型贫困家庭，其贫困程度并不亚于低保家庭，虽然多个地方政府出台多种支出型贫困救助政策，但政策实施之后陷入申请人过少、符合条件的人过少、与其他救助项目重合、政策碎片化等尴尬之处，如何解决城市支出型贫困问题仍未形成共识，根据农村低保的政策实践，将城市支出型贫困对象纳入城市低保、扩展城市低保对象认定标准或许可以成为一种值得借鉴的方式。

（三）我国城乡低保对象认定机制实践与困境

城乡低保对象认定机制主要包括两部分内容：第一为低保对象认定标准，即设定相应的收入、财产等标准找到合乎资格的受益人；第二为低保对象瞄准机制，即实施科学的瞄准方法对困难群体进行瞄准[3]。我国现行的社会救助体系形成了低保、特困人员供养、受灾人员救助、医疗救助、教育救助、住房救助、就业救助、临时救助8项制度和社会力量参与的"8+1"模式，该模式的救助对象认定机制以收入为主要衡量标准，将收入低于低保标准的困难人群纳入救助网，同时利用入户调查、民主评议等瞄准方法确定救助对象。通过这种认定机制，我国社会救助制度瞄准了部分城乡困难群体，以2017年为例，城乡低保总共瞄准了城乡困难人员5306.2万人[4]，为城乡困难群体提供了多样化的、综合性的救助保障，增强困难群体面对不同风险的能力与安全感。

然而，我国城乡低保对象认定机制也存在以下问题：第一，对实际贫困群体的瞄准出现偏差。转型时期的特殊性导致因病、因学、因其他突发事件而导致家庭陷入贫困状况的支出型贫困现象越来越多，但目前的认定机制是以收入

---

① 资料来源：《国务院办公厅转发民政部等部门关于做好农村最低生活保障制度与扶贫开发政策有效衔接指导意见的通知》（国办发〔2016〕70号）。

② 朱梦冰、李实.精准扶贫重在精准识别贫困人口——农村低保政策的瞄准效果分析［J］.中国社会科学，2017（9）：90-112.

③ 本书将在第2章第一节内容中进行论证。

④ 资料来源：民政部《2017年社会服务发展统计公报》。

为城乡低保对象认定标准，从收入角度将收入高于城乡低保标准的支出型贫困对象排除在救助网外，产生了悬崖效应，实际贫困群体则因为认定机制的瞄准偏差而无法获得救助。第二，仅维持救助对象的最低生活水平。收入标准是基于维持家庭最低生活水平而设定的，也就意味着它只能保障低保家庭的最基本生活水平，对家庭的住房、教育、医疗、就业与创业等方面的潜在支出，所能提供的救助不足，不利于被救助对象提高参与社会的能力，因此以收入为低保对象认定标准是将被救助家庭维持在最低生活水平，解决贫困家庭基本生活物品与服务的供应不足问题，但在促进贫困对象发展方面效果不理想。第三，目标瞄准效率较低。现行认定机制本身存在设计漏洞，如难以确认隐性收入、缺乏有效的收入与财产审核与监督机制等问题，进而出现"人情保、关系保"为代表的错保现象与"宁漏勿错"（指为减少误保，宁可少保一些）[1]的漏保现象并存[2]，导致城乡低保的目标瞄准效率问题，社会救助资源无法得以正确配置。

基于上述背景，本书认为一国的社会救助体系应随着贫困类型的变化，它处于一个不断完善的动态发展过程，城乡支出型贫困的出现，促使社会各界去思考如何通过优化我国现行城乡低保制度以缓解支出型贫困问题，缩小社会贫富差距。部分地区的农村低保对象认定标准中增加支出标准，它被作为脱贫攻坚后期缓解支出型贫困的有效手段，同时部分地方政府也在原有城乡低保对象认定机制运行基础上增加支出标准，但绝大部分地方政府则采取其他做法，由此可见，将支出标准纳入城乡低保对象认定机制尚未成为全国统一的做法，那么它可以成为全国统一的制度安排吗？如果可以，在瞄准支出型贫困对象时，城乡低保对象认定机制又会碰到哪些问题呢？未来又该如何优化呢？

围绕上述问题，本书将着重研究如下问题：

（一）城乡低保对象认定机制的界定

当前，城乡低保对象认定环节存在较多问题，这促使低保对象认定需要建立有效机制，以提升低保对象认定效率。城乡低保对象认定过程，理论上是一个连贯的、紧密配合的过程，但在实践中散落在不同的部门、不同的岗位上，形成多头领导与分散操作，无法对认定过程进行严密控制，任何一个环节的失

---

① 祝建华，邓茜钰."宁漏勿错"与"宁错勿漏"：低保制度目标定位的两难及化解 [J].学习与实践，2017（9）：101–108.

② 该问题为城乡低保治理的重要问题，2018 年民政部开展为期 3 年的农村低保专项治理工作。

败就会导致对象认定失败，由此本书认为从整体视角对城乡低保对象认定机制的研究具有必要性。那么什么是城乡低保对象认定机制？它应包含哪些内容？等等这些问题亟待我们深入研究。

（二）城乡低保对象认定机制问题研究

在当前社会经济发展背景下，城乡低保对象认定机制遇到以下两个问题：一方面以收入为主要认定标准的做法是否应该改变，以收入为主要认定标准已然无法救助支出型贫困对象，那么是否应该把支出标准纳入城乡低保认定标准之中？另一方面，城乡低保对象认定瞄准机制问题，在瞄准城乡支出型贫困对象时，现行的瞄准机制能否准确瞄准？具体分为以下两个方面：

1. 城乡低保对象认定标准缺乏支出标准问题验证

该问题将围绕支出标准纳入城乡低保对象认定标准的可行性与必要性验证与研究展开，只有该做法是可行的、必要的，那么才能得出上述问题成立的结论。

（1）支出标准纳入城乡低保对象认定标准的可行性验证。城乡低保制度因支出型贫困的存在而出现部分政策变异，一些地区维持原有做法，另一些地区则在城乡低保对象认定标准增加支出标准，既然已有部分地区实行该政策，为保证制度的统一性，全国是否应统一推行该做法？回答该问题，必须明确城乡低保对低保家庭的支出型贫困具有较好的减贫效应，只有证明该问题，才能说明城乡低保可以用来解决支出型贫困问题，支出标准纳入城乡低保对象认定标准才是可行的。

（2）支出标准纳入城乡低保对象认定标准的必要性验证。在上述内容的基础上，说明支出型贫困的存在使得支出型贫困的非低保家庭面临与低保家庭同等程度的贫困，低保家庭因获得城乡低保救助而摆脱贫困，但支出型贫困的非低保家庭却面临更大的生存压力，进而论证支出标准纳入城乡低保对象认定标准的必要性。

2. 城乡低保对象认定机制瞄准效率问题研究

低保对象认定过程中出现种种弊端，但需从全国范围对该问题进行测算，与此同时，不少研究已证实我国低保对象认定机制的瞄准效率存在问题，但对问题的严重程度的研究较少。效率高低问题其实是一个相对的概念，只有通过参照物进行对比，才能发现问题的严重程度，因此，在有参照调查方法的情况下，低保对象认定机制的瞄准效率到底是怎样的呢？

在上述两方面内容研究基础上，进一步分析城乡低保对象认定机制存在的问题是什么。

（三）导致城乡低保对象认定机制问题的原因分析

城乡低保对象认定机制运行包含机制多个环节的互动，由于机制内的互动导致机制运行存在问题，那么是什么原因影响了机制互动？只有把握这些原因，我们才能"对症下药"，提出针对性的对策建议。

（四）进一步优化城乡低保对象认定机制的对策

该如何优化城乡低保对象认定机制？通过城乡低保对象认定机制的含义与现状研究，综合把握城乡低保对象认定机制的问题和原因，进一步探索优化城乡低保对象认定机制的对策建议。在当前体制环境和城乡低保对象认定实践的基础上，探索优化城乡低保对象认定机制的可操作路径，提升该机制的瞄准效率，为政府管理提供建议和参考，成为本书关注的最终问题。

二、研究意义

本书将在论证城乡低保解决支出型贫困的合理性基础上，进一步分析城乡低保对象认定机制存在的问题与原因，并提出改进措施，不仅有利于推动社会救助目标定位理论的完善与发展，丰富贫困理论内容，也有利于我国社会救助制度的健康发展。

（一）理论意义

1. 丰富了社会救助目标定位理论内容

城乡低保对象认定机制作为社会救助目标定位的主要内容，它是通过认定标准设置和瞄准机制来筛选救助对象，结合国内外文献研究，本书从以下方面丰富了该理论内容：一是丰富了社会救助对象认定标准研究。国际上通行的对象认定标准为收入标准、需求标准、财产标准、人员类别标准等，研究支出标准的社会救助政策实践较少，因此增加支出标准的低保对象认定标准研究能丰富社会救助目标定位的理论内容。二是构建了比较视野下的社会救助瞄准方法效率评估方法。结合国内外救助政策理论与实证方法，实证分析代理家计调查法与现行城乡低保瞄准方法的瞄准效率，为评价社会救助目标定位提供一个思路。三是丰富社会救助对象认定机制理论研究。完整的认定机制包含认定标准与瞄准机制两个方面内容，本书将认定标准与瞄准方法置于一个理论分析框架内进行研究，该研究思路克服了国内外研究将认定标准与瞄准机制作为单一部分研究所造成的研究视角的片面性问题，促进社会救助对象认定机制研究内容的完整性。

2. 有助于支出型贫困理论的发展

支出型贫困产生至今，学术界对其进行的研究较多侧重于实践政策层面的分析，缺乏对支出型贫困及其救助政策的理论论证，本书基于贫困衡量的收支标准、多维贫困标准理论分析，论证支出型贫困存在的合理性，扩展贫困理论研究范畴，并通过实证研究验证当前城乡低保制度的悬崖效应，论证了城乡低保用于解决支出型贫困的合理性，促进了支出型贫困理论的发展。

3. 扩展了发展型社会救助理论

以往贫困研究认为贫困是收入不足的体现，发展型社会救助理念则认为应救助物质贫困与体现人类发展能力方面的贫困，城乡低保对低保对象提供了医疗、教育、住房、就业等体现发展型社会救助理念的救助内容，但对救助对象的认定并未体现该理念，城乡支出型贫困的存在反映了城乡低保对象认定上发展型社会救助理念的缺失。因此研究我国城乡低保对象认定的支出标准，扩展了发展型社会救助理论内容。

（二）实际意义

1. 优化我国城乡低保对象认定机制，完善我国社会救助体系

原有城乡低保对象认定机制存在的弊端与不良影响，反映了社会救助制度设计存在的不合理之处，不利于体现社会救助制度的维护社会公平与反贫困功能，本书通过构建悬崖效应分析框架，验证支出标准纳入城乡低保对象认定标准的可行性与必要性，并进一步构建瞄准效率评价指标体系全面考察城乡低保对象认定机制的整体瞄准效率，结合访谈资料进一步分析城乡低保对象认定机

制存在的问题，并基于政策网络理论对城乡低保对象认定机制存在的问题进行原因分析，最后提出优化对策，有利于认定标准科学、瞄准方法有效的长效对象认定机制的形成，为社会救助资源的有效配置奠定基础，促进我国城乡低保制度的健康发展，完善我国社会救助体系。

2. 促进精准扶贫与低保政策有效衔接

精准扶贫理念要求精确瞄准贫困对象，它的首要步骤是精确识别贫困对象，它包括两个环节，一是贫困对象认定标准，二是根据标准寻找到合乎资格的受益人。在精准扶贫理念指导下，城乡低保对象认定机制作为公共资源的分配机制，它的有效发挥决定了社会救助制度反贫困效应。当前识别贫困对象的做法不局限于收入标准，将贫困对象的家庭医疗、教育等情况也列入贫困衡量标准，贫困标准的改变要求扶贫救助政策进行转型。把收支标准作为城乡低保对象认定标准进行则体现了这一要求。同时，本书提出的瞄准方法的改进，有利于精准定位贫困对象，促进精准扶贫工作高效开展，因此本书的研究将有利于社会救助政策更好地实现精准扶贫目标，形成精准扶贫与低保政策有效衔接。

3. 提升贫困群体的保障水平

优化城乡低保对象认定机制，有利于较好地瞄准贫困对象效率，将城乡低保对象由原来的收入型贫困对象扩展至支出型贫困对象、边缘贫困群体等中低收入家庭，提高他们抵抗社会风险的能力，增强安全感与归属感，最终有利于保障水平的提升。

第二节　国内外相关研究综述

城乡低保对象认定机制的内容包含认定标准、瞄准机制，国内外文献一般分为认定标准与瞄准展开研究，因此本书的国内外文献梳理将围绕这两个方面展开。

一、国外研究现状

（一）关于社会救助对象认定标准的研究

在社会救助对象认定标准的研究上，社会救助政策是促进社会资本再分配，保障社会公平的重要手段，但由于资源的稀缺性，决定了它是专门服务于根据特定标准划分出来的受益群体的[①]。为了能确定被救助对象，Atkinson 等（1999）认为应首先对贫困的定义达成共识，通常认为收入是衡量家庭贫困的主要指标，但由于全球福利制度的变革等因素，国外学者认识到收入作为贫困衡量标准的不足之处，应寻找新的标准来显示收入之外的致贫因素。Bader C. 等（2016）将贫困定义归纳为三种：基本物质资料缺乏，基本需求无法满足，资源、能力与权利相对剥夺，这三种定义对应的衡量标准分别为货币标准（Monetary）和多元贫困标准（Multidimensional Poverty Measures），前者是以收入标准为主，并广泛应用于世界各国的贫困对象及社会救助对象认定政策中，后者则将更广泛的、能够体现个人福利的产品与服务纳入考虑范畴，并逐渐成为对前者的补充方法[②]。

1. 关于贫困标准的研究

（1）货币标准。福利经济学一般认为当一个人没有达到社会制定的最低限度的某一经济福利水平时，就认为是贫困，因此学者们认为可以用衡量福利的方法去衡量贫困，在具体衡量方法上，福利主义者利用现代微观经济学理论，以福利比较为基础，以个体效用变化为评价公共政策的指标，同时按照家庭的消费行为对不同家庭规模和人口类型进行等值化或标准化处理。因此，对于贫困的衡量，他们认为人类活动从基本消费开始，通过度量人们基本消费支出，运用消费需求模型解释消费者对市场上商品的偏好，可以确定人们的效用水平，由此可见，福利主义者是赞成用消费或支出标准作为衡量贫困的。

弗里德曼的持久收入假说（Permanent Income Hypothesis）认为消费者的行为目的是效用最大化，收入分为持久性收入（家庭财富和预期收入）和暂时

① ［美］尼尔·吉尔伯特编.社会福利的目标定位——全球发展趋势与展望［M］.郑秉文等译.北京：中国劳动社会保障出版社，2004.

② Alkire, S. Valuing freedoms：Sen's Capability Approach and Poverty Reduction［M］. Oxford University Press，2005.

性收入，暂时性收入只是影响消费的因素之一，从长期来看，家庭消费决策是根据持久性收入做出的，因此当期收入并不能成为衡量福利的标准[①]。阿特金森（1992，1998）利用不同等价尺度，测算出不同类型家庭的消费效用，进而质疑政府设定福利水平或免税额以收入为标准的做法。Wong 和 Wong（2004）认为收入标准的贫困线与支出标准的贫困线是完全不同的，收入标准可以反映收入不平等情况，支出标准可以反映绝对贫困和相对贫困，它在呈现贫困因素方面更为可靠。Mike 和 Alissa（2006）等认为最贫困者的生活水平用支出来衡量更具有代表性，虽然以收入为衡量标准的反贫困政策有其成功的一面，但它并不一定能反映最底层收入分配情况。Douglas 等（2009）认为用收入作为贫困衡量标准首先无法充分考虑通胀、生活成本的区域差异以及家庭中成人和孩子的数量等因素，还无法考虑到家庭所有获得的金融资源。Gilbert（2009）认为收入标准使用起来比较方便，但它无法体现贫困的生活条件的体验，即饥饿、寒冷、无法满足正常的社会期望及对未来的恐惧，也忽略了其他可以缓解贫困的支持资源。诺贝尔经济学家迪顿的最重要贡献是提出按消费状况来衡量贫困，提出了一个几近理想的需求系统来估计和预测家庭消费预算。迪顿（2015）认为最方便的福利度量尺度是在价格不变时为维持所考虑的各种福利水平所必需的支出，从理论上来看，由于储蓄和透支的存在，收入的短期变动不一定会导致生活水准的变动；消费更能显示事实的生活水准（Living Standard），首先消费一般比较容易度量，收入由于自雇者的原因其数据收集相对较难，其次消费可以平滑短期收入变动，数据更为稳定，最后收入类型多样，在调查时易被混淆而引起数据出错，消费则不会。Carlos 等（2008）则认为长期收入是衡量福利的理想指标，但由于调查数据一般不会收集多年收入数据，所以当期消费是一个恰当地反映家庭的经济地位的福利指标，他利用西班牙的调查数据得出支出贫困比收入贫困更为严重，且这些家庭比收入贫困家庭受教育程度更低、实物资产更少、必需品相对支出更大；支出贫困家庭比收入贫困家庭更集中于极度贫困中，但若贫困线变化、失业率变化或通货膨胀变化，收入标准比支出标准更为敏感。Villar（2017）在选择反映不平等标准时，认为由于不同国家或地区的收入的事实价值不同，当相对价格发生变化时，发展中国家的市场没有完全发展，因此用收入标准去衡量这些国家的贫困较为困难，并不能反映贫困群体的需求；支出标准包含了一个经济单位的储蓄与借款

---

① 　Milton Friedman. A Theory of the Consumption Function ［M］. New Jersey：Princeton University Press，1957：20–31.

决策，对经济周期不大敏感，但它涉及财富变化，如果单独使用消费标准可能也不准确。

综上所述，从短期来看，在数据资料收集与反映事实贫困程度上，支出标准优于收入标准，这为支出标准成为贫困衡量标准建立了理论支撑。但长期来看，持久性收入是衡量福利的理想指标，支出标准对家庭财富的变化敏感性较低，则被认为不是一个理想的指标。两个指标各有利弊，没有明确的定论，所以部分学者认为在衡量贫困时应将收入标准与支出标准结合起来，支出标准作为收入标准的补充，用于衡量家庭长期福利或经济资源。

Borooah 和 McGregor（1995）认为贫困门槛的标准涉及三个原则，即公众可接受性（Public Acceptability）、统计数据的正确性（Statistical Integrity）、操作可行性（Operational Feasibility），因此，贫困的门槛应该反映出家庭食品、衣着及其他额外支出（如个人照护、门诊费用、交通费等），并随着家庭规模、区域住房家庭的差异、家庭支出的变化而变化，因此，他们认为美国的贫困线应该是绝对门槛和相对门槛的集合，前者是指官方设定的收入标准线，后者是指依据家庭规模和家庭需求变化而变化的支出标准，该研究结果被称为美国国家科学研究建议（NAS Recommendations），Haveman R. 等（2015）认为美国当局政府采纳了 NAS 建议，实行了基于支出标准的补充贫困线标准（Supplemental Poverty Measure，SPM）。迪顿（1999）曾指出单纯用收入评估家庭福利是不正确的，可以将收入与支出标准结合起来。David（2004）认为在衡量贫困上收入与支出两个层面应该相互补充，才能全面体现贫困。Haveman 和 Wolff（2005）则认为贫困包含家庭的经济资源和社会可以接受的最低的基本需求，用收入测量贫困仅测量了基本需要，无法测量出经济资源的信息。

（2）多维贫困标准。Sen（1981，2011）认为贫困是多维现象，他提出可行能力方法认为贫困是个人实现最低生活水平的可行能力的剥夺，而不仅仅是收入低下。这些因素正是支出型贫困的致贫原因，因此 Sen 的可行能力理论有效弥补了传统以单一收入标准衡量贫困的缺陷。Alkire 等（2009）也曾指出联合国开发计划署用多维贫困指数来补充和扩展贫困，以弥补收入标准的缺陷。Marlier 等（2009）提出以多维贫困标准来衡量欧盟国家贫困，多维贫困标准包括贫困风险、贫困距、长期失业、生活在失业家庭的成人数、提早退学人数和物质困境，这套方法可以甄别生活在风险中的群体并提供有价值的补充信息，它将社会保护和社会排斥与经济发展联系在一起，为贫困政策评估与政策设计提供更全面的理解。Gilbert（2009）认为它扩大了低收入贫困和社会排斥的分析框架，包括物质剥夺、缺乏教育、失业等问题，并产生新的见解推动救助政策议程进展。AF 多维贫困测度方法为当前主流的测量多维贫困方法，该方法基于教育、健康和生活水平三个维度形成 10 个指标体系（Alkire，2007；Alkire 和 Foster，2011）。Virginia 等（2013）利用孟加拉国两期减贫计划数据，通过反事实模型和 AF 贫困测量方法研究得出，贫困率会因为多维贫困的剥夺指标不同而不同。但由于多维复杂性与动态性导致很难找到一种可以兼顾多维个体分布与空间转移的测量方法，Duclos、Tiberti（2016）与 Alkire、Foster（2016）都认为多维贫困测量方法需要进一步改善。Bader C. 等（2016）运用收入标准与多维贫困标准对老挝的贫困人口进行测算，他们发现多维贫困标准在确定贫困人群方面发挥了重要作用，用收入标准和多维贫困标准来衡量贫困，两种标准共同测算出 60% 的人为穷人，两种标准在识别贫困对象上存在重叠性。政府应整合收入标准与多维贫困标准测，促使贫困对象的认定更为全面。Ravallion（2016）认为，不管贫困是否被定义为效用或能力的形式，贫困最后被归结为是一种绝对的形式存在，不能简单地认为考虑了能力标准就是一种相对贫困或是绝对贫困，它们之间是存在交叉的，在贫困的衡量上，贫困的衡量方法与基于人际比较的个人福利衡量方法一致，应采用体现商品消费的收入标准和基于价值判断的功能标准结合。Azeem 等（2017）认为收入标准与多维贫困标准之间的关系较有争议，为了更准确地定位贫困家庭，应使用不同的贫困测量标准，保留不确定性；因此他利用收入标准与多维贫困标准分别对巴基斯坦的旁遮普邦进行事后贫困、事前贫困（即贫困脆弱性）测量，结果显示城乡之间、不同地区之间呈现不同的贫困结果，他认为应该改变官方依靠货币方法界定贫困的做法，应结合多维贫困测量方法去定位穷人。

综上，多维贫困方法成为广为接受的贫困测量方法，它一般被认为是收入测量方法的补充方法，弥补收入测量方法的不足。多维贫困理论研究侧重于利用该方法对某地贫困情况进行测量，并呼吁官方政府应使用多样化的测量方法进行贫困测量，但这似乎仍是对该理论的实际应用的必要性进行阐述，并未涉及多维贫困理论的政策实践。

2. 社会救助对象认定标准的研究

贫困概念及衡量指标的变化，从物质缺乏到能力贫困与社会排斥，从收入标准到多维贫困标准，这种变化对社会救助产生深远影响，理论研究将视角转向结合多维贫困标准对社会救助政策展开全方位研究。

从资产指标来看，迈克尔·谢若登教授（1988）提出的"资产效应理论"，他认为资产积累的贫乏越来越成为导致贫困的重要因素，因此他强调在收入与消费之外其他资产能带来广泛而积极的社会效应，提出帮助穷人投资个人能力的个人发展账户，美国、澳大利亚等地纷纷推出与之相关项目进行社会救助制度改革。尼尔·吉尔伯特（2004）认为目标定位的方法包括类别定位、财产定位与需求标准，一般国家会针对申请者的收入（和财产）进行调查之后，再根据申请认定特定情况进行需求调查，体现多维贫困理论在社会救助政策的应用。

国外学者还基于人群类型视角对社会救助对象资格认定标准进行研究，如从儿童贫困的视角出发，Arcanjo 等（2013）基于 2004~2008 年欧盟关于收入生活条件的微观统计数据，认为家庭收入仅仅对消除儿童贫困起到边际作用，政府应当针对特殊人群提高其家庭福利设计，且福利设计应当是多方面的，而不仅仅是提高家庭现金收益，从而使得儿童贫困问题在家庭层面得以解决。基于此，Gunilla（2008）认为对贫困儿童的认定和救助，应当以儿童需求为视角，因为仅仅对家庭进行经济救助，并不能满足儿童接受教育、参与社会活动等基本需求，也不利于儿童贫困问题的科学解决。

Borooah 和 McGregor（1995）、Haveman R. 等（2015）认为美国当局政府采纳了 NAS 建议，形成了按照家庭人口特征制定的救助标准，并调整了儿童保育津贴、儿童税收抵免、收入税收抵免等救助政策认定标准，扩大救助政策受益人口的范围。Bag 等（2016）认为以货币指标为救助对象认定标准无法捕捉家庭将资源转化为福祉的能力，印度应该重新评估并放宽救助政策的认定标准以提高贫民窟居民的生活条件。欧盟（2017）认为应该在生命的各个阶段确保国民有尊严的生活权利，并能有效地获得有利的商品和服务，因此他们提出为贫困者提供充足的最低收入保障计划，该计划的认定标准应为 60% 的中位收入和其他获得共识的物质剥夺指标。

上述内容是从社会救助认定标准构成内容来分析的，另外一些学者则从社会救助认定标准的门槛（Eligibility Thresholds）方向展开研究，如 Richard（2008）认为美国应根据基本需求来设定社会救助资格门槛，Umapathi、Wang 和 Keefe（2013）认为从世界范围来看，救助资格门槛的确立原则为生存需求（Subsistence Needs）、基本需求（Basic Needs）、体面生活（Decent Living），采取前两个原则的国家一般用贫困线的方法确定资格门槛，采取体面生活原则的国家用最低生活标准法，资格门槛的确立应优先满足儿童或老人的需求，并随生活成本变化而变化。Pauline（2015）构建模型分析了改变认定标准所产生的社会影响，研究结果显示，降低失业保障资格门槛能够让更多低收入工人进入保障网内，其所产生的增加失业时间的负效应与平滑低收入工人的消费的正效应可以实现平衡，降低资格门槛可以为社会带来效益。

上述研究结果显示，社会救助政策设计集中在基于原有收入型贫困救助体系上，增加反映某些需求的救助标准作为社会救助对象认定标准的辅助内容，同时在救助门槛设计上通过提高门槛标准或增加支出标准，这是对多维贫困标准的部分回应。但正如 Duclos 等（2013）的观点所示：多维贫困理论的目标是清晰的，但如何将该理论转换成实际政策并得以运用，这点是非常模糊的，Ravallion（2005）认为多维贫困理念在实际的应用仍是长路漫漫。因此，在单纯以收入标准为社会救助对象的认定标准越来越受到学者质疑背景下，理论研究应致力于将社会救助对象认定标准引向货币标准与多维贫困的结合，即如何设计出体现多维贫困理念的认定标准。

（二）关于社会救助对象瞄准机制的研究

本部分主要从社会救助的瞄准方法及减贫效应评估展开。社会救助对象的瞄准方法主要有家计调查（Mean Testing）、代理家计调查（Proxy Means Testing）、基于社区的瞄准法（Community-Based Targeting）、地理瞄准法（Geographical Targeting）、人口瞄准法（Demographic Targeting）和自我瞄准法（Self-Targeting），这些方法各有优缺点，在政府瞄准行政成本、福利耻辱效应及就业激励效应等方面各有千秋（White，2017），Devereux 等（2017）则将这些内容归纳为行政成本、私人成本（如交通费用、机会成本等）、社会成本（对社区凝聚力的破坏）、社会心理成本（如耻辱感、自尊的丧失等）、政治成本（失去政治支持）和激励成本（为迎合认定标准而改变个人行为）。

在衡量救助政策瞄准效率方面，Cornia 和 Stewart（1995）提出救助政策与实践过程应避免出现两类错误，第一类错误是把不合格的非贫困者纳入进来，第二类错误是救助政策不能完全覆盖穷人。随后学者对这两类错误进行深入研究并扩展，前者国际上通常使用"漏出偏差"（leakage）、内含性偏差（inclusion error）、垂直瞄准偏差（vertical targeting error）或 E 型偏差（excessive coverage）来概括这种偏差现象（Walker，2005；Coady 等，2005；Vadapalli，2009）。后者通常称为"应保未保"（undercoverage）、排斥性偏差（exclusion error）、水平瞄准偏差（horizontal targeting error）或 F 型偏差（fail to reach the prime objective）（Cornia，Stewart，1995；Walker，2005；Coady 等，2005；Vadapalli，2009）。Walker（2005）描绘的图 1–1 反映了这两类错误，其中 A 即指第一类错误，C 指第二类错误，随后他设计出对瞄准效率的测算公式：

综合瞄准效率 =（B/B+C）×（B/A+B）

综合瞄准偏差的测量公式为：

综合瞄准偏差 =1 −（B/B+C）×（B/A+B）

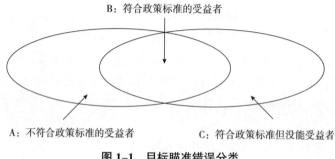

图 1–1　目标瞄准错误分类

　　IRIS（2005）认为单独考虑贫困瞄准的总精准率（Total Accuracy）不能有效反映贫困瞄准的精准性，因为它会掩盖 A 类和 C 类错误，因此他们引入了BPAC 标准来平衡贫困精准度衡量失误，并通过引入两阶段法、分位数回归等方法改进瞄准精准度的估计。Spicker（2005）认为目标瞄准是将一定的财政资金约束下的救助资源合理配置于最需要救助的群体，因此如果仅考虑到瞄准效率，未考虑到减贫效应，并不能全面衡量目标瞄准方法的成本收益情况，因此Ravallion（2009）提出包含瞄准效率与减贫效应的系统评价指标体系，该体系构建了包含集中曲线、集中差异、一类错误比例和二类错误比例等在内的瞄准效率子指标体系，贫困距指数、收入差距比例、贫困影响等指标的贫困衡量子指标体系，且通过回归方法对瞄准效率指标的减贫效应进行分析，研究结果显示转移到贫困户的金额（Share）能体现出较好的成本收益，具有显著减贫效应，同时他认为前人研究并未考虑成本问题，对瞄准方法的比较研究结果是令人质疑的。Alatas 等（2012）利用实验法对印度尼西亚的部分存在进行救助瞄准效率研究，采取实验控制措施、信息差异等方法对贫困的不同理解从四个层面展开实验，结果显示社区瞄准法的瞄准效果要高于代理家计调查法，它具有更高的群众满意度，但社区瞄准中的精英控制作用仍有待进一步研究。

二、国内研究现状

国内关于城乡低保对象认定机制的研究主要集中于两个方面：一是低保对象认定标准优化的原因及未来的解决对策研究等方面；二是低保对象瞄准机制方面的研究。

（一）城乡低保对象认定标准的研究

1. 城乡低保对象认定标准优化的原因

（1）低保对象认定标准优化符合精准扶贫理念。曹艳春（2016）认为为完成 2020 年全面建成小康社会，实现第一个一百年奋斗目标，除了经济保持高速发展之外，需要解决人民最关心、最直接、最现实的利益问题，实施脱贫攻坚工程，利用精准扶贫让全体国民脱离贫困。郭伟和（2016）则认为我国当前低保制度针对收入型贫困群体进行救助，依据贫困家庭的人均收入及家庭结构（如老年人和病残人数）来确定是否获取低保资格，却未对家庭实际负担进行考虑，导致我国未纳入低保的实际困难家庭比例较高，未纳入低保的城镇边缘困难群体的瞄准偏误在 2009 年和 2010 年分别达到 40% 和 72%，谢垭（2016）通过对 2011~2012 年中国健康与养老追踪基线调查数据进行断点回归方法分析，发现我国农村低保瞄准失效，低保的漏损率与排斥率分别为 10%、84%，根据精准扶贫的精神，造成这类问题的根源在于低保认定标准的单一、不完整。

（2）以收入为认定标准的低保制度减贫效应不高。传统的扶贫理论认为收入即物品和服务的供应不充足是贫困产生的原因。我国以收入为认定标准的城乡低保制度正是基于这种理念建立的。政府不断通过对收入的补充使得救助供应量更充分，政府的公共干预手段集中于对收入的计算和补贴，但社会救助制度作用仅保证了贫困对象的最低生活水平，因此，社会救助虽为弱者提供支持，但无法从根本上减少贫困，正如管向梅（2011）认为，长期贫困的根本原因在于导致贫困者陷入低收入、低消费循环的收入维持政策。由此可见，以收入为认定标准的社会救助制度造成了长期贫困，脱贫效应较难得以呈现。

这种长期贫困还导致了贫困代际传递，林闽钢（2013）认为贫困的代际传递不仅是长期贫困的特征，还是导致长期贫困的原因之一，祝建华（2013）认为儿童在低保家庭脱贫中具有举足轻重的作用，但我国有儿童的城市低保家庭，具有负担重、保障水平低的基本特征，削弱了其家庭的脱贫能力。在对有劳动能力低保户的再就业激励上，以收入为认定标准的低保制度具有一定的阻碍作用。陈翠玉（2016）认为现行以收入为认定标准的城乡低保制度会加重有劳动能力低保群体就业与再就业的难度，主要原因是对低保户的收入审查制度是一种不鼓励就业的制度安排，它会对低保户的全部收入进行审查且从救助金中扣除（即就业收入抵扣方式），这致使有劳动能力低保户的救助金会因就业收入增加而相应减少，有劳动能力的低保户就业意愿则会非常低。因此，以收入为认定标准的城乡低保制度，只能维持贫困而无法脱贫，且衍生了贫困的代际问题，同时它甚至阻碍有劳动能力的困难群体再就业以摆脱贫困，该制度的整体脱贫效应难以得到较好发挥。

（3）贫困的表现方式嬗变的驱动作用。学术界认为以收入为城乡低保对象认定标准应改变的一个重要原因在于贫困的表现方式发生根本转变，如若仍按照原有制度安排，制度则无法瞄准实际贫困群体。关于贫困表现方式的转变，主要有二：一是约翰·耐特城市三种贫困理论。段培新（2013）引用约翰·耐特城市三种贫困理论，认为中国城市存在四种贫困，即收入和支出贫困、支出而非收入贫困、收入而非支出贫困、支出大于收入贫困，第一类和第三贫困收入都在贫困线下，可以获得政府救助，而第四类贫困其收入水平位于贫困线以上，被排除在社会救助制度之外，但其刚性支出如教育、医疗或突发事件支出导致入不敷出而陷入贫困。二是发展型社会政策下的贫困表现方式。张秀兰（2012）等认为发展型社会政策核心要义是致力于投资人力资本（主要是教育、医疗和积极劳动力市场）以消除或减少使人们陷入不幸或困境的因素。贫困问题被扩展到社会地位、权利、机会丧失与社会排斥，通过发展型社会政策可以提前预防上述贫困与社会排斥，张伟兵（2007）认为发展型社会政策实现了从政府控制下的经济再分配中的自我依赖过渡到各类社会机制的并用，体现了政府、私营部门、志愿机构及家庭个人等各种社会主体参与解决贫困的过程，是社会福利的责任共担的表现。沈君彬（2013）认为贫困是一种多维的状态，联合国改变了以往单纯以收入为衡量贫困指标，提出了从健康、教育和收入等方面进行综合衡量贫困的人类发展指数（HDI），张珍珠（2015）认为HDI意味着对贫困的衡量除了满足基本食物需求外，还需考虑到教育、医疗等涉及人的基本权利发展需求。因此，刘凤芹与徐月宾（2016）认为贫困是一个复杂多面的社会现象，多种贫困测量方式是必要的，任何单项的贫困指标很难全面准确地反映穷人面对的整体贫困。

基于此，在发展型社会政策理论背景下，城乡低保制度以收入为救助对象认定标准关注的是被救助对象的基本物质资料满足情况，已然无法顺应发展潮流，应更加关注能力不足与机会缺失的人文贫困的支出型贫困问题。基于此，不少学者提出应建立支出型贫困救助制度来解决支出型贫困问题。

钟仁耀与段培新（2013）认为由于收入型贫困救助制度以收入为标准，基本上不考虑家庭支出情况，无法反映个体的实际支出情况，且较难充分保障支出较大部分群体的最低生活质量，会出现救助目标瞄准失衡等不良后果，应建立支出型贫困救助制度以帮助支出型贫困群体。路锦非与曹艳春（2011）研究了支出型贫困家庭出现原因，她们认为是生产率提高导致服务成本上升、个人需求增长引致生活成本增加、制度变迁和体制改革效应拉动消费增加、突发事件促使支出剧增这四个原因从而导致支出型贫困家庭出现，因此支出型社会救助政策实施是对发展背景的最佳呼应。

2. 城乡低保对象认定标准优化的对策建议

总体而言，学术界认为当前以收入为城乡低保对象认定标准应进行改变，具体如何操作则各有不同建议，依据是否建立城乡低保的补充制度分为以下三种对策建议：

（1）扩展当前城乡低保标准以解决家庭贫困问题。林闽钢（2011）认为我国低保制度应从原来的收入定位制度走向收入（财产）定位、类别定位和需求定位为一体的居民最低收入支持制度，曹艳春等（2015）则进一步提出应建立一个家庭需要满足社会的正常运行所需的支出总和为标准的家庭运行标准机制，该机制不仅应考虑居民的食品支出，还考虑居民的衣服、住房和工作相关的支出、教育支出及医疗支出等，将这些支出划分为基本支出和特殊支出，基本支出的补贴标准按照统一的标准进行补贴，特殊支出的标准则因人而异。该方案的显著特点是基于不同规模和结构家庭计算不同的运行标准，且对所有家庭均适用，保障群体为低保户、低收入户及中等收入户。由此可见，家庭运行标准机制强调的是根据家庭的具体情况（结构、规模及支出等）确立低保对象，再针对低保对象的实际困难给予救助，这种办法仍是以改革低保内部制度为目标。

（2）以城乡低保制度为基础，借助其他保障制度力量来满足贫困群体的需求。郭瑜与韩克庆（2014）认为现行低保制度承载了过多的救助责任，不能期待它可以满足目标群体的所有需求，应对社会保障制度进行顶层设计，以城乡低保为基础，建立综合性的社会救助体系，同时，依据不同的贫困对象提供不同的救助内容。由此可以看出，该建议的着眼点在于依靠外部制度来满足贫困群体所有需求，建立低保配套制度来解决贫困问题。

（3）建立支出型贫困救助制度。学术界认为当前以收入为标准的低保对象认定标准不能覆盖更多的贫困对象，应以刚性支出为衡量标准对贫困对象进行救助，建立独立于低保制度的支出型贫困救助制度。支出型贫困救助制度的研究，学术界根据典型地区的实际运行情况展开分析，主要对上海、江苏、长春、山西等地支出型社会救助制度进行了"制度模式总结、经验特点、存在的问题及对策思路"等方面研究，如张珍珠（2015）对上海的综合帮扶模式、江苏分类救助模式介绍。徐大慰、梁德阔（2012）介绍了上海市的几种主要救助模式，静安区的"五四三二一"帮扶救助体系、长宁区的"四医联动"基本医疗保障模式等，同时总结了其中的一些经验，如建立"市民收入核对系统"、深化分类施保等，钟仁耀（2015）认为虽然支出型贫困救助制度有其独特的优势，是对收入型贫困救助的一种有益补充和完善，但其自身存在享受条件难以确定、补助标准适度性难以把握、基层管理人员队伍建设难以加强、办理程序难以简化等难点。李博（2015）认为长春市支出型社会救助存在准入门槛难以界定、评估体系不完善、致贫原因没有足够的重视、信息系统不完整等问题，未来的政策重心应该在提高被帮扶对象的参与能力、提高帮扶工作的效率、提高基层管理人员队伍建设、完善实施效果的动态监测等方面。郑瑞强（2016）认为支出型贫困是典型的发展型社会政策问题，对支出型贫困家庭展开救助的关键是依据发展为先的理念对贫困家庭进行对象瞄准、运作模式与救助标准确定及大幅上升的救助资金问题。刘央央与钟仁耀（2017）根据政策扩散理论认为当前支出型贫困救助政策存在试点模式和临时救助模式，不同模式易导致救助待遇的分层化，应加快出台统一的支出型贫困救助制度。郝双英与刘庚常（2017）认为对重大疾病医疗支出型贫困救助标准的确定，形成按照疾病费用分布规律优先确定救助水平，引进适宜的救助技术形式形成重大疾病支出型贫困救助制度。谢宇、谢建社（2017）认为当前对支出型贫困的概念界定是对收入型贫困概念的"同义替换"，从本质和理念上来看均属于传统社会救助，缺乏发展型社会救助理念，支出型贫困救助应当从"补缺型"向"发展型"救助转变，提升贫困群体的可行能力。王超群（2017）模拟了四种因病支出型贫困办法，测算显示支出型贫困救助政策中生活救助效果优于医疗救助，救助起付线的救助效果低于不设救助起付线的救助效果，且该政策对救助资金需求极高，需要多途径筹集救助资金。刘七军等（2017）认为民族地区支出型贫困救助制度的构建路径应从强化顶层设计、采取积极主动的救助方式、鼓励社会参与、构建分级救助体系、实现与精准扶贫的有机衔接等方面着手。陈成文（2017）认为应该构建收入性贫困与支出性贫困相结合的识别系统，形成面向低保线以下人群的低保以及其他生活救助制度组成的收入性贫困救助体系、面向低保线以上人群的专项救助制度组成的支出性贫困救助体系。

（二）城乡低保对象瞄准机制研究

1. 城乡低保对象瞄准方法研究

林闽钢（2011）认为我国低保制度的瞄准方法属于生活形态的直接观察法，这种方法无法准确查询存款、证券、车辆等收入和财产信息，它只能通过估测的方法来确定申请人的家庭收入，是"估算"而不是"核算"，距离科学的家庭经济状况调查还较远。刘凤芹和徐月宾（2016）则认为囿于基层政府的人力与物力，低保制度的家计调查在实践中很难实施，事实上农村低保主要采取社区排序法或是社区瞄准法，按照贫困家庭的困难程度排序，将救助资源分配给最贫困的家庭。在实际执行过程中，社区瞄准法的精英控制问题较为常见，"人情保、关系保、维稳保"则是精英控制的典型后果（刘畅、刘晨晖，2011；黄瑞芹，2013；张昊，2017；贺雪峰，2017 等）。

2. 城乡低保对象瞄准效率与减贫效应研究

由上文国外研究综述可知，完整地反映成本收益标准的社会救助瞄准方法评估包括瞄准效率与减贫效应研究，该部分将从这两个方面展开。

（1）城乡低保对象瞄准效率。黄瑞芹（2013）测算出两个贫困民族自治县的低保挤出率和漏报率分别为 25.3%、11.4%，谢亚（2016）利用 2011~2012 年中国健康与养老追踪调查（CHARLS）数据得出我国城乡低保的瞄准效率不高的结论。刘凤芹和徐月宾（2016）认为以往研究基于泄漏率和漏保率两个指标测算出的低保瞄准效率过于片面性，建立包含四个指标的低保瞄准效率评估体系，即收入分布指标、多维贫困指标、主观自评生活水平指标和国际比较指标，研究显示农村低保救助金分配给多种类型的贫困人口，1/3 的资金流向"收入贫困"人口，15% 资金分配给了非贫困人口，其余的则分配到"支出型贫困"人口、"人力资本贫困"和"急难型贫困"人口上。他们认为社区瞄准机制中村民的贫困概念认知是导致这个瞄准现象的原因。

刘畅、刘晨晖（2011）通过 Probit 模型对行政变量和个体特征变量进行回归分析，他们发现政府规模、基层部门的工作效率与宣传力度、个体特征对不同社会救助项目的瞄准产生不同的影响。杨穗、高琴、李实（2015）对 2002 年和 2007 年的 CHIP 城镇住户调查数据进行回归分析，认为低保标准和人口特征与低保瞄准效率情况有关。

（2）城乡低保减贫效应研究。都阳等（2007）认为以对比城乡低保实施前后我国贫困率发生的变化作为低保减贫效应的衡量指标。韩华为、徐月宾等

（2014）则认为农村低保实保样本具有显著减贫效果，但对总样本和应保样本则不太理想，低保制度应采取精准识别机制。曹艳春（2016）基于低保的替代效应和收入再分配效应，认为农村低保促进了贫困群体收入的绝对量增长，但相对地比照物价和人民生活水平，对贫困群体的收入增长效应较弱。从对家庭将来陷入贫困的影响来看，通常采用贫困脆弱性进行研究。贫困脆弱性一种预测贫困的前瞻性概念，樊丽明、谢垩（2014）研究表明公共转移支付并未对慢性贫困和暂时性贫困的脆弱性下降产生任何影响；徐超、李林木（2017）认为城乡低保增加了城乡家庭未来陷入贫困的可能性。

3. 城乡低保对象瞄准机制改进措施研究

黄瑞芹（2013）则提出应建立基于农户的生计资产（包含人力资产、自然资产、物质资产、金融资产和社会资产）测量的农村低保瞄准技术，该方法既可以反映农户家庭收入状况，也可以反映其生计状况。该方法仍是基于观察法得到的家庭状况估计，家计调查的科学性体现得并不充分。谢垩（2016）针对农村低保的瞄准效率与减贫效果问题，提出我国低保的识别机制应上移低保瞄准决策权、科学界定农村低保标准、财政支出责任上移、动态绩效评估系统的建立等方面加强建设。章晓懿（2017）对社区瞄准法的实施措施进行研究，认为需加快信息系统的开发与建设，建立高效的家庭经济状况核对指标体系，加强低保执行过程中的民主参与和民主监督等。

三、研究述评

通过文献梳理可以看出，国内外的相关研究成果对研究城乡低保对象认定机制问题研究提供了有益参考。国外对于社会救助对象认定机制问题的研究主要还是倾向于基于救助政策本身的合理性、科学性为基础展开，利用定量研究方法从收入标准、资产标准、支出标准及儿童需求视角等条件进行社会救助制度认定标准进行分析，尤其是在收入标准、支出标准及多维贫困方面贡献了翔实的理论内容，为我国低保对象认定标准的研究提供了示范效应；同时在社会救助瞄准方法、瞄准效率与减贫效应的评估上为本书的研究开展提供了广阔的视野与理论基础。但基于国情差异，贫困表现方式的不同导致社会救助认定政策实践呈现本国特色，反映到理论研究层面则表现为社会救助的瞄准效率与减贫效应的研究多以收入型贫困为研究构成要素，对多维贫困的瞄准效率与减贫效应研究不足。

    国内学者一般将低保对象的认定标准与瞄准机制分开研究，在认定标准的研究上，集中在低保对象认定标准优化的必要性分析以及未来对策方面，尤其集中在引入支出标准之后，应如何设立救助制度覆盖支出型贫困对象；在瞄准机制的研究上，国内研究侧重利用国际流行的两类错误标准来衡量低保的瞄准效率，减贫效果的研究则侧重于利用低保实施前后 FGT 指数的变化。但现有研究仍存在以下不足之处：

    第一，缺乏整体性研究视角。城乡低保对象认定机制建设的目标是建立城乡低保对象认定的长效机制，认定标准、瞄准机制是城乡低保认定机制的重要内容，两者之间存在复杂的、不间断的互动关系，因此，围绕上述两个内容对城乡低保对象认定机制进行整体性研究，则有利于把握二者之间的内在联动关系与协同发展，促进城乡低保对象认定长效机制的形成。现有研究一般单独对两个部分进行研究，整体性的研究视角较为缺乏，因此本书认为应从整体视角研究城乡低保对象认定机制，构建城乡低保对象认定机制内容，并对城乡低保对象认定机制的现状、问题、原因与对策展开系统研究，最终为提高城乡低保对象认定的精准性奠定理论基础。同时，城乡低保在具体运作的某些环节上的确存在差异，但城乡低保制度的基本架构应是一致的，研究如何通过城乡低保对象认定机制一体化运作来实现城乡低保制度统筹发展，精确瞄准符合城乡低保对象认定标准的贫困对象，进一步提高低保制度的公平性。

    第二，研究对象较为单一。贫困的现实与理论发展都认为贫困是多维的，学者们认为支出标准可以体现出多维贫困的理念，城乡低保制度构建的是体现多维贫困、发展型的社会救助制度，那么其服务对象应包含支出型贫困对象，在救助制度的首要环节——对象认定上应包含支出标准，然而城乡低保对象认定标准仍是以收入为主，以收入型贫困对象为主要研究对象，较少涉及对支出型贫困对象的考虑，那么支出标准有必要纳入城乡低保对象认定标准吗？支出标准纳入城乡低保对象认定标准的政策该如何设计？等等这些问题将成为本书的主要内容之一。

    第三，对城乡低保对象认定机制的瞄准效率评估研究具有一定的片面性。这主要体现在两方面：一方面，现有研究多以瞄准收入型贫困对象的效率评估为研究目标，较少体现对支出型贫困对象的瞄准研究，国内外对于社会救助制度的瞄准效率研究以收入标准展开，即人均家庭收入低于贫困线或社会救助标准线，这样的结果只能反映社会救助制度对收入型贫困的瞄准效率与效应，支出型贫困则无法反映出来；另一方面，现有研究的结果是在缺乏参照标准的情况下得出的，这不利于对城乡低保对象认定机制的瞄准效率评估形成客观的认识。因此本书认为应从以下方面着手：首先，应构建能够反映贫困认定标准扩展（尤其是反映支出型贫困情况的指标）的瞄准效率评价指标；其次，以OLS 回归等模型估计家庭人均消费的代理家计调查法为参照基准，研究我国城乡低保对象认定的瞄准效率；最后，在上述研究内容基础上，运用实证方法结合数据对城乡低保对象认定机制进行研究，形成较为规范的城乡低保对象认定机制研究路径，获取较为全面的、准确的研究结果。

第四，对城乡低保对象认定机制解决对策研究不够深入。从城乡低保制度实际运行与相关文献研究情况来看，城乡低保对象认定机制亟须解决的问题是如何将支出型贫困对象纳入救助网内并能被精准识别，但现实的复杂问题如认定标准难以识别、支出型贫困的救助模式未统一造成的定位混乱、瞄准方法的适用性等问题交织一起，增加了城乡低保对象认定机制优化的难度；理论研究也并未提出系统的、适合我国国情的城乡低保对象认定机制进一步优化的对策建议，因此，本书认为有必要将之作为一个重要的研究内容。

第三节　研究内容与研究方法

一、研究内容

本书从"现状—问题—现实路径"逻辑对低保对象认定机制进行研究，以当前城乡低保认定标准和瞄准机制的现状研究为起点，通过定量研究发现城乡低保对象认定机制下的认定标准缺乏支出标准和被救助对象瞄准效率不理想的问题，进一步进行原因分析，最后提出低保对象认定机制优化对策。本书同时结合经济学、公共管理学、社会保障等专业理论与方法进行研究设计，具体内容如下：

第一部分是城乡低保对象认定机制运行现状研究。本部分首先研究低保对象认定主体；其次对低保对象认定标准进行研究，分别对收入标准和财产标准进行研究；同时对支出标准进行归纳研究，基于政策扩散理论归纳国内支出型贫困救助政策运行模式，结合访谈数据比较其中不同模式运行利弊；最后，城乡对低保对象瞄准机制进行研究，分别对瞄准主体和瞄准方法展开研究，对国际上主流的社会救助对象瞄准方法，如家计调查法（Means Test, MS）、代理家计调查法（Proxy Means Test, PMS）、社区调查法等进行优势和劣势的分析，进而分析我国城乡低保对象瞄准机制的现状。

第二部分是城乡低保对象认定机制问题实证研究。本部分通过构建悬崖效应和瞄准效率分析框架，实证研究城乡低保对象认定机制的悬崖效应与瞄准效率问题。首先是城乡低保制度的悬崖效应实证研究。基于对样本家庭贫困脆弱性的估计，采用倾向性得分匹配分析法（Propensity Score Matching，PSM），分别考察城乡低保制度对低保家庭未来陷入支出型贫困概率的影响效应，进一步对数据进行分组研究，明确城乡低保制度的悬崖效应，最终说明在城乡低保对象认定标准中增加支出标准的可行性与必要性。

其次是城乡低保对象瞄准效率实证研究：①基于对贫困线边缘人群的考虑与对贫困认定标准的扩展，研究错保率、漏保率等现有瞄准效率评价指标的缺陷，构建拥有边缘敏感性、收入—支出型贫困并重等特点的瞄准效率评价指标，比如在计算"错保率"时对贫困线边缘的非贫家庭赋予相对较小权重、计算"漏保率"时对靠近贫困线的贫困家庭赋予较小权重；②借助 CFPS2014 微观调查数据，基于回归模型，测算代理家计调查法下的城乡低保瞄准效率，并与传统家计调查法进行比较。

上述悬崖效应与瞄准效率研究内容分别指向了城乡低保对象认定机制在认定标准和瞄准机制方面的问题，结合访谈调查内容进一步分析城乡低保对象认定机制存在的问题的表现。

第三部分是城乡低保对象认定机制问题的原因分析。本部分研究的是导致当前城乡低保对象认定机制中存在问题的主要原因，为后续认定机制的优化提供方向。首先，利用政策网络理论构建城乡低保对象认定机制的政策网络。根据网络主体、网络资源、网络地位、网络特征等构建城乡低保对象认定机制的政策网络，分析城乡低保对象认定机制主体之间的互动关系。其次，从城乡低保对象认定机制两个主要内容分析影响城乡低保对象认定机制运行的因素。分别利用博弈论分析城乡低保对象认定标准缺乏支出标准的原因、电子政务信息共享相关分析居民家庭经济状况核对机制存在的问题的原因、行政发包制分析基层政策执行主体政策偏差的原因。

第四部分是城乡低保对象认定机制优化研究。在认定标准上，在原有标准上引入支出标准，设计较为合理的支出标准；在瞄准机制上，提出应依托我国电子政务信息共享机制建设完善居民家庭经济状况调查机制；在基层执行人员管理上，提出应实现管理机构专门化与人员配备专职化、完善激励机制以平衡基层工作压力等措施。同时应出台社会救助法律以提高违法成本、完善城乡低保监督机制等配套措施以保障城乡低保对象认定精确瞄准。

二、研究方法

（一）文献分析法

本书运用文献分析法，以学术性文献与非学术性文献主要研究资料。前者包括国内外贫困理论、社会救助目标定位、城乡低保对象认定方面的学术论文与著作等。通过对文献的收集和梳理，分析出贫困衡量标准、社会救助对象认定、社会救助目标定位的评估、政策网络、电子政务信息共享等内容。

非学术性文献有法规和社会救助相关政策文件。主要收集了中央相关部委、部分地方政府城乡低保与支出型贫困救助的政策文件、官方网站资料、权威新闻报道、政府工作报告等资料，还收集了如德国、美国、中国香港地区的社会救助相关政策文件、网站资料以及权威新闻报道。通过对这些文献资料的研究，有利于本书对我国城乡低保制度和国外社会救助制度实践的情况的把握，能全方位了解我国城乡低保对象认定机制的对象认定、瞄准机制与认定主体方面的规定，为解读机制运行过程提供了相应材料。

（二）访谈法

本书采取访谈法对研究问题展开研究。访谈时间分为 2016 年和 2018 年两个时段，分时段调查的原因是研究背景较为复杂，且能保证对制度的连续追踪以把握当前政策运行情况。本书涉及支出型贫困与城乡低保两大方面，前期阶段持续关注支出型贫困救助政策的出台、实施情况等方面，各地方政府对支出型贫困的认识影响到城乡低保制度的运行，因此后期本书主要关注城乡低保制度的运行情况。访谈对象的确定主要依据相关性原则确定，即抽样调查与制度运行相关的对象；2016 年主要追踪支出型贫困救助政策运行情况，因此当时访谈对象主要有政府决策者、基层政策执行者、被救助对象等，2018 年主要追踪城乡低保对象认定机制运行情况，访谈对象主要有民政部门、财税部门与金融部门的决策者与工作人员以及基层政策执行者等，具体访谈设计详见附录 1。通过录音笔记录访谈情况，整理成访谈记录的一手资料，奠定本书对城乡低保对象认定机制的全面认识。

（三）案例分析法

本书选取 HN 市和 CQ 市 YB 区社会救助政策实践案例来具体分析，包括对 HN 市与 YB 区的基本情况介绍、两地面对支出型贫困出台的不同救助政策介绍、出台的不同政策背后隐含的博弈过程等内容，有助于深入分析将支出标准纳入城乡低保对象认定标准的决策过程，有助于把握影响城乡低保对象认定机制运行的因素，促进优化对策建议的形成。

（四）实证分析法

实证分析方法上，本书基于全国性统计数据，估计家庭贫困脆弱性，采用 PSM 方法（其中匹配方法包含局部匹配法和整体匹配法），对城乡低保制度能否降低低保家庭未来陷入贫困的概率进行统计分析，并进一步分析城乡低保制度的悬崖效应；针对低保对象认定机制瞄准效率实证研究，本书利用主要家庭特征变量对家庭消费进行线性回归估计，以及机器学习方法估计（包括支持向量机回归等），来预测家庭消费水平，分析其瞄准效率。

三、数据来源

本书第 4 章与第 5 章分别对城乡对象认定机制的悬崖效应与瞄准效率进行实证分析。本书的实证研究数据来源于 2014 年中国家庭追踪调查（China Family Panel Studies，CFPS）数据集，该数据能反映个体、家庭、社区三个层次的情况，凸显我国社会、经济、人口、教育和健康的变迁情况，本书所提出的家庭人均生活消费余额正是基于家庭收入、支出、健康等微观数据测算而来，也为后续的悬崖效应与瞄准效率的测算奠定基础。2014 年的 CFPS 数据调查样本的范围为除西藏和青海之外的 29 个省（直辖市、自治区）。本书利用该数据家庭与成人问卷中的部分变量，剔除缺失值之后，最终得到的家庭样本量为 11420，城市家庭和农村家庭的样本量分别为 5361 和 6059。

第 6 章部分数据来自笔者参与的调查，由华东师范大学社会保障研究所于 2016 年举行的全国调查，该调查根据 2015 年全国 31 个省份的人均 GDP 排名抽样调查浙江省、湖南省、广西壮族自治区与河南省四个省份，每个省的城镇与农村各发放 200 份问卷，发放 1600 份问卷，并做了 11 份访谈。调查的主题是城乡城乡困难家庭生活状况，以此反映出我国城乡低收入家庭的生活状况、低收入家庭对政府救助工作的看法和意见，最终对我国社会救助政策进行综合性评估。详细的调查数据分析见本书第 6 章。

第四节　结构安排与技术路线

一、本书的结构

依据上述研究内容，形成了本书的研究结构：

第 1 章为绪论。主要包含本书的主要背景、研究问题、研究意义、文献综述、结构等内容。

第 2 章为相关概念与理论基础。首先界定了支出型贫困与收入型贫困、低保对象认定机制的核心概念，确定研究范围和研究边界；其次回顾了城乡低保对象认定机制的理论基础，对相关理论进行研究并明确理论的应用范围，为下文分析框架与实证研究内容奠定基础。

第 3 章为城乡低保对象认定机制现状。本部分对城乡低保对象认定机制运行现状进行分析，分别从收入标准、支出标准、瞄准机制三方面展开，形成对上述三个方面的政策运行状况分析，为下文研究的开展铺设前期政策基础。

第 4 章为城乡低保对象认定机制的悬崖效应。本部分首先通过构建城乡低保对支出型贫困的悬崖效应理论分析框架，分别提出了支出型贫困脆弱性估计方法、倾向度匹配方法和分组比较，最后结合大样本数据进行实证分析，得出结论。

第 5 章为城乡低保对象认定机制的瞄准效率。本部分在研究相关文献的基础上，在覆盖率和误保率指标中引入"贫困距"的思想，基于贫困程度差异构建贫困敏感性的覆盖率指标，基于富裕程度差异构建贫困线边缘敏感度的误保率指标；并引入家庭特征变量，以 OLS 回归等模型估计家庭人均消费的代理家计调查法为参照基准，得出我国城乡低保的瞄准效率情况。

第 6 章为城乡低保对象认定机制存在的问题分析。本部分为第四章和第五章的问题表现部分，结合调查、访谈资料、文献阅读资料分别对对象认定标准、居民家庭经济状况核对机制和基层执行偏差展开分析。

第 7 章为城乡低保对象认定机制问题的原因。本部分基于政策网络理论分析城乡低保对象认定机制问题的原因，进一步对认定标准制定存在的问题、居民家庭经济核对机制存在的问题和基层政策执行偏差三个层面进行原因分析。

第 8 章为城乡低保对象认定机制优化对策。本部分主要探索如何优化路径体系来促进城乡低保对象认定，为政府治理提出建议。城乡低保对象认定包括认定标准、瞄准机制与执行主体，政府应根据当前经济社会背景与制度环境，优化上述三个方面的运行机制，并出台相应的配套措施，以精确瞄准支出型贫困对象。

第 9 章为研究创新及未来展望。包括本书的创新、不足以及未来研究展望。

二、技术路线

本书的技术路线如图 1-2 所示：

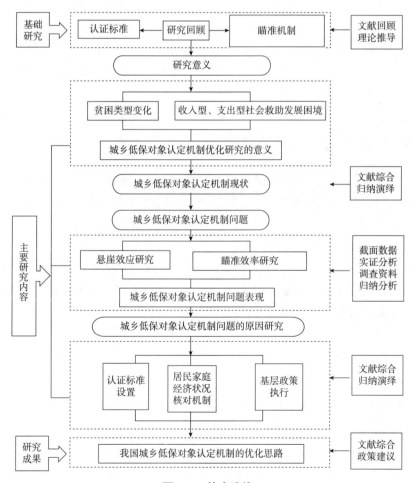

图 1-2　技术路线

第**2**章

相关概念与理论基础

第一节 相关概念

城乡低保对象认定机制的主要作用为瞄准城乡贫困群体，本书围绕该主题及研究内容，对收入型贫困、支出型贫困、低保对象认定机制、悬崖效应与贫困脆弱性概念进行统一界定。

一、收入型贫困与支出型贫困

贫困的概念随着社会经济的发展不断发生演变，贫困三分法较好地概括了贫困定义的演变：以朗特里为代表的学者提出的物质缺乏说，以阿玛蒂亚·森为代表的学者提出的能力缺乏说，以吉登斯为代表的学者提出的社会排斥说[①]。这三种理论逐步将贫困的内涵由物质资料缺乏扩展到能力、社会权利等方面的缺乏，贫困衡量标准也随之发生改变，即由收入标准扩展至多维贫困标准，贫困类型则依据贫困衡量标准划分为收入型贫困与支出型贫困[②]。本书对这两类贫困的概念进行如下界定。

（一）收入型贫困

国内外研究显示，贫困既可以用收入标准来衡量，也可以用支出标准来衡

---

① 穆怀中.社会保障国际比较［M］.北京：中国劳动社会保障出版社，2011.

② 路锦非，曹艳春.支出型贫困家庭致贫因素的微观视角分析和救助机制研究［J］.财贸研究，2011（2）：86-91.

量，或者收支双重标准衡量贫困。收入型贫困则是指家庭的收入水平低于贫困线标准而判定为贫困的情况[①②]，低水平的收入导致家庭缺乏满足最低生活需求的基本物质与服务。[③] 它依据收入标准来甄别家庭是否为困难家庭，相关政策实践如我国城乡低保制度，它以收入型贫困家庭为主要帮扶对象，城乡居民的家庭人均纯收入低于当地低保标准的可获得基本生活物质帮助[④]，同时我国的扶贫政策也主要以收入型贫困为主要治理对象[⑤]，可见，收入型贫困是我国较为传统的贫困类型。收入型贫困是一种由于收入不足导致的贫困，社会制度安排产生的社会不平等、自然条件恶劣、文化知识与技能水平缺乏等原因成为收入型贫困的主要致贫因素。[⑥]

（二）支出型贫困

相对于收入型贫困，支出型贫困则是指按照支出标准来衡量家庭经济状况，家庭由于支出过多导致家庭陷入入不敷出的状况。前文国外研究综述显示支出标准相对于收入标准，在反映家庭贫困情况上更为可靠，它能反映出家庭的绝对贫困与相对贫困状况。

我国的支出型贫困与国际上的支出型贫困有所区别，根据国内学者的研究，支出型贫困是指家庭成员需支付因重大疾病、子女教育等刚性支出，导致其刚性支出[⑦]超过家庭的总收入与承受能力，最终导致生活陷入贫困；因此它实际上是指因特定的几项刚性支出过大而陷入贫困，反映的是家庭发展型能力的缺失，是我国贫困内涵向代表能力与发展机会的发展型贫困转变的标志。国

---

① 沈君彬.发展型社会政策视阈下支出型贫困救助模式的目标定位分析[J].中共福建省委党校学报，2013（10）：27-30.

② 段培新.支出型贫困救助——一种新型社会救助模式的探索[J].社会保障研究（北京），2013（1）：168-177.

③ 童星，林闽钢.我国农村贫困标准线研究[J].中国社会科学，1994（3）：86-98.

④ 资料来源：《城市居民最低生活保障条例》（中华人民共和国国务院令第271号）和《关于在全国建立农村最低生活保障制度的通知》（国发〔2007〕19号）。

⑤ 黄开腾，张丽芬.从贫困类型划分看精准扶贫分类扶持的政策调整[J].山东社会科学，2018（3）：74-80.

⑥ 陈成文.对贫困类型划分的再认识及其政策意义[J].社会科学家，2017（6）：8-14.

⑦ 本书对刚性支出的理解是借助经济学对"刚性需求"的解释，它是指为满足刚性需求所花费的支出，不随家庭收入的变化而变化，在家庭消费中，刚性支出是无法回避或者减少的。

际上的支出型贫困的"支出"则侧重于一个家庭基本生活支出与发展型支出。由于我国社会救助制度并未实行按照支出标准来瞄准贫困对象,导致支出型贫困对象成为社会的夹心层群体[①],他们因缺乏救助而导致实际贫困程度显著高于获得社会救助帮扶的困难群体。

在我国的特殊国情下,支出型贫困存在的内在原因在于家庭抵抗风险的能力不足,即家庭韧性差[②],外在的原因主要为我国社会制度的不完善,诸如医疗卫生与教育政策缺陷导致相应的支出增加、社会保障项目的保障力度不足等,促使低收入家庭面临较高的支出压力,陷入支出型贫困。

(三)本书的界定

本书的收入型贫困的定义则与上述定义一致,是指由于收入不足而导致生活陷入困境的状态。支出型贫困的定义,本书认为它是指家庭因刚性支出过大而陷入入不敷出的状态,体现的是家庭收入不足以支付刚性支出而导致家庭陷入困境。收入型贫困与支出型贫困概念虽然都以收入不足为前提,但反映的贫困情况是有区别的,前者凸显出基本生存资料缺乏的贫困,后者则是因满足发展型需求而导致家庭陷入困境的情况。

同时,本书认为国内提出的支出型贫困概念扩展了贫困对象的认定标准,符合国际社会政策发展取向,它将发展型社会救助的健康、教育等重要内容指标纳入贫困对象认定标准中,丰富了发展型社会救助理论的实践转化内容。

二、低保对象认定机制

(一)低保对象认定

社会福利目标定位理论认为,目标定位(Targeting)通常是指将稀缺资源

---

① 沈君彬.发展型社会政策视阈下支出型贫困救助模式的目标定位分析[J].中共福建省委党校学报,2013(10):27-30.

② 田北海,王连生.支出型贫困家庭的贫困表征、生成机制与治理路径[J].南京农业大学学报(社会科学版),2018(3):27-36.

有效地分配给那些最需要的人[①]，它本质上包含以下两个方面：一是界定"最需要的人"，从而实现把资源准确给付给救助对象的目标，救助政策需准确界定"需要"，并对认定标准进行确定，即设标的过程；二是如何将有限的资源定位于"最需要的人身上"，是利用瞄准方法寻找到受益人，即寻标的过程[②][③]。因此，具体到低保对象认定，上述两方面是指政府等认定主体依据一定的认定标准、利用合理的瞄准方法找到合乎资格的受益人的过程。我国城乡低保制度相关政策则对这两方面进行设置：在设标环节上，《低保审核审批办法（试行）》（民发〔2012〕220号）（以下简称"220号文件"）第二章第四条规定了我国城乡低保对象认定标准的三要件，即户籍状况、家庭收入和家庭财产；在寻标环节上，220号文件第三章规定了认定主体、认定方法与认定流程：

1. 认定主体

220号文件城乡低保对象认定有两个主体：一是乡镇人民政府和街道办事处对城乡低保申请进行审核和家庭经济状况调查；二是县级人民政府对城乡低保申请进行审批。

2. 认定方法

国际流行的调查方法有家计调查法、社区瞄准法、代理家计调查法等[④]，220号文件第三章第十九条规定应对申请人的家庭经济状况和实际生活情况进行调查，调查方法主要有信息核对、入户调查、邻里访问、信函索证等调查方式，由此，我国城乡低保对象认定方法主要是家计调查法和社区瞄准法结合的瞄准方法。

3. 认定流程

220号文件规定城乡低保对象认定要经历以下流程：申请者递交城乡低保申请材料、认定主体受理申请与展开调查、调查结果处理、民主评议过程与原则到最后审核审批。图2-1详细列举了利用居民家庭经济核对信息平台之后的城乡低保对象认定流程。

---

①② ［美］尼尔·吉尔伯特. 社会福利的目标定位——全球发展趋势与展望［M］. 郑秉文等译. 北京：中国劳动社会保障出版社，2004.

③ 顾昕. 中国社会安全网的制度建设［M］. 杭州：浙江大学出版社，2008：10.

④ 详细内容将于第4章展开介绍。

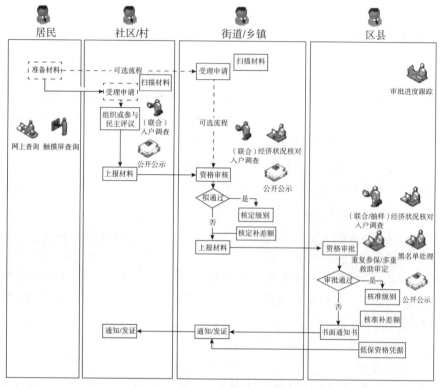

图 2-1   城乡低保对象认定模拟

（二）机制的定义

机制源自希腊语，是指机械、机器的意思，后被生物学、医学、化学心理学等自然科学领域引用，社会领域也不断引用它，但并未形成明确的定义，西方学术著作中将制度、机制、体制等融合在"制度"中，不对这些词语进行具体区分[①]。于真教授较早对机制进行深入研究，他认为机制是指事物的相关因素之间具有一定向度的、相互衔接的联系[②]。应用到社会领域，机制是社会活动主体（主要是人）为实现一定的利益目的进行相互衔接的活动的过程。同时机制是利益导向的，这里的利益包括追求理想、提升社会地位、增强影响力等，相互衔接的活动过程具体指主体发现问题、寻找影响因素及最后对活动进

---

① 金东日.论机制［J］.广东社会科学，2014（5）：72-80.

② 于真.论机制与机制研究［J］.社会学研究，1989（3）：57-62.

行重新安排的过程，这是由于主体活动会因某种律动发生障碍而失灵[1]，因此人们通过分析社会活动中各环节与外部环境等影响因素，找到事物之间动态的、全面的联系以及解决办法。因此，通过机制研究可以促使社会政策更好地付诸实践，能更好地满足现实需要。

机制的构成三要素为制度、利益和权力[2]，具体而言，机制首先需要具有特定角色定位的组织与部门受利益的驱动而启动；其次要使制度不变形、利益得到合法范围内的满足，需要权力作为力量支撑；最后由于权力的贪婪性，需要建立相关监督机制遏制权力。

综上所述，本书认为机制包含三个必要环节：第一环节是设置静态内容，即制度主体、运行目标、进行资源分配的权力配置（公共管理领域的行政治理）；第二环节是动态运行，即政策运行之后出现问题，寻找问题的影响因素或作用关系以把握事物之间的运动规律；第三环节是改进措施，即根据上述环节提出改进措施与监督机制。

（三）本书的界定

城乡低保对象认定问题属于社会政策领域问题，精确瞄准贫困对象成为政府进行低保对象认定的目标与利益所在，这是一种公共利益。为实现公共利益，首先，需要设定制度内容，低保对象认定制度将低保对象认定设置成三个有机组成部分：认定主体、认定标准和瞄准方法，但根据 220 号文件对认定主体的规定及瞄准的定义，本书认为认定主体实际上是在瞄准主体，即他们发挥作用的环节体现在瞄准环节，因此，上述三个部分最终可以归纳为认定标准和瞄准机制，瞄准机制细分为瞄准方法与瞄准主体，本书后续研究正是基于此内容展开对城乡低保对象认定机制的分析。同时，本书中的认定主体除了包括县级与乡镇级民政部门之外，还包括居委会与村委会，这样安排的原因在于他们虽然并非真正的政策执行主体，但其主要职责为协助上级部门的低保认定工作，需按照基层政府的意志行事，如向上级部门反映居民家庭收入信息、向居民宣传低保政策等，在实际工作中，他们成为城乡低保对象认定所需信息的重要渠道来源，发挥较为关键的作用，因此，本书在后续研究中将他们归入认定主体；本书中的瞄准方法则主要指居民家庭经济状况核对，城乡低保对象认定

---

[1]　于真. 论机制与机制研究［J］. 社会学研究，1989（3）：57-62.

[2]　金东日. 论机制［J］. 广东社会科学，2014（5）：72-80.

之所以瞄准失效的主要原因为收入与家庭财产的隐蔽性，在互联网技术较为发达的现代社会，应集中发展互联网技术支持下的家计调查方法，居民家庭经济状况核对机制的完善发展则能契合上述背景，能有效提高城乡低保对象认定的瞄准效率，因此它成为本书的重点研究对象。

其次，通过权力启动城乡低保对象认定机制，通过权力动员各方资源参与进来，如家庭经济状况调查，它就需要有权力保证多个部门配合与协调；同时城乡低保对象认定需要基层政府工作人员的调查与执行，需要权力来保证下级部门严格按照上级部门的目标行政。

再次，探寻城乡低保对象认定机制运行过程的动态演变结果与各主体之间的相互作用关系。

最后，通过修改政策规定，调整机制的运行结构，以实现城乡低保对象认定机制优化。

三、悬崖效应与贫困脆弱性

（一）悬崖效应

悬崖效应（Cliff Effect）常应用于电信领域，是指当数字信号低于某一阈值时导致接收的视频质量急剧恶化的现象[1]，应用于低保领域，一般从两个视角解读低保的悬崖效应：第一，福利依赖原因的视角，该视角认为城乡低保的悬崖效应是指当低保户退保之后，家庭收入因缺少低保救助而急剧下降，跌入谷底的情况[2]，因此低保户不愿意退出低保；第二，救助政策不公平的视角，该视角则认为低保标准的存在导致边缘贫困家庭无法获得救助，与低保户之间形成福利悬崖[3]。此时，低保对象与其他无法进入低保的贫困群体的贫困程度是相差无几的，但由于城乡低保对象认定的收入标准的存在，导致其他贫困群体无法获得救助，或者获得的救助待遇差距过大，进而形成救助政策的不公平。《关于打赢脱贫攻坚战三年行动的指导意见》提出要防止扶贫工作出现

① 董军.无线视频传输技术研究［D］.北京邮电大学硕士学位论文，2015.

② 安华，赵云月.福利叠加与悬崖效应：如何让低保对象走出福利依赖？［J］.中国民政，2018（9）：35-36.

③ 韩克庆.减负、整合、创新：我国最低生活保障制度的目标调整［J］.江淮论坛，2018（3）：153-160.

"悬崖效应",正是对该视角的回应①。

本书中悬崖效应的概念界定以上文的第二个视角为准,由于本书的研究主题是在支出型贫困存在的背景下,城乡低保制度如何通过优化对象认定机制将之覆盖进来,这其中需论证城乡低保对支出型贫困对象进行救助的合理性,分析同等贫困程度的城乡低保对象与支出型贫困对象,由于城乡低保救助的减贫效应的存在,导致两者生活困难程度出现落差。因此,悬崖效应的第二个视角契合了本书的主题与研究内容。

(二)贫困脆弱性(Vulnerability to Poverty)

对贫困的测度以及减贫效应的研究,一般利用贫困线水平进行对比分析,贫困线则是依据家庭的收入确定,测量的是家庭事后福利,这不利于预防和减少未来贫困②,而通过分析贫困脆弱性则可以确定家庭未来陷入贫困的概率。贫困脆弱性是指家庭未来陷入贫困的概率,研究的是家庭在面临风险的情况下,家庭的财富损失或生活质量下降到某一基准之下的概率或可能③。个人或家庭身处于生存环境中,会遇到各种风险和冲击,如健康、失业、自然灾害等各种风险,导致家庭陷入贫困境地,家庭则会利用风险抵御机制来抵御这些风险,但风险抵御能力则与个体能力的大小(教育水平、健康状况等)以及预防措施(如社会保障、个人保险、消费平滑等)相关④,风险打击程度相同的情况下,风险抵御机制强的家庭脆弱性较低;反之,则较高,家庭陷入贫困(如图 2-2 所示)。如利用社会救助政策对贫困群体进行救助,进而可以增加家庭抵抗风险的能力。因此,对非贫困者而言脆弱性是指陷入贫困的风险,对贫困者而言,脆弱性是指变得更加贫困的可能性⑤。

贫困脆弱性不仅可以用来衡量贫困,还可以作为衡量社会政策的减贫效应

① 蒋勇.脱贫攻坚三年行动指导意见发布 韩俊:扶贫应防止"悬崖效应"[EB/OL].央广网,https://baijiahao.baidu.com/s?id=1609378295388126979&wfr=spider&for=pc,2018-08-21.

② Chaudhuri S., J. Jalan, A. Suryahadi. Assessing Household Vulnerability to Poverty from Cross-sectional Data: A Methodology and Estimates from Indonesia [R]. Columbia University Department of Economics Discussion Paper Series, 2002.

③ 李雪萍,王蒙.多维贫困"行动—结构"分析框架的建构——基于可持续生计、脆弱性、社会排斥三种分析框架的融合 [J].江汉大学学报(社会科学版),2015(3):5-12.

④ 方迎风,邹薇.能力投资、健康冲击与贫困脆弱性 [J].经济学动态,2013(7):36-50.

⑤ 樊丽明,解垩.公共转移支付减少了贫困脆弱性吗?[J].经济研究,2014(8):67-78.

的指标[1]，国内学术界通常利用贫困脆弱性测量方法来评估城乡低保、新农保、医疗救助等政策的减贫效果。本书利用贫困脆弱性来测量城乡低保的减贫效果，进而说明城乡低保对低保户的未来陷入支出型贫困提供较好的减贫效果与风险抵御作用，而同类家庭特征与同等贫困程度的非低保家庭由于不符合城乡低保的收入标准则无法进入城乡低保救助网内，生活陷入困境，为城乡低保对象认定机制的悬崖效应的验证奠定基础。

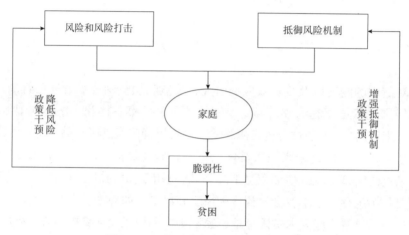

图 2-2　风险、脆弱性与贫困的关系[2]

第二节　理论基础

一、目标定位理论

目标定位（Targeting）是近几年国内外社会保障改革浪潮中兴起的一个研究方向，目前学术界对目标定位尚未有统一定义，有人认为它是家计调查的"委婉说法"和"代名词"，狭义的解释是把救助资源分配给最需要的人群，广义的解释则认为确定意向社会风险和相关受益人的做法为目标定位，总的来说是将公共资源有效分配给最需要的人的过程，是公共福利支出的目标指向的一种方式。

---

① 樊丽明，解垩.公共转移支付减少了贫困脆弱性吗？[J].经济研究，2014（8）：67-78.

② 黄承伟，王小林，徐丽萍.贫困脆弱性：概念框架和测量方法[J].农业技术经济，2010（8）：4-11.

（一）目标定位理论内容

1. 福利模式研究

界定哪些人是"值得帮助的穷人"，是社会救助的基础，福利资格的认定，传统上按照沃伦斯基福利二分法分为剩余型（Residual Welfare）与制度型（Institutional Welfare）[1][2]，或者普及式（Universalism）和选择式（Selectivity），本书为了更契合文章主题，以后者为主要用语。普及式福利模式是指公民所获得的公共服务不以某种标准为前提，全体国民都能享受的福利模式，它不设定阶级、地域、性别等标签来筛选福利对象，是公民福利权的体现，如我国的九年制义务教育制度、瑞典的基本养老金制度、英国的 NHS 制度，只要是一国的公民即能享受这些福利待遇；选择式福利模式是指政府通过设立某些资格条件来筛选福利接受者，且对他们展开严格的家计调查的福利模式，在这种模式下，福利接受者会感觉到某种程度的羞辱感。两种模式具体区别如表 2-1 所示，这两种模式反映出两种不同的意识形态，选择型模式遵循个人主义，认为导致贫困的原因是个人，是个人选择不当导致生活失调与失败，政府为穷人提供最低限度的安全网救济，承担小政府责任，尽量减少对自由市场的干预以确保私人财产权的安全与市场繁荣；而普遍性模式遵循了集体主义，认为导致贫穷的根本原因在于社会经济制度导致个人获取资源存在障碍并缺乏机会，政府应该承担扩大民众福祉的责任，为民众提供完全的机会、经济安全和基本的生活资料。

表 2-1　选择型与普遍型福利模式区别[3]

福利模式	选择型	普遍型
本质	慈善、救助	公民权利
基本特征	选择性（家计调查、资格）	普遍权利
污名化	导致污名	没有污名
意识形态	自由市场、个人责任	集体主义、国家责任

① Harold Wilensky, Charles Lebeaux. Industrial Society and Social Welfare：The Impact of Industrialization on the Supply and Organization of Social Welfare Services in the United States［M］. New York：Russell Sage Foundation, 1958.

② Eugene V. Schneider. Review：Industrial Society and Social Welfare：The Impact of Industrialization on the Supply and Organization of Social Welfare Services in the United States［J］. American Journal of Sociology, Vol. 64, No. 4（Jan., 1959）, 440–441.

③ ［美］Neil Gilbert, Paul Terrell. 社会福利政策引论［M］. 沈黎译. 上海：华东理工大学出版社, 2013.

尽管二者具有显著区别，但根据多国政策实践显示，它们之间具有某种联系，沃伦斯基甚至指出："当一国开始工业化之后，其社会福利的实施就会从选择型向普遍型方向转变"①，这是从长期发展来看，最终人类财富积累较多，可以实现普遍资源分配。从短期政策实践来看，二者之间存在复杂的关系：第一，选择型家计调查政策也可以被设计成具有普享型分配功能，即通过把家计调查的收入阈值调高，使很大一部分人甚至绝大多人都符合条件；第二，囿于财政支付压力，选择型福利形式也会被制度型福利政策所采用，政策呈现出"显性普及式福利基因"和"隐性选择式福利基因"共存的状态，如西方国家普遍采用的"加税补偿"。②

每个国家根据各自的国情实施不同类型的福利政策，学术界对这两种政策所产生的效应也存在争论。尤以 Korpi 和 Palme 成果显著，他们于 1998 年提出"再分配悖论"（Paradox of Income Redistribution），即选择型福利模式比普遍型福利模式造成更高的不平等，违背了该模式缩小收入差距的初衷，普遍型模式在减贫效果方面优于选择型，同时选择型福利模式在工作激励、生育决策、家庭稳定性、申请者尊严、行政效率等方面存在负面影响。但这并不意味着普遍型没有缺陷，普遍型福利模式最大的缺点在于巨额财政投入，它的主要目的是实现较为平等的再分配，但该效果大小取决于投入的财政绝对数量，如果是少量的投入也只能形成较小的再分配效果，受财政水平约束显著。

2. 目标定位研究

在目标定位上，可分为普遍主义的目标定位和选择主义的目标定位，二者的区别在于定位范围，前者的范围大于后者，这取决于目标定位标准的选择。目标定位一般包含两个方面：一是定位谁；二是如何去定位。具体而言，包括以下五个方面：第一，为什么要目标定位（Why），这涉及目标定位的主要目标和可取之处；第二，定位谁（Who），涉及目标定位的对象；第三，定位什么（What），给定位对象分配物品与服务的选择；第四，如何定位（How），如何将救助资源传递到被救助对象手上，这是定位机制与资源传递渠道问题；第五，评估目标定位项目的标准。本书的研究主要关注前两个问题。

（1）目标定位的原因分析。进行目标定位的原因是让社会救助更加公平、

---

①　郑功成. 社会保障学：理念、制度、实践与思辨［M］. 北京：商务印书馆，2000.

②　［美］Neil Gilbert, Paul Terrell. 社会福利政策引论［M］. 沈黎译. 上海：华东理工大学出版社，2013.

效率、可持续[①]，通过对目标定位的公平与效率原因分析，研究发现目标定位有利于公平的实现，因为目标定位能将福利分配给弱势群体（Disadvantaged）或是对优势群体（Advantaged）的税收负担进行重新分配。在效率原因分析上，Spicker（2005）认为如果每单位投入都得到最大化福利产出，那么就是有效率的，但他提出三个效率损失表现：①人们的境况并不因为获得的服务或福利而有所改变；②存在外溢现象，即把救助资源投向不需要帮助的对象；③救助资源无法到达被政策认定为救助的对象手里，这种情况是最难以容忍的错误。[②]

（2）目标定位的对象分析。在定位给谁的问题上，通常会将该问题转化成具体的对象认定标准，如按收入、支出及财产情况来确定救助资格，还可以按人口类别来定位，如对老人、妇女、儿童、残疾人等群体进行救助，按地理区位对某一地区的人口进行救助。但在福利二分法的分析框架下，会发现上述的福利资格条件会出现"混淆"情况，如有些选择式政策并未用到个人资产调查，而是根据特定类别、行政区域直接进行发放，有些选择式政策把资产调查的标准放宽了而出现与普遍性政策混淆的现象，因此美国加州大学伯克利分校社会福利学院尼尔·吉尔伯特（Neil Gilbert）教授则提出了四个分配原则对福利认定标准进行归纳，从而能覆盖更广泛的福利资格选项。在他看来，社会分配的标准可以依据四个分配原则来分类：归因性需求、补偿原则、诊断差异、资产调查需求，[③] 具体如下：

1）归因性需求。以归因性需求为福利资格，是针对因缺乏社会或经济安排从而使其共同需求无法得以满足的某个群体，需求可以达到以全体人口作类别，也可以限定在小群体，如针对低收入劳动者的救助政策。该原则的两个管理条件是群体导向和需求的规范性导向。

2）补偿原则。以补偿作为福利资格，意味着其接受福利的条件必须是那些已经作出特殊贡献的群体，因此它的管理条件则是团体导向和公平标准，针对某个团体（如退伍军人）提供特定的、优先性的福利待遇，以缩小与其他群体的差距。如美国的平权法案让所有的群体都有公平的机会进入好的企业或学

①　Eve Worrall, V.W.A.K. Targeting Subsidies for Insecticide Treated Mosquito Nets：A conceptual framework，Experience from other sectors and lessons for ITNs［R］. Health Economics and Financing Programme Working Paper, 2003.

②　Spicker P. Targeting, Residual Welfare and Related Concepts：Mode of Operation in Public Policy［J］. Public Administration, 2005, 83（2）：345-365.

③　［美］Neil Gilbert, Paul Terrell. 社会福利政策引论［M］.沈黎译.上海：华东理工大学出版社, 2013.

校、印度为种姓制度底层的人们提供优惠待遇等。

3）诊断差异。即福利资格的获取是基于对特定需求的专业诊断与判断。因此，该原则要求针对单个对象提供特定的服务与待遇，且必须是经过专业标准的判断，政府需出台专业的特殊需求判断标准由专业人士通过评估才能获得救助资格，如失能失智标准、视觉和听觉障碍标准等。

4）资产调查需求。以资产调查需求为基础的福利资格，是根据家庭的经济状况，将个人无力购买产品或服务的证明作为福利获得的依据。其分配原则是：第一，个别的分配；第二，基于需求的经济条件，即根据个人的具体情况，分配满足个人基本需求的福利资源。同时，通过"去集中化"（Deconcentration）将福利资格条件放宽至低收入劳工家庭，促进经济群体的融合。

（3）目标定位的评价指标构建。Korpi 和 Palme（1998）提出了再分配悖论（ the Paradox of Redistribution），它是指在财政资源再分配领域，由于越是通过定向分配和瞄准穷人来缓解贫困及降低社会不平等，就越难实现上述两个目标。[①]沿着再分配悖论观点，后续学者不断去思考构建社会政策的目标定位评价方法，Walker、Coady 等为代表的学者提出目标定位的两类错误及测算公式，IRIS 引入了 BPAC 标准来平衡贫困精准度衡量失误，Ravallion 则进一步提出了包含瞄准效率与减贫效应的系统评价指标体系与测算方法。

（二）目标定位理论的启示与应用

作为社会再分配政策，社会救助资源的稀缺性导致救助目标定位的需要，目标定位理论为社会救助对象目标定位奠定了理论基础与方法指导。对本书而言，通过对目标定位理论的研究，形成如下启示与应用：

1.目标定位原因与本书的意义

目标定位理论提出社会政策目标定位的原因在于让社会政策运行更加公平、有效率、可持续，当前我国城乡低保的最大问题在于目标定位不精准，不能有效识别贫困对象，根源在于城乡低保对象认定机制存在缺陷。因此，研究城乡低保对象认定机制，即是研究我国社会救助制度的目标定位问题，通过优

---

① Korpi W., J. Palme, The Paradox of Redistribution and Strategies of Equality：Welfare State Institutions, Inequality, and Poverty in the Western Countries［J］. American Sociological Review, 1998, 63（5）：661-687.

化城乡低保对象认定机制，促进我国城乡低保乃至社会救助制度朝着可持续方向发展。

2. 目标定位内容与本书的内容

目标定位理论的主要内容之一在于如何确定定位对象，目标定位对象的确定涉及对象确定原则，归因性需求、补偿、诊断差异、资产调查需求原则启发本书去思考应该如何构建城乡低保对象认定机制主要内容。首先，认定机制的核心内容是认定标准，上述原则说明了目标定位应兼顾不同的贫困状况，这促使笔者去思考完整的城乡低保对象认定标准的组成部分，城乡低保对象认定标准的确立应该要满足公平，贫困对象应被救助，城乡低保对象认定标准的设定应在兼顾各种贫困状态下使各种贫困对象纳入救助范畴，而现行标准以收入与家庭财产为标准，并未将支出型贫困纳入城乡低保救助网内，显然无法体现公平原则。其次，认定机制的另一重要内容为瞄准机制，根据上文概念界定，本书的瞄准机制包括瞄准方法与瞄准主体。在瞄准方法上，由于贫困具有复杂性与多面性，若缺乏有效的、专业性的瞄准方法将无法有效识别出贫困对象，因此本书认为应将目标定位的瞄准方法纳入城乡低保对象认定机制之中。在瞄准主体上，本书构建的城乡低保对象认定机制内容还包含瞄准主体，如果缺乏瞄准主体，认定标准与瞄准方法只能成为制度内容，无法将制度内容转化为政策效果，社会救助作为公共政策，政府部门是主要的瞄准主体。因此本书主要围绕着这两个方面对城乡低保认定机制的现状、政策效果、影响因素与优化对策展开研究。

3. 目标定位评价指标与本书的问题

已有的目标定位方法明确评价社会救助政策目标定位的指标包括一类错误和二类错误，这是基于目标定位效率而言的。同时，该理论还提出应从效应与效率两个层面对社会政策的目标定位进行评价，社会救助的目标定位是一种政策执行行为，它应是有效率的，评价的是目标定位是否将资源精准定位给被救助对象[1][2]。因此，本书主要从减贫效应与瞄准效率构建模型，实证研究城乡低

---

① Bibi S., Duclos J. Y. A Comparison of the Poverty Impact of Transfers, Taxes and Market Income across Five OECD Countries[J]. Bulletin of Economic Research, 2010, 62(4): 387-406.

② Leu C. H. The Targeting Performance of Governmental Social Benefits: The Economically Disadvantaged as the Target[J]. Social Policy & Social Work, 2010, 14(2): 49-90.

保对象认定机制的悬崖效应与瞄准效率，据此，为低保对象认定机制存在的问题奠定基础。

二、政策网络理论

政策网络理论出现于 20 世纪 80 年代，深受法团主义、多元主义和社会学的影响，是公共政策领域的重要研究内容，它打破了传统公共政策分析范式，是分析复杂政策过程的新视角，也是公共政策研究的主要范式与创新路径之一。西方学者对政策网络理论进行了深入的研究，包括政策网络的定义与特征、网络主体在不同网络结构中的行为特征、政策网络预测政策执行结果等方面，其根本作用在于探讨特定政策网络结构下出现某种政策后果的原因[①]。

（一）政策网络理论的基本内容

全球化背景下社会政治、经济等问题变得越来越复杂，牵涉到跨国、跨部门等多元复杂主体之间的利益问题，致使单一的政府机构较难形成决策与处理问题的办法，一些国家政策主体结构出现碎片化、部门化与分权化趋势[②]。政策网络理论的发展正是对这种现实背景的回应，它体现出社会主体日趋多元化、公私部门存在资源依赖性等社会现实。该理论源自多元主义与法团主义等理论内容，多元主义认为公共政策的主体具有多元化特性，且相互博弈和竞争，公共政策的制定与实施会被利益集团所左右，法团主义则认为由于国家的权利是集中化的，科层制带来的政治秩序与行政逻辑使得各个利益集团在政策制定过程中影响力较小。多元主义的社会中心论与法团主义的国家中心论形成了公共政策理论的两个极端，政策网络理论则有效纠正上述两个极端，开始关注弱化传统科层制权威在公共政策执行中的作用和效力，将公共政策执行的过程视为行动者之间的利益博弈过程。

---

① 蒋硕亮 . 政策网络路径：西方公共政策分析的新范式 [J] . 政治学研究，2010（6）：100-107.

② 李玫 . 西方政策网络理论研究 [D] . 云南大学博士学位论文，2013.

1. 发展阶段

达森（2010）[①]、李玫（2013）等[②]认为政策网络理论经历了三代或三个发展阶段，具体如下：

第一代：早期研究（20 世纪 60~80 年代）。早期研究主要体现在美国和英国学者的研究内容。一般认为政策网络思想起源于美国的次级系统、次级政府，次级系统理论以政策领域的互动方式为研究对象，关注的是政策问题经过一系列政策议程形成政策的过程，在这个过程中存在的压力集团、部门政府等行动者及其影响因素。英国早期研究以政府间关系为研究起点，对政策网络概念进行清晰界定，并系统梳理了政策网络类型，为构建政策网络范式进行早期理论准备[③]。

第二代：分类研究（20 世纪 80~90 年代）。这一时期，政策网络理论出现分类研究，包括利益调和学派与治理学派。前者认为政策是基于不同的资源支持者之间的互动与博弈的决策过程，根据资源依赖类型不同形成不同的网络类型，主要代表者有范瓦登的七维度分类模型、乔丹的三维度分类模型、政府与产业间关系模型、改进的罗茨模型等。后者以荷兰与德国的学者研究为代表，他们认为现代社会正式组织的不断细化的分工与功能导致他们的重要性不断提升，在政策过程中与政府部门进行更多合作与互动，在政策网络中，政府不再是唯一的行动者，政策网络则变成基于非层级协调基础上公私互动的概念。同时，在沿袭网络治理理论的基础上，这段时期研究者开始关注网络的管理问题，通过有效的网络管理，不同的行动者会在政策过程中代表他们的利益并影响政策结果，这段时期的政策网络理论得到极大发展，政策网络范式不断趋于成熟发展。

第三代：网络定量分析（20 世纪 90 年代至今）。以往的政策网络研究被认为是对社会政策的譬喻，缺乏因果解释力，因此学者在研究中利用定量方法，这样既可以促进研究的科学性，又可以通过定量方法绘制网络结构图，揭示了行动者之间的关系，以直观的方式呈现出各种具有相互关系的网络结构与制度安排[④]。该研究侧重对政策网络内部行动者之间关系的描述，强调这种关系是具有"矢量"的数学特质，并利用图形精确呈现特定的政策网络[⑤]。另

---

① Dassen A. Networks：Structure and Action：Action：Steering in and Steering by Policy Networks[D]. niversity of Twente，2010.

②③④ 李玫 . 西方政策网络理论研究[D].云南大学博士学位论文，2013.

⑤ 田华文 . 从政策网络到网络化治理：一组概念辨析 [J].北京行政学院学报，2017（2）：49-56.

外，第三代政策网络分析与多种学科交叉结合，如政治学、经济学、社会学等学科，形成了一种具有较强包容性的分析工具，"政策网络理论 + 社会网络分析 + 其他社会科学理论"的有机组合提升了政策网络理论对政策后果的因果解释等方面的能力[①]。

2. 政策网络理论主要内容

政策网络理论依据不同的流派而形成不同的理论内容。一是以英美学者为代表的利益协调学派，该学派的集大成者洛德·罗茨（R. A. W. Rhodes）将政策网络界定为：因资源而形成相互依赖的利益联盟。资源则包括法律赋予的资源，组织的、政治的、信息的等方面的资源[②]。罗茨模型的政策网络包括以下五个类型：

第一种为政策社群。政策社群网络作为决策层，它具有以下特性：网络内成员关系稳定、成员资格严格限制、纵向相互依赖关系，并与其他网络及公众有限联系[③]。罗茨认为，作为政策网络中的特殊类型，政策社群行动主体的资源，政策的价值与战略规则是重点关注领域，同时由于政策社群因成员之间的频繁互动形成紧密的联合体，具有封闭性，新成员必须支付学习政策社群的规则、话语方式及关系构建等费用才能进入该网络内[④]。

第二种为地方政府间网络。地方政府间网络的成员主要是地方机构代表，主要特点在于成员资格是基于地方权威主义获得、地方政府部门间横向的广泛利益集合以及向其他网络的渗透能力。

第三种为专业网络。政策制定中某个阶层或群体参与利用自身的专业知识参与过程，它表明了网络中特定职业的利益互动和政策对专业知识的依赖性[⑤]，但由于专业性导致其独立于与其他网络。

第四种为生产者网络。该网络主体的特点是成员资格较为广泛、以经济利益为导向、以产品和技术与政府建立依赖关系。他们作为市场中的独立经济主体，内部形成相互依赖关系。

第五种为议题网络。其主体特点为主体人数多，但相互依赖度底，网络结

---

① 龚虹波 . 论西方第三代政策网络研究的包容性 [J] . 南京师范大学学报（社会科学版），2014（6）: 29–36.

②③ Rhodes R A W , Marsh D . New directions in the study of policy networks [J] . European Journal of Political Research, 1992, 21（1–2）: 181–205.

④⑤ 李玫 . 西方政策网络理论研究 [D] . 云南大学博士学位论文，2013.

构较为松散，网络主体通过自由、自愿、责任感等非正式资源进行网络活动。在整个政策制定过程中，他们能影响政策制定，但不是政策制定主体，是被政策保护的对象。

这五种类型按照整合程度从紧密到松散构成一个连续体。这些主体通过网络地位，形成网络主体的互动行为模式，最终影响政策决策过程与政策结果。

二是以德国与荷兰学者为代表的治理学派。他们都强调政策网络是一种政策治理工具，但德国学者强调政策网络是一种能够直接导致政策结果的政策工具，社会子系统的兴趣导致政策网络内的主体之间存在资源依赖性。荷兰学者则更强调网络治理，即从治理的视角形成网络管理。他们认为政策网络具有以下作用：通过机械的人员调整来改变网络内成员组成，从而实现网络主体互动关系的调整；通过调整网络内优势资源与劣势资源的地位，从而实现网络资源优化配置；根据网络运行的需求进行网络规则的修正与调适网络；通过整合网络内的价值规范认识等。[①]

（二）政策网络理论的启示与应用

在政策网络理论中，政策行动主体不再是官僚体制下的按等级划分的主体，他们之间的关系由科层制下的上下级关系转化为政策网络下的依赖关系。它既摆脱了传统政治学宏大的理论分析模式，又跳出了行为主义过于微观、缺乏理论基础的研究困境[②]，因此可以认为政策网络理论能兼顾到宏观、中观及微观三个层次的研究视角，并为这三个层次下的多元利益主体之间的复杂关系以及这种关系对政策结果的影响提供了很好的分析视角[③]，这是本书将之作为第二个理论基础的原因，它能揭示城乡低保对象认定机制的三个重要组成部分的运行机理，并将之置于统一的分析框架之中，保障研究内容的整体性。但与此同时，政策网络理论是一个较为宏观的、松散的理论，缺乏利用定量的方法呈现多元主体之间的利益互动，因此，需结合其他交叉学科的方法，诸如博弈论对利益互动过程进行研究，本书第 7 章正是基于上述逻辑思路展开对原因的探讨。

在城乡低保对象认定机制中存在多元利益主体，且利益主体之间各种矛盾

① 张康之，程倩.网络治理理论及其实践[J].新视野，2010（6）：36-39.

② 任勇.政策网络的两种分析途径及其影响[J].公共管理学报，2005（3）：55-59，69-95.

③ 侯云.政策网络理论的回顾与反思[J].河南社会科学，2012（2）：75-78.

冲突交织在一起产生强烈的碰撞，才导致现行城乡低保对象认定机制的问题，这些碰撞与互动主要表现在：第一，支出标准产生过程中的纵向各级政府的博弈；第二，家计调查法实施过程中的横向职能政府的利益权衡；第三，基层政府作为政策执行主体的行为逻辑。这三种互动由于其主体处于不同的政策网络，具有不同的网络结构特征、网络资源、利益联盟互动及影响其他网络的能力①，形成截然不同的行动逻辑与行为表现。因此本书将基于政策网络理论基础上，采用博弈、电子政务信息共享、行政发包制三个多学科视角分别研究城乡低保对象认定机制三个部分的多元主体互动，进而总结出影响因素，提出优化对策。

三、正义论

（一）正义论内容

1. 正义的作用

首先，正义论指出正义作为社会制度的首要德性，它在分析主要对象——社会基本结构中的重要作用。它提出正义是调整行为主体利益冲突的原则。假定人类社会由一些自足的、利益相关性的联合体组成，且都承认某些行为规范对行为主体具有约束力，当利益一致时，主体之间会产生合作，但由于每个人都更青睐于较大的份额，产生了利益冲突。这时就需要正义原则来指导不同利益分配的社会安排的确立②，明确社会成员的基本权利和义务，最终使不同利益偏好的主体之间建立起"公民友谊的纽带"，形成牢固的合作，社会则可进入一个良序（Well-ordered）社会。

其次，正义在现实中对起点不平等起着调节作用。社会主要制度包含政治宪法、主要的经济和社会安排。人类社会的权利和义务正是由这些主要制度规定的，由此形成了不同的社会地位，而不同的社会地位产生了不同的生活前景，所以社会制度的存在导致起点不平等，影响到人们生活中的初始机会，如图2-3所示。由前文可知，正义原则指导着社会安排的确立，那么这些社会安排下的主要制度则受正义原则的调节，决定着社会主体的基本权利和义务，形成了不同阶层的经济条件和社会条件，缓解起点不公平的程度。

---

① 李玫.西方政策网络理论研究［D］.云南大学博士学位论文，2013.

② 约翰·罗尔斯著.正义论［M］.何怀宏，何包钢，廖申白译.北京：中国社会科学出版社，2016.

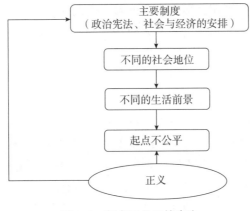

图 2-3　起点不公平的产生

2. 正义论主要观点

（1）关于原初状态假设的观点。原初状态（Original Position）来源于休谟的中等匮乏状态假设①，休谟认为在中等匮乏状态人际之间存有一定的信任度的利益冲突与合作关系，这时正义才有存在的意义，原初状态假设不是指将之作为社会发展的奋斗目标，而是指在该状态下有呈现一些正义的可能。②原初状态的基本特征：一个人不知道自己在社会中的地位（无论是阶级地位还是社会出生），也不知道自己的天赋和才能，甚至不知道自己特殊的心理倾向或喜好，即无知之幕（Veil of Ignorance），因此所有人的处境都是相似的，形成"公平的原初状态"，此时在无知之幕下做出的选择可以保证任何人都不会因自然的机遇或社会环境中的偶然因素得益或受害③，在公平的原初状态中一致公认的社会契约为正义原则，即"公平的正义"。反过来说，如果人们在明确自己的地位、立场和身份的情况下，他们就必定会做出有利于各自地位、立场和身份的选择，从而就无法达成符合正义要求的契约。社会如果按照原初状态下的假设契约定立，它所形成的规范体系则就是正义的和被广泛接受的。

（2）正义的两个原则。为了实现公平与正义，达到一种社会的基本善，罗尔斯提出人们应遵循两个原则：第一原则为自由平等原则；第二原则为机会均等与差别原则，它是指社会和经济的不平等应当这样安排，机会均等原则是

①　李阳春.罗尔斯正义理论的制度伦理研究［D］.华中科技大学博士学位论文，2014.

②③　［美］约翰·罗尔斯.正义论［M］.何怀宏，何包钢，廖申白译.北京：中国社会科学出版社，2016.

指人们所属的职位应当在公平的机会下向所有人开放，差别原则是指社会制度安排应有利于社会最不利成员的最大利益，基于这两个原则下的社会不平等是可以被接受的。同时第一原则应优先于第二原则，即"各种自由的侵犯不可能因较大的社会经济利益而得到辩护或补偿"，[①] 这说明自由是神圣不可侵犯的，以自由为前提实现社会平等是符合正义要求的，本质上反映出正义论对自由与平等的调和，在自由的框架内实现与自由兼容的平等，最终实现分配正义。与此同时，第二原则是对第一原则自由竞争造成的后果进行的弥补，它适用于收入分配和财富的分配，机会均等原则认为在机会面前，对有相同能力和志向的人，不应当受到他们的社会出身影响，并坚持所有人受教育机会均等；通过该原则，罗尔斯试图说明正义的社会最大限度地向社会成员提供平等的机会，享受自由和平等。差别原则则认为在必要的约束下能最大限度地增加处于最不利状况人的期望，不仅会使每个人都受益，而且相对于最初的安排来说每个群体的利益都得到了改善。

由此可见，正义论架构的出发点是先承认自由，因各种自由而造成的贫富差距与不平等，由于"链式联系"[②] 的存在，受益人群遵守"原初状态"的公平契约会对社会中低层人群进行回馈，成为实现"社会最不利者"的利益最大化[③]，因此，罗尔斯认为这种不平等是可以接受的，甚至是"无关紧要的"[④]。

（二）正义论的启示与应用

正义论在现实的运用中，罗尔斯认为为实现公平正义，政府能够在机会平等方面做出一定的倾斜，如通过提供教育服务、建立最低社会保障制度等方面以维护社会平等，使社会的公平正义得到最大限度的实现。它改变了人们对贫困的看法，原有的观点认为贫困是个体的失败并加以谴责，现在认为贫困是源自超出人类掌控的境况，是个人出生境况的不平等与市场—政府的失败的交织，贫困被认为是无法接受的，因为它阻碍了个体的自由，而这种自由是为了

---

①④　[美]约翰·罗尔斯.正义论[M].何怀宏，何包钢，廖申白译.北京：中国社会科学出版社，2016.

②　罗尔斯假定人与人之间存在链式联系，即各种期望间的不平等像链条一样存在，如果提高底层人们的期望，也就提高了所有各层次人们的愿望与利益。

③　张晓萌.平等的边界：G.A.科恩与罗尔斯关于平等的论战[J].山东社会科学，2016（5）：139-147.

实现个人成就，贫困的单一收入评价指标也应得以改变①。这是本书将正义论作为本书的思想基础之一原因，它促使我们重新审视当前社会救助制度，在社会主义市场经济体制下，自由竞争导致的贫富差距越来越大，贫困的表象多种多样，如何有效识别贫困群体，帮助他们摆脱贫困是社会救助制度与生俱来的责任。

同时，如何为贫困对象提供社会救助，罗尔斯提出了在差别原则指导下的最低社会保障制度，他认为作为一种体现正义的制度，最低社会保障制度应是一种从社会总产品分配出部分来满足人们基本生活需要，以保证最不利者的福利，它是一个动态的变数，会随着社会财富的变化而发生变化。罗尔斯基于差别原则下提出了如何认定社会救助对象，提出应对人际进行比较，确定不同的群体所处的福利位距存在多少，以此确定社会的"最不利者"，而不是简单制定一条福利标准线或贫困线②，这遵循了理性的普遍法则，不能简单漠视生活保障线以上的不平等。本书认为反贫困的社会政策变化应随着贫困的变化而变化，贫困对象是现实中的最不利者，是当前我国社会发展不平衡不充分发展的结果，对贫困对象的社会救助政策也应随之改变，然而社会救助政策尤其是认定贫困对象的政策并未有效瞄准贫困群体，主要体现在城乡低保缺乏对支出型贫困对象的认定措施，致使支出型贫困对象的美好生活需求无法得以满足，应优化城乡低保对象认定制度以实现对支出型贫困对象的认定，以保障社会最不利成员的最大利益。

第三节　本书分析框架

基于本书核心概念的界定与理论基础的分析，结合研究内容建构了如图2-4所示的分析框架。

首先，通过界定低保对象认定机制及其相关的概念确定基本研究范畴。一方面，本书最终界定低保对象认定机制包括认定标准与瞄准机制，其中瞄准机制细分为瞄准方法与瞄准主体，瞄准方法主要是指互联网技术背景下的家计调

---

① Martin Ravallion.The Economics of Poverty：History，Measurement and Policy［M］.Oxford：Oxford Press，2016：91.

② 李阳春.罗尔斯正义理论的制度伦理研究［D］.华中科技大学博士学位论文，2014.

查法，即居民家庭经济状况核对，瞄准主体则主要是指县级与乡镇级民政部门，还包括居委会与村委会等协助机构，通过这些基本概念的界定，明晰本书的主要研究对象。同时，机制是社会活动主体之间为实现利益目的的相互联系的活动过程，它具体包括发现问题、寻找对利益主体行为的影响因素与改进对策三个环节，基于此，本书将主要分析框架按照上述三个环节设置成"问题—原因—对策"。另一方面，通过其他相关概念界定研究相关内容。本书认为支出型贫困是指城乡家庭应刚性支出过大而陷入入不敷出的贫困状况，实证分析中的家庭人均生活消费余额正是来自该定义；并对悬崖效应与贫困脆弱性进行界定，形成了城乡低保对象认定机制悬崖效应与减贫效应的探讨。

其次，基于正义论理论内容探讨研究主题的必要性。正义论的自由平等原则与差别原则提出应建立最低社会保障以维护社会平等，同时政策应随贫困的变化而变化，不能简单制定一条福利标准线，这为本书主题奠定了理论基础。本书认为贫困的表现方式由收入型贫困转变为收入型贫困与支出型贫困并存的特点，城乡低保对象认定机制也应随之进行改变以适应贫困表现方式的变化，才能实现对贫困对象的精确瞄准，最终有利于社会公平正义的实现。

再次，基于目标定位理论探讨城乡低保对象认定机制的主要问题。目标定位理论不仅指明社会救助对象目标定位的原则与定位意义，它还提出了目标定位的评价指标体系，主要是对救助政策的减贫效应与瞄准效率两个方面进行评价。在该理论指导下，本书问题部分从以下两大方面展开：一方面，利用目标定位评价指标对城乡低保对象认定机制的运行情况进行总体评价；评估城乡低保对象认定机制的减贫效应时，以悬崖效应为研究内容，这样设计可以达到两个目的——完成对"城乡低保对象认定机制减贫效应"的研究以及形成对"城乡低保对象认定标准增加支出标准的必要性与可行性"的论证。评估城乡低保对象认定机制的瞄准效率时，在目标定位理论的评价指标基础上改进瞄准效率指标，结合实证方法，对瞄准效率进行综合评估。另一方面，在目标定位理论指导下对城乡低保对象认定机制存在的问题进行分析。结合相关数据、各类政策以及访谈资料，对城乡低保对象认定标准与瞄准机制展开深入分析。

最后，基于政策网络理论探讨城乡低保对象认定机制存在问题的原因。政策网络理论认为，不同政策网络主体具有不同的特征与行为表现，这取决于网络主体的利益攫取能力与他们之间的互动博弈。城乡低保对象认定机制涉及政府（中央政府、省市级政府、县级与乡镇级政府等相关职能部门）、企事业单位（以银行为代表的金融机构）、个人等多元主体，政策网络理论能较好地将这种多元主体的互动行为纳入理论研究体系之中，便于本书在政策网络理论整体框架下深入挖掘不同主体之间的互动博弈关系，形成城乡低保对象认定机制存在问题的原因认识。

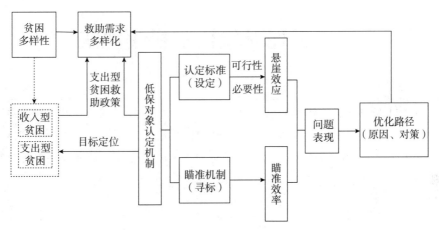

图 2-4　本书分析框架

第3章

城乡低保对象认定机制现状

城乡低保对象认定机制包含认定标准与瞄准机制。我国城乡低保制度运行至今，对象认定标准实行收入标准与家庭财产标准的固定标准，少部分地区增加了支出标准；瞄准机制上，以基层政府为主要瞄准主体、按照特定的家计调查法展开对象瞄准。

第一节　现行的收入标准规定

低保对象认定标准的首要指标是收入标准，它是世界各国使用最广泛的贫困标准，也是各国公认的社会救助对象认定标准。收入标准是指社会救助政策法规规定的贫困对象的收入不得高于某一收入数值，对收入标准的研究包含以下三个内容：一是收入的内涵，它具体是指哪些收入；二是收入标准的确定，收入标准是通过哪些方法确定的；三是我国城乡低保的现行收入标准是如何规定的。

一、收入标准的确定

（一）收入的内容

我国城乡低保对象认定的收入标准中的收入是指共同生活的家庭成员的人均可支配收入。根据民政部 220 号文件第四条、第七条规定可知，能否纳入城乡低保，申请家庭必须具有当地户口，且共同生活的家庭成员人均收入（或可支配收入）需低于收入标准，以及家庭财产也需符合相关规定。因此，当前我国低保对象的认定其收入标准的收入是指月人均可支配收入，从国家到地方政府的相关文件规定来看，也均是指月人均可支配收入，虽在有些地方政府的文件显示是"家庭月人均收入"，但计算收入的环节与 220 文件规定的"月人均可支配收入"是一致的,二者只是表述不同而已。同时该标准是由家庭的所有总收入和家庭总人数共同决定的,而不是个人收入。

将可支配收入作为收入标准有其合理之处,其含义与低保政策目标一致;居民人均可支配收入是指调查户人均用于最终消费支出和其他非义务性支出及储蓄的总额[1],实质是居民家庭人均可以用来自由支配的收入,衡量的是居民家庭生活水平高低和收入水平高低情况。低保的目标是为缓解国民基本生活困难的生活救助制度,人均可支配收入则衡量的是国民基本生活情况,能全面反映国民基本生活状况,为低保瞄准救助对象提供数据支撑。人均可支配收入具有如下特征:①项目全面性,人均可支配收入是国民经济核算 GDP 的专业术语,包括 5 大项 13 小项和数不清的细项,如表 3-1 所示;同时人均可支配收入数据收集有着严格的操作准则和统一的方法,准确性较高,能够全面反映社会成员获取的各种收入与支出情况。②人员全面性,人均可支配收入的统计对象包括全体社会全员,既包括获得劳动收入的职工,也包括离退休人员、失业人员、未成年人等,可以反映不同的社会成员的生活成本。

表 3-1　可支配收入的构成

收入名称	具体内容
工资性收入	①现金收入是指从企事业单位或雇主处获取的工资等;住房、交通等补贴与津贴;兼职收入,如稿费、讲课费、咨询费、设计费等;单位代扣的个人缴纳的五险一金等;单位从工资中代扣的医疗费、借款等;辞退金、股票期权、安家费等。②实物收入主要包括企事业单位发放的米面、牛奶、水果等实物消费或提供报销的旅游、健身、娱乐、住宿、交通等服务
经营净收入	经营收入扣除经营费用之后的余额,经营净收入是指第一产业、第二产业和第三产业经营净收入
财产净收入	财产净收入主要包括利息净收入、红利收入、储蓄性保险净收益、转让承包土地经营权租金净收入、出租房屋净收入等
转移净收入	它是指转移性收入减去转移性支出;转移性收入则是指退休金、社会救助金、政策性生活补贴、救灾款、医疗费用报销、赡养费等收入,转移性支出则包括缴纳的各种税费(个人所得税、社会保险费等)
自有住房资金折算	房屋虚拟租金扣除购房款之后的净额,属于虚拟收入

资料来源:①国家统计局住户办.统计上如何计算居民的收入账?〔EB/OL〕. http://www.stats. gov.cn/ztjc/zdtjgz/yblh/dczsc/201710/t20171010_1540834.html, 2017-10-10.

②冯蕾.话说人均可支配收入〔J〕.调研世界, 2015(3):64-65.

---

① 桂铭.此收入非彼收入——浅谈城镇居民人均可支配收入与职工平均工资的区别〔J〕.调研世界, 2012(11):62-63.

（二）收入标准的确立

1999 年的《城市居民最低生活保障条例》对收入标准的确立原则作出规定，即以"保温饱"为目标，根据维持当地城市居民基本生活资料所需来确定收入标准，上述基本生活资料则包括衣食住行以及义务教育等方面。民政部的"农村社会保障体系建设指导方案"则对农村低保的收入标准也进行规定，即应当根据当地农村居民最基本的生活需求、经济发展水平和财政承受能力来确定和调整农村低保的收入标准。但这些文件并未对收入标准的计算方法进行明确规定，导致各地政府在标准制定过程中具有较大的弹性空间而呈现出千差万别的低保收入标准[1]。为了规范低保的收入标准制定，进一步提高收入标准的制定科学性与精确性，民政部建议各地采取以下三种主要方法进行标准制定[2]。

一是基本生活费用支出法，它类似于市场菜篮子法，由专家列出贫困对象维持最低生活水平所需的生活必需品，基于当地市场价格购买的这些生活必需品所需的金额，即为低保的收入标准线；其中生活必需品包括必需食品消费和非食品消费，必需食品消费计算则是根据中国营养学会推荐的能量摄入量计算而成，非食品消费则包括维持生活所必需的衣物、水电、燃煤、公共交通、医疗与教育支出等。

二是消费支出比例法，它与基本生活费用支出法相通，是民政部门根据上年度城乡居民人均消费性支出的一定比例确定低保标准或补差标准。它与基本生活费用支出法的区别在于它是按照人均消费支出的比例确定低保标准，基本生活费用支出法则按照居民的生活费用支出确定低保标准。如杭州市 2018 年的低保收入标准是按照城镇居民人均消费支出的 30% 测算的[3]，广东省则规定城乡低保的收入标准的确定是先由民政厅依据人均消费性支出等因素制定一个最低标准，各区再综合考虑当地城乡居民的基本生活消费品支出情况制定各自的城乡低保收入标准与补差水平[4]。

三是恩格尔系数法，它是以居民必需食品费用除以最低收入水平组的恩格

---

① 关信平.我国低保标准的意义及当前低保标准存在的问题分析[J].江苏社会科学,2016（3）: 64-71.

② 资料来源:《关于进一步规范城乡居民最低生活保障标准制定和调整工作的指导意见》（民发〔2011〕80 号）。

③ 资料来源:《杭州市人民政府关于改革最低生活保障标准调整机制的通知》（杭政函〔2017〕192号）。

④ 资料来源:《广东省人民政府办公厅关于建立全省城乡低保最低标准制度的通知》（粤府办〔2013〕17 号）。

尔系数的比值来确定贫困线标准。该方法则涉及必需食品的确定、最低收入水平组的恩格尔系数的确定两个方面。在必需食品的项目与数量的计算上，因涉及各地的消费状况、消费品价格水平及生理特征，体现出较强的主观性[①]；在恩格尔系数的确定上，较多的实证研究认为居民的食品支出会受到住房、医疗、教育支出等大额刚性支出的挤压[②]，恩格尔系数的计算会存在失真现象[③]，骆祚炎（2006）甚至它认为不适合我国国情。

事实上，学术界多提倡扩展线性支出法来测算收入标准，但政府部门可能认为该方法测算出的标准与低保的"保温饱"精神相违背，且低保制度建立之初采用市场菜篮子法的路径依赖的存在，因此较少省市采用该方法[④]。

除此之外，政府相关规定进一步提出在上述方法的基础上，收入标准的测算与调整可参考城乡居民人均消费支出、人均可支配收入、低收入居民基本生活费用以及经济发展水平、财政状况等因素[⑤]。在上述规定的指导下，我国地方政府在制定收入标准时，除了采取上述三种方法之外，还实行了与最低工资标准或人均可支配收入挂钩的方法，近年来，收入标准与人均可支配收入挂钩的方法则被越来越多的地方采用，收入标准呈现较大差异，如表3-3所示。

总体而言，低保的收入标准是我国城乡低保对象认定的主要标准，它既是确定低保对象认定资格的条件，又是确定我国城乡低保对象待遇水平的标准，更是确定城乡低保补助资金的依据，因此需采用较为科学的方法对其进行设定。

二、我国城乡低保对象认定的收入标准规定

（一）中央层面的政策规定

《社会救助暂行办法》对我国社会救助体系内容进行全面规定，我国社会救助体系具体包括低保、特困人员供养等制度在内的"8+1"救助体系（见

---

① 骆祚炎.对恩格尔系数测定贫困线的思考[J].改革与战略，2006（2）：121-124.

② 刘伟平.基于修正恩格尔系数的农村贫困线测定——以福建省为例[J].农业经济与管理，2015（5）：63-69.

③ 王凤芹.中国恩格尔系数失真现状及对策探析[J].改革与战略，2012（6）：37-39.

④ 王三秀，常金奎.城市低保标准的评价与重构——以武汉市为例[J].城市问题，2016（10）：77-83.

⑤ 资料来源：《关于进一步加强和改进最低生活保障工作的意见》（国发〔2012〕45号）。

表 3-2），具体形成两个层次救助体系：第一层次为最困难人群救助政策群，以低保制度与特困人员为代表的核心层，对他们展开医疗、教育、住房和就业四类专项救助，"一个中心、四个辅助"体系（见图 3-1）；第二层次为因灾害等突发事故造成的困难人群救助政策群，包括受灾人员救助与临时救助。

表 3-2   我国社会救助对象资格认定条件与待遇水平

制度名称	救助对象资格认定条件	待遇水平
低保制度	共同生活的家庭成员人均收入低于当地低保标准	低保金
特困人员供养	无劳动能力、无生活来源且无法定赡养、抚养、扶养义务人，或者其法定赡养、抚养、扶养义务人无赡养、抚养、扶养能力的老年人、残疾人以及未满16周岁的未成年人	1. 提供基本生活条件 2. 对生活不能自理的给予照料 3. 提供疾病治疗 4. 办理丧葬事宜
受灾人员救助	基本生活受到自然灾害严重影响的人员	1. 为受灾人员提供必要的食品、饮用水、衣被、取暖、临时住所、医疗防疫等应急救助 2. 对住房损毁严重的受灾人员进行过渡性安置 3. 给予住房恢复重建补助 4. 受灾地区人民政府应当为因当年冬寒或者次年春荒遇到生活困难的受灾人员提供基本生活救助
医疗救助	1. 低保家庭成员 2. 特困供养人员 3. 县级以上人民政府规定的其他特殊困难人员	救助方式： 1. 对救助对象参加城镇居民基本医疗保险或者新型农村合作医疗的个人缴费部分，给予补贴 2. 对救助对象经基本医疗保险、大病保险和其他补充医疗保险支付后，个人及其家庭难以承担的符合规定的基本医疗自负费用，给予补助 医疗救助标准： 由县级以上人民政府按照经济社会发展水平和医疗救助资金情况确定、公布
教育救助	1. 在义务教育阶段就学的低保家庭成员、特困供养人员 2. 对在高中教育（含中等职业教育）、普通高等教育阶段就学的低保家庭成员、特困供养人员，以及不能入学接受义务教育的残疾儿童，根据实际情况给予适当教育救助	根据不同教育阶段需求，采取减免相关费用、发放助学金、给予生活补助、安排勤工助学等方式实施，保障教育救助对象基本学习、生活需求

续表

制度名称	救助对象资格认定条件	待遇水平
住房救助	住房困难的低保家庭、分散供养的特困人员	配租公共租赁住房、发放住房租赁补贴、农村危房改造等方式实施
就业救助	对低保家庭中有劳动能力并处于失业状态的成员	1. 贷款贴息、社会保险补贴、岗位补贴、培训补贴、费用减免、公益性岗位安置等办法 2. 免费提供就业岗位信息、职业介绍、职业指导等就业服务
临时救助	对因火灾、交通事故等意外事件，家庭成员突发重大疾病等原因，导致基本生活暂时出现严重困难的家庭，或者因生活必需支出突然增加超出家庭承受能力，导致基本生活暂时出现严重困难的低保家庭，以及遭遇其他特殊困难的家庭	临时救助的具体事项、标准，由县级以上地方人民政府确定、公布

资料来源：笔者根据《社会救助暂行办法》整理得出。

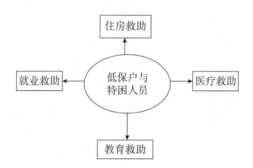

图 3-1　最困难人群救助政策群

资料来源：笔者根据《社会救助暂行办法》绘制而成。

由上述分析可以看出，除了受灾人员救助项目以及部分临时救助项目之外，我国的其他社会救助项目是以是否获取城乡低保对象资格为准入门槛。而依据《社会救助暂行办法》第九条等相关内容，国家对家庭人均收入低于当地低保的收入标准，且符合家庭财产标准规定的家庭给予城乡低保标准，因此，从国家层面来看，我国社会救助制度仍是以收入标准为主要的对象认定标准。

（二）地方层面的政策规定

总体而言，地方政府出台的低保对象认定政策遵循了中央政府的以收入为认定标准的特点，这是各地城乡低保对象认定政策共性之处，但地方政府可以依据具体情况需要制定具有地方特色的政策执行细则，各地城乡低保对象认定的收入标准在执行上具有显著差异。具体如下：

1. 收入标准地方差异性显著

各地的城乡低保政策规定，能否将贫困群体纳入低保救助网内，其首要审核标准是家庭月人均收入低于同期城乡低保的收入标准，但全国收入标准不仅在各省市之间具有显著差异，且城乡并轨程度不一导致同一城市内的城乡之间也具有不同标准（如表3-3所示），因此，依据不同的收入标准确立的城乡低保对象和低保生活补助金额具有当地显著特点。

表3-3　2018年第三季度全国各省份城乡低保标准

地区	城市低保标准（元/月）	农村低保标准（元/年）
北京市	1000.0	12000.0
天津市	920.0	11040.0
河北省	598.4	4296.8
山西省	495.9	4052.3
内蒙古自治区	636.9	5367.8
辽宁省	590.1	4607.8
吉林省	506.9	3881.1
黑龙江省	551.9	3883.0
上海市	1070.0	12840.0
江苏省	677.1	7627.1
浙江省	738.0	8720.3
安徽省	566.1	5778.7
福建省	605.2	6876.4
江西省	576.7	4106.1
山东省	523.8	4360.9
河南省	490.5	3590.7
湖北省	605.0	5275.2
湖南省	470.3	4061.9
广东省	745.8	7079.2
广西壮族自治区	589.5	3812.2

续表

地区	城市低保标准（元／月）	农村低保标准（元／年）
海南省	487.1	4340.0
重庆市	546.0	4984.9
四川省	499.8	3922.8
贵州省	597.7	4180.8
云南省	559.4	3611.9
西藏自治区	804.4	3857.3
陕西省	537.6	3833.3
甘肃省	487.5	3944.0
青海省	500.8	3706.0
宁夏回族自治区	565.0	3950.7
新疆维吾尔自治区	421.8	3710.3

资料来源：根据民政部网站数据整理得出。

2. 收入标准的协同性发展

城乡低保制度作为社会救助体系的核心，它不仅应体现贫困群体的生活保障程度，也关系到社会公平、积极的社会救助理念等社会政策目标的实现，具体则表现为收入标准与其他社会保障制度的协同发展（如表 3-4 所示）。它与最低工资标准之间的替代率关系反映出低保标准协调民生保障和就业激活功能的实现，如福建省的城市低保收入标准按当地最低工资标准的 36%~42% 确定[1]、湖南省的城市低保收入标准则按当地最低工资标准的 1/3 左右测算[2]。与其他社会救助政策的协同发展则进一步体现在其他社会救助项目的获得必须满足低保的收入标准要求。诚然，学术界认为低保标准与医疗、教育、住房等救助项目挂钩，进行捆绑式救助，使得低保制度被赋予太多使命，形成福利叠加效应，不仅影响低保群体的就业积极性，而且相对于未纳入低保的低收入者则形成分配不公平。但对于低保群体来说，该制度安排则能体现积极的社会救助理念，它对低保对象的健康水平及劳动力素质等方面的提升有较为积极的推动作用。

---

[1]　资料来源：《福建省人民政府办公厅关于印发福建省"十三五"民政事业发展专项规划的通知》（闽政办〔2016〕50 号）。

[2]　人民网 . 2018年将提高城乡低保标准不得低于 320元／月［EB/OL］. http：//www.yueyang.gov.cn/yylq/21487/21488/21503/content_1275526.html，2018-01-20.

表 3-4　低保标准的协同发展情况

协同发展情况	作用
与最低工资标准挂钩，按照最低工资的 1/3 确定城市低保标准	协调民生保障和就业激活功能
与其他救助项目挂钩，如教育救助、医疗救助、临时救助、住房救助等，成为获得这些救助项目的门槛	实现综合性、多元化救助
与其他服务项目挂钩，如低保户可以减免水电费、数字电视费、丧葬费等	扩展民生服务内容，促进困难群体的社会融入

资料来源：根据各地低保优惠政策整理而成。

第二节　现行的家庭财产标准规定

一、家庭财产标准的形成

收入标准作为社会救助对象认定标准一直被理论界诟病，谢若登教授认为家庭财产标准应成为社会救助对象认定标准之一。收入只是贫困的一种尺度，是一种忽视了家庭福利的长期动态变化的尺度，不能激发人们的信心，同时在确定收入贫困对象的过程中因行政开支和低效率而消耗了大部分费用，最终达到被救助对象的利益不多，因此，他认为收入不是构筑社会救助的唯一方式[①]。进而他提出应该在社会救助政策中引入资产标准。因为资产与收入之间是存在区别的，资产是指财富的贮存或积累，而收入是指金钱、物品和服务的流动，二者的流动性是不同的。而根据新古典经济学派的观点，人们的消费水平是与永久收入一致的水平，但收入反映的是短期的财富拥有情况，当收入减少时，人们可以通过积累的资产、借贷或未来收入来消费，因此，资产能比收入更好地体现出长期的、动态的福利过程，可以说是平衡短期收入不足的重要手段。除此之外，资产具有维护家庭稳定、为抵抗风险奠定基础以及增加下一

---

① ［美］迈克尔·谢若登.资产与穷人——一项新的美国福利政策［M］.高鉴国译.北京：商务印书馆，2005.

代福利等效应 ①，因此，资产标准能被用来瞄准贫困，它能反映家庭的"功能性活动"，并与家庭实际的生活水平密切相关。②

资产可分为有形资产和无形资产，有形资产包括货币储蓄（有利息形式的收入）、股票等（见表 3-5）。无形资产则包括人力资本、正式社会资本或组织资本和政治资本等。谢若登的资产主要是指有形资产中的金融资产（货币储蓄和金融债券）。

表 3-5　有形资产的类型

资产类型	具体内容
货币储蓄（有利息形式的收入）	现金、储蓄、支票和货币市场票据
有红利、利息和资本增值（贬值）的收入	股票、债券和其他金融证券
有以租金支付和资本增值（贬值）为形式的收入	不动产、土地等
不动产以外的其他资产，有以资本增值（贬值）形式的收入，属于无利息资产	贵金属、珠宝、艺术品、名贵家具和收藏品等
有以产品销售利润和资本增值（贬值）为形式的收入	机器、设备和其他有形产品
以家务劳动效率提高为形式的收益	家庭耐用品
自然资源，以农作物或加工产品销售利润和资本增值（贬值）为形式的收入	农场、油田、矿山和森林
以版税和其他使用费形式的收入	版权和专利

资料来源：［美］迈克尔·谢若登.资产与穷人——一项新的美国福利政策［M］.高鉴国译.北京：商务印书馆，2005.

Carter 和 Barrett（2006）提出了资产动态贫困理论，他们认为一个家庭的资产动态变化存在 3 个均衡点，A^L 是一个低水平的家庭资产均衡点，A^H 是一个高水平的家庭资产均衡点。从低水平均衡点向高水平均衡点的演进有一个转折点 A^*。当家庭处于转折点 A^* 的左边时，将陷入持续性贫困。基于资产贫困的社会政策干预，旨在帮助家庭资产的积累越过 A^* 这一转折点，实现由低水平的均衡向高水平的均衡演进。

---

① ［美］迈克尔·谢若登.资产与穷人——一项新的美国福利政策［M］.高鉴国译.北京：商务印书馆，2005.

② 郑飞北.低收入家庭的财产特征及其在贫困瞄准中的运用［J］.黑龙江社会科学，2016（3）：99-106.

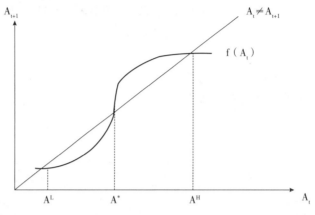

图 3-2　资产动态贫困模型

　　谢若登进一步提出通过收入加资产以增进穷人福利的模型，在该模型中，穷人的金融支持来自自身就业、家庭和政府支持，就业、家庭以及政府的部分转移支出形成了收入，同时，政府的其他部分转移支出以资产的形式而非收入的形式给穷人，短期内穷人的资产得到积累，长期来看，相对于单一的收入，增加资产积累可以产出更高的消费水平，促进更为积极的福利效应的形成。资产动态贫困理论也提出资产对贫困的积极作用观点，该理论认为对家庭进行基于资产贫困的政策干预，能帮助家庭资产积累，促使家庭摆脱持续性贫困[①]。

二、我国城乡低保对象认定的家庭财产标准规定

　　由于发展中国家贫困家庭一般没什么有价值的资产，所以家庭财产调查比较罕见[②]。我国城乡低保对象认定标准引入家庭财产标准也较晚，初始于2012年220号文件，该文件的出台标志着我国低保对象认定标准由原来单一的收入标准向收入—财产标准的多维标准转变，该文件第八条规定：家庭财产是指家庭成员拥有的全部动产和不动产。同年国务院发布文件要求各地建立家庭经济状况核对机制，政府部门核对需向民政部门提供申请低保的家庭在户籍、机动车、住房、存款等方面信息[③]。具体到各地的实施细则，家庭财产标准则包括

　　① Carter M R, Barrett C B. The Economics of Poverty Traps and Persistent Poverty : An Asset-Based Approach[J]. Journal of Development Studies, 2006, 42（2）: 178-199.

　　② 顾昕，高梦滔. 中国社会救助体系中的目标定位问题[J]. 学习与实践，2007（4）: 5-11.

　　③ 资料来源：《国务院关于进一步加强和改进最低生活保障工作的意见》（国发〔2012〕45号）。

家庭货币财产情况、机动车辆拥有情况、住房情况、高档消费品、债券和有价证券等金融产品、饲养宠物等方面。

这些标准不仅应用于低保对象认定工作上，在停止低保待遇方面也多依据资产标准，并遵循一票否决制，即若出现当地低保政策规定的一种情形，就取消低保资格。如《广州市低保办法》（广州市人民政府令第 122 号）第二十三条、第二十六条规定低保户若出现下列情况之一，则立刻取消低保待遇：自费出国旅游的、达到法定就业年龄且有劳动能力但未就业的家庭成员一个月参加社会公益服务时间不足 60 个小时的、离开居住地超过 3 个月未向当地相关部分报告的、存在明显高于一般生活消费的情形。拉萨市除了上述规定外，还规定了若出现实际生活水平明显高于收入标准的、不按照相关规定申报家庭收入、故意转移家庭资产、购买高档消费品等情况将被取消低保资格等[①]。

由此可见，各地形成了不同的资产标准规定与政策执行标准，但统一都采取"异常值"排除法，即根据通常情况下低收入家庭买不起的物品来定一个"一刀切"的标准，对拥有超标财产的家庭采取一票否决。

第三节　现行的支出标准规定

支出标准的出现是社会救助制度为应对支出型贫困问题而产生的。随着社会各界对支出型贫困认识逐步加深，我国部分地区出台了类型多样的支出型贫困救助政策，将支出标准纳入城乡低保对象认定标准则为这些政策中的一种，可以说它的出现是支出型贫困救助政策扩散与变异的结果。

一、支出标准纳入城乡低保对象认定标准的试点运行

（一）支出型贫困救助政策扩散与变异

自廊坊市与上海市实行支出型贫困救助政策以来，在不断的政策扩散过程

---

① 资料来源：《关于批转推行实施〈拉萨市城镇居民最低生活保障工作规程〉的通知》（拉政发〔2007〕179 号）。

中出现了政策变化，出现两种模式：试点模式与临时救助模式，① 截至 2016 年 12 月，全国 31 个省份中有 16 个省的不同级别地区实行了试点模式，15 个省的不同级别地区实行了临时救助模式②。

政策扩散形式分为同级政府间的水平扩散和不同层级政府间的垂直扩散，垂直扩散分为自上而下的层级扩散模式和自下而上的吸纳辐射扩散模式，前者是上级政府利用行政指令要求下级采纳和实施该项公共政策；后者是指地方政府作为政策创新的行动主体，形成经验之后上级政府采纳并进行全国推广③。从支出型贫困救助政策扩散的历程来看，该政策扩散呈现出自上而下特征。

1. 2007~2013 年：自上而下的局部试点阶段

支出型贫困救助政策出台与当时医药卫生领域的问题息息相关。2007 年之前，由于医疗保障覆盖面不高、部分医药卫生服务价格虚高及不合理的检查，致使当时因病致贫、因病返贫问题非常严重。在 2007 年，民政部提出"支出型贫困"概念，2011 年在全国 273 个县、市、区进行了包含支出型贫困救助政策在内的一系列扩大救助范围、提高救助水平政策的试点④，典型的支出型贫困救助政策分别在 2011 年河北省廊坊市、2013 年上海市与江苏省海门市三地出台，这三地政策在认定条件、待遇方面存在差别，如上海市对因病支出型贫困对象提供生活救助，而廊坊市和海门市除了提供生活救助之外，还提供其他救助，如医疗救助、教育救助重症慢性疾病救助等。三地政策虽有差异，但共性之处也非常明显，即在认定条件、救助标准、认定程序、资金筹集、政策执行监督等方面形成完整的救助政策，符合正式救助制度内容与形式的要求，因此本书将这类具备完整救助制度内容的模式确定为试点模式，以该模式为扩散源头，追踪该模式的时间与空间变化。试点模式从上级部门指令要求为支出型贫困对象提供救助，到出台试点地区典型政策，完成自上而下政策扩散的前两个阶段。

---

① 该模式下文将进行介绍。

② 资料来源：笔者收集相关资料整理而来。

③ 赖先进，王浦劬. 中国公共政策扩散的模式与机制分析 [J]. 北京大学学报（哲学社会科学版）. 2013（6）：14-23.

④ 资料来源：因病因灾致贫家庭将可获救助 [EB/OL]. http：//finance.sina.com.cn/china/hgjj/20131206/030017546851.shtml?from=wap，2013-12-06.

2. 2014 年至今：政策扩散变异阶段

政策扩散一般会出现两种结果，即完全一致的政策照搬与政策变异，由于各地不同的经济水平与结构、人口结构等条件，因此后者比前者更为常见。

2014 年是试点模式政策扩散发生政策变异的转折年。2014 年国务院发布《关于全面建立临时救助制度的通知》（国发〔2014〕47 号），将支出型贫困家庭纳入临时救助范围[①]，2014 年与 2015 年两年时间里全国各级政府将支出型贫困救助纳入临时救助范围内，如云南省、陕西省、贵州省等地的临时救助政策里明确规定要将因基本医疗费用、子女基本教育费等生活必需支出增加导致严重困难的家庭纳入救助范围，并给予相应救助金，与试点模式对支出型贫困救助对象认定规定相似，但临时救助的认定程序、资金来源、审批流程、监督管理等与试点模式存在较大差异，本书称之为临时模式。由于财政压力等原因，在中西部地区对支出型贫困对象的救助大多采取临时救助模式，而不是采取试点模式。由此可见，临时救助模式对试点模式进行了部分"移植"，它是试点模式扩散过程的第一类政策变异。

试点模式的第二类政策变异是对试点模式的政策局部调整。在所有学习试点模式的地区，都出台支出型贫困救助政策，从政策背景、目的意义、救助对象、救助标准、认定程序、资金筹集、监督管理等方面进行规定，可以说与试点模式相比，是"形神兼备"。但也存在不同程度的变异，主要是救助对象与救助内容的变异。笔者将试点模式三地的政策内容进行梳理，如表 3-6 所示，三地支出型贫困救助政策在救助对象认定和救助内容上区别较大。试点模式在扩散过程中，除了杭州市和湖州市安吉县是对上海模式与廊坊模式的模仿外，其他典型地区则出现了对救助对象、救助内容和救助模式的变异，具体如表 3-7、表 3-8 所示。

表 3-6　试点模式政策内容

	上海市	海门市	廊坊市
救助对象	因病、因学致贫者	因病致贫者	因病、因学支出致贫者及突发性事件致贫者
救助待遇	生活补助	生活补助 + 医疗救助	生活补助 + 医疗救助 + 临时救助 + 助学 + 优先安排就业

资料来源：笔者根据三地政策整理而成。

---

① 民政部 . 民政部介绍《国务院关于全面建立临时救助制度的通知》有关情况［EB/OL］. http : // www.gov.cn/xinwen/2014-10/27/content_2771223.htm，2014-10-27.

表 3-7　支出型贫困救助政策扩散典型地区的政策变异情况

地区	发布时间	变异内容	变异类型
青岛市	2016 年 1 月 1 日	对支出型贫困对象提供医疗救助	救助内容变异
天津市	2016 年 1 月 1 日	对支出型贫困对象提供医疗救助	救助内容变异
北京市	2016 年 1 月	对支出型贫困对象提供医疗救助	救助内容变异
厦门市	2016 年 5 月 17 日	对支出型贫困对象提供医疗救助	救助内容变异
青海省	2015 年 7 月 17 日	对支出型贫困对象提供医疗救助	救助内容变异
浙江省大部分地区	2016 年 1 月 9 日	截至 2016 年 12 月，基本上所有地级市都已出台支出型贫困救助政策，变异内容主要集中在救助内容上（见表 3-8）	模仿上海市、廊坊市、改变
成都市高新区	2016 年 4 月 5 日	对象认定变异，将医疗支出、突发灾害导致家庭支出过大的家庭认定为支出型贫困家庭	救助对象变异
重庆市	2016 年 5 月 1 日	最新低保政策规定，低保对象认定要结合收入与支出情况，把支出型贫困对象纳入低保	救助模式变异
长沙市	2017 年 5 月 1 日	最新低保政策规定，计算低保保障金时，需考虑非生活性固定支出情况	救助模式变异

资料来源：笔者根据上述地方政策整理而成。

表 3-8　浙江省部分地区支出型贫困救助政策救助内容情况

地区	救助内容	变异类型
安吉县	生活救助、临时救助、医疗救助、补充救助	模仿廊坊
兰溪市	生活救助、医疗救助、紧急救助	救助内容变异
嘉兴市	生活救助、医疗救助、助学救助、临时救助	模仿廊坊
杭州市	生活救助	模仿上海
乐清市	纳入低保，享受低保待遇	救助模式变异
永嘉县	生活救助、医疗救助、临时救助	救助内容变异
舟山市	生活救助、医疗救助、助学救助、临时救助	模仿廊坊

资料来源：根据各地相关政策整理而成。

（二）支出型贫困救助政策扩散与变异的结果

1. 支出型贫困对象与其他救助对象的区别

从全国范围来看，经过多年政策扩散与变异，支出型贫困救助对象认定标准初步形成，这从典型地区北京、上海与杭州三地的低收入对象与支出型贫困对象界定区别可以看出。

表 3-9　三地三类对象的收入与家庭货币财产标准情况

	北京	上海	杭州
支出型贫困对象	满足支出型贫困的其他规定之后，同时要具备： 1. 月人均收入不超过同年职工最低工资标准，1720 元 2. 家庭人均货币财产要求不超过 24 个月当年城乡低收入家庭认定标准之和（25200 元 / 人）	满足支出型贫困的其他规定之后，同时要具备： 1. 家庭月人均可支配收入，低于上年度城市居民人均可支配收入，4155.8 元 2. 家庭人均货币财产低于 5 万元	支出型贫困的其他规定之后，同时要具备： 1. 家庭月人均可支配收入低于当地上年度城镇常住居民人均可支配收入 4026.3 元 2. 家庭货币财产上限是当地年低保标准的 4 倍，为 35712 元 / 年
低收入	1. 家庭月人均收入 1050 元 2. 家庭货币财产总额人均应不超过 24 个月城市低保标准之和（19200 元 / 年）	1. 城乡居民家庭月人均可支配收入低于 1760 元 2. 家庭人均货币财产低于 5 万元	1. 低收入家庭月人均收入限额为 2231 元 2. 家庭人均货币财产限额为 44632 元
低保户	家庭月人均 800 元	家庭月人均 880 元	家庭月人均 744 元
总结	支出型贫困认定对象范围大于低收入、低保	支出型贫困对象认定范围大于低收入、低保	支出型贫困对象认定范围大于低收入、低保

注：表中引用的数据为 2016 年各地民政部门的公布数据，人均可支配收入为 2015 年数据。

资料来源：笔者根据三地政策整理得出。

依据三地的低保、低收入和支出型贫困对象认定政策，三地这三类对象在户籍、年龄、配偶情况、家庭月人均收入、子女受教育情况等方面有所区别，如从家庭月人均收入与家庭货币财产限额数据来看，三地对三类对象的认定标准存在着区别（见表 3-9），支出型贫困救助对象的家庭月人均收入与家庭货币财产限额均高于各自的低收入和低保家庭的相应数值。

同时，支出型贫困对象认定政策是针对刚性支出过大的贫困对象出台的，因此，对象认定政策上则更侧重于支出方面的规定，本书归纳了三地支出型贫困对象的认定政策，发现都包含如下规定：罹患重大疾病，且在本市医疗保险或新型农村合作医疗定点医疗机构就医，经过各类保险与救助之后家庭负担的合规医疗费用超过承受能力，基本生活出现严重困难。

2. 部分地区将支出标准纳入城乡低保对象认定标准

除了上述特征之外，支出型贫困救助政策扩散过程中出现了将支出标准纳入城乡低保对象认定标准的情况，如浙江省乐清市、重庆市、湖南省长沙市直接将支出型贫困对象纳入城乡低保政策。事实上，大部分地区的城市低保对象认定过程中，会根据家庭的收入、支出及财产情况进行综合考虑[1]。同时，农村低保对象认定也较早地利用支出标准，2007 年国务院下发的通知规定：农村低保对象认定条件之一是要求将因病残、年老体弱、丧失劳动能力以及生存条件恶劣等原因造成生活常年困难的农村居民作为主要对象[2]，该规定则预示着农村低保是按照支出标准来确定对象的[3]，但是这条规定较为笼统，在当时的执行过程中也并未出台具体的支出标准。随着脱贫攻坚任务的推进，政府对支出型贫困的认识加深，提出农村低保要与扶贫制度建立有效衔接机制来救助支出型贫困对象，应该根据家庭收入、财产及刚性支出情况综合评估家庭贫困程度，完善农村低保家庭贫困状况评估指标体系[4]。部分地区则按照中央文件精神出台相关制度，如重庆市将部分支出型贫困对象纳入低保、河南省规定低保政策要把扶贫人口中患有重病、重残、无劳动能力的人员纳入低保脱贫，低保对象认定时需考虑刚性支出因素等。这些地方将支出标准纳入城乡低保对象认定标准中，使得支出型贫困对象成为低保对象，标志着部分地区的城乡低保对象认定标准发生了变化。

二、支出标准纳入城乡低保对象认定标准的合理性

本书认为部分地区政策实践将支出标准纳入城乡低保对象认定标准的政策实践，具有一定的合理性，目前我国城乡低保的发展型理念主要体现在救助内

---

[1]　资料来源：见附录 1 中编号 2018G2 的访谈记录。

[2]　资料来源：《国务院关于在全国建立农村最低生活保障制度的通知》（国发〔2007〕19 号）。

[3]　解垩．中国农村最低生活保障：瞄准效率及消费效应［J］．经济管理，2016（9）：173-185.

[4]　资料来源：《国务院办公厅转发民政部等部门关于做好农村最低生活保障制度与扶贫开发政策有效衔接指导意见的通知》（国办发〔2016〕70 号）。

容上，对低保对象进行医疗、教育、就业等体现发展型理念的救助项目，但在救助对象识别上并未实现该理念，城乡低保对象认定标准增加支出标准之后，则预示着救助门槛向发展型社会救助理念转变，能充分发挥发展型社会救助理念的内核与精神，促进我国社会救助体系的健康发展。除此之外，支出标准纳入城乡低保对象认定标准之中还具有如下合理性：

（一）克服了收入标准的隐蔽性

城乡居民家庭的刚性支出过大导致了支出型贫困的产生，将支出型贫困对象纳入城乡低保，或许会有质疑的声音，即为何不直接通过提高收入标准将支出型贫困对象包含进来呢？本书认为这种做法不合适，这是因为收入的隐蔽性会导致瞄准失误，城市居民的灰色收入、农村居民的自给自足收入和非正规就业的隐性收入[①]，在有限的家庭经济核对力量与技术手段的背景下，无法精准计算出城乡低保对象的收入。基于此，如果欲借由提高城乡低保对象认定的收入标准将支出型贫困对象纳入，许多非支出型贫困对象也将被纳入进来，瞄准失误率会提升，导致社会救助资源的浪费。

（二）凸显了对支出型贫困对象的精准识别

支出型贫困主要是由于大额刚性支出导致家庭收入不足以应对，大额刚性支出主要是指医疗支出和教育支出，低保对象认定标准将这两类支出纳入进来，可以准确地将支出型贫困对象瞄准出来，因为这两类支出来自医疗机构和教育机构，在现代信息技术手段下，可以较为容易地进行核查。同时，利用支出标准对支出型贫困对象进行认定，可以在一定程度上克服福利依赖问题：第一，支出标准的认定标准内含救助对象自动退出机制；低保救助是根据支出进行救助的，支出停止救助立刻停止，生病时间、受教育时间都是一定的，尤其是因病致贫，应该没有人想要永久生病，病人只会期望尽快康复，因此某项支出停止之后救助也就失去存在的价值，形成自动的城乡低保退出机制。第二，支出型贫困对象与收入型贫穷对象呈现截然不同的精神面貌，支出型贫困对象在社会上具备一定的生存技能、知识、人脉等，具有更强的自立精神，收入型贫困群体则多是劳动能力丧失、知识技能水平低下、长期生活在贫困状况中，

---

① 　贺雪峰. 农村低保实践中存在的若干问题［J］. 广东社会科学，2017（3）：173–180，256.

自立精神相对而言较低，因此本书认为支出型贫困对象的福利依赖性较低，在动态管理中，利用支出标准瞄准城乡低保对象的精准性更高。

（三）避免了现行支出型贫困救助政策的尴尬之处

各地现行的支出型贫困救助政策（这里单指部分地方政府建立的独立于城乡低保制度的支出型贫困救助政策），它们都是以现行社会救助体系的有益补充角色而存在，但支出型贫困救助政策目前存在与收入型社会救助制度之间缺乏衔接、受益面窄等问题[①]，这些问题使得支出型贫困救助政策处于比较尴尬的位置，最终损害到整个支出型贫困救助制度的公信力。

1. 与其他制度缺乏有效衔接，救助功能与救助对象认定存在重叠

根据各地支出型贫困救助对象认定政策规定，本书发现支出型贫困救助政策的救助对象主要是收入水平与家庭财产数量高于低保家庭与低保边缘家庭的家庭，但同时他们可以获得其他救助，成为其他救助项目的救助对象，如一些地方的临时救助政策，在支出型贫困救助政策出台之前，临时救助政策的认定对象规定包括了支出型贫困对象，支出型贫困救助政策出台之后，临时救助政策并未进行相应的修改，导致申请人既可以申请到支出型贫困救助，又可以申请到临时救助。这种状况显示了救助政策之间缺乏有效衔接，救助功能重叠，不但会造成申请者的困惑，也易产生公共资源的浪费。因此，本书认为救助功能与对象认定方面的相互重叠是支出型贫困救助政策没有能够发挥政策预设作用的一个重要原因。

2. 家庭财产限额的提高人为制造救助制度的不公平

支出型贫困救助政策的初衷是为了帮助不被低保和低保边缘政策覆盖的对象，因此，对支出型贫困救助对象的收入水平与家庭财产限额规定都要高于低保与低保边缘家庭，实际行政过程中，民政部门人员反映很多人因为家庭财产限额无法获得救助，导致支出型贫困救助申请成功率不高，因此政府才一再提

---

① 资料来源：来自编号为 2016G12、2016G5、2018G1、2018G3、2018G8 的访谈记录。

高家庭财产限额[①]。由此，可以看出政策设计初衷是为了将支出型贫困对象纳入救助范围内才采取该措施，但这样一味提高家庭货币与财产限额的做法人为制造了救助制度的不公平。由前文研究内容可知，家庭货币财产标准反映的是家庭功能性活动，家庭货币与财产是一个家庭可以利用的经济资源，能有效缓解家庭贫困状况，一个地区应根据当地情况统一设置体现住房与交通等功能性活动的标准，高于这个标准意味着家庭并未陷入贫困。人为设置不同的限额规定，意味着贫困对象在功能性活动上是可以分等级的，在面临同等贫困程度下，接受低保救助的对象只能住小房子、乘公交车，而接受支出型贫困救助的对象则可以住大房子、自驾等，显得支出型贫困更"高级"一些，显然造成了不公平。本书认为只有在一种情况下规定不同的家庭财产限额是可以接受的，即类似香港综援制度规定那样，根据家庭的人口总数、人口的基本特征设定不同的家庭财产限额。提高家庭货币与财产限额以解决支出型贫困对象的救助覆盖面这样的做法制造了不公平，其背后则是浪费公共资源的表现。

第四节　现行的瞄准机制规定

根据低保对象认定概念，瞄准机制是瞄准主体在城乡低保对象认定过程中依据认定标准，利用规定的瞄准方法对申请城乡低保对象进行认定的过程，具体分为瞄准主体与瞄准方法，下文将从这两方面展开。

一、瞄准主体

城乡低保作为一种公共政策，政策执行主体为政府相关部门，根据 220 号文件规定，我国城乡低保对象认定的瞄准主体有两个，一是乡镇人民政府和街道办事处对城乡低保申请进行审核和家庭经济状况调查，二是县级人民政府对城乡低保申请进行审批。居委会及村委会则协助上级部门的低保工作，并

---

① 如 ZJ 省 HN 市 2018 年出台的政策规定：房产由原来的城镇家庭可拥有两套普通商品住房但受人均建筑面积限制放宽到不受人均建筑面积限制；农村家庭由原来只能拥有宅基地建房放宽到可以再拥有一套普通商品住房；同时从公平公正角度出发对普通商品住房做了明确规定：单套普通商品住房建筑面积不得超过 144 平方米。车辆由原来的首次申请时可拥有车放宽到申请时可拥有车。

非真正的政策执行主体，但在实际政策执行过程中，他们需按照基层政府的意志行事，在城乡低保对象认定工作中发挥重要作用，因此本书将他们纳入瞄准主体。

但在政策执行过程中，政府部门存在人力资源不足、专业性不高等弊端，一般通过政府购买服务的方式克服这些弊端。在城乡低保对象认定过程中，民政部门也积极推进通过政府购买服务的方式进行家计调查服务，2017 年民政部发布《关于积极推行政府购买服务加强基层社会救助经办服务能力的意见》（民发〔2017〕153 号），允许民政部门通过政府购买的方式进行家计调查等服务。但实际上由于我国政府购买服务的运作模式以及非营利机构发展较为不成熟，目前采取政府购买服务的方式进行家计调查的地方并不多，根据笔者调查显示，2016 年 ZJ 省 HZ 市采用过该方式，但在入户调查时，低保户对调查员非常不信任，调查效果并不好[1]。

二、瞄准方法

国际上，较为通行的社会救助对象瞄准方法主要有家计调查（Mean Testing）、代理家计调查（Proxy Means Testing）、基于社区的瞄准法（Community-Based Targeting）、地理瞄准法（Geographical Targeting）、人口瞄准法（Demographic Targeting）和自我瞄准法（Self-Targeting），这些方法有其特定的适用情况及优缺点，具体如表 3–10 所示，在瞄准社会救助对象时，往往是几种方法的混合使用。我国各地采取的社会救助对象瞄准方法则包括家计调查法和社区瞄准法，具体表现为入户调查、邻里访问、信函索证、民主评议等，由于家庭收入与财产等信息的多样性、隐蔽性、复杂性，这些方法在识别贫困对象方面存在精准度不高的问题，因此，较为精准的居民家庭经济状况核对机制成为各地政府近些年的建设重点，本书将重点介绍该机制的具体情况。

（一）居民家庭经济状况核对概述

居民家庭经济状况核对机制是家计调查方法的重要组成部分，是有效识别贫困对象的重要通道，改进了原来的入户调查、邻里访问、民主评议的传统家计调查方法，提升了家计调查的高效性、精准性、权威性。我国的居民家

---

① 资料来源：来自编号为 2016G1 的访谈记录。

表 3-10　社会救助对象瞄准方法比较

方法	描述	适用情况	优点	缺点
家计调查法	由政府直接对家庭与个人的救助资格进行评估，主要涉及收入核实、申请人提供收入证明文件及使用简单的访谈收集其他信息等	申请者的收入已被证实或对非救助群体设置明确的限制；政府行政能力很强；行政成本很高	精准度很高	①需要较高识字水平和包含收入在内的经济交易易记录； ②不利于就业激励； ③需要耗费大量的行政经费
代理家计调查法	利用已经观察到的家庭特征计算每个家庭的得分（理想的方法是从家庭数据中获得回归分析中获得影响因子），救助资格则由得分排名确定	当地政府具有很高的行政能力；救助计划是为了解决稳定形势下的慢性贫困问题；适用于大型项目或多个项目，可以最大化节约成本	①可减少政治腐败或救助安排的随意性； ②可观察的家庭特征容易求得； ③相较于家计调查法，对就业激励的不利影响要小	①在对象确定上存在模糊与武断之处，因为存在一些不精确的数据； ②需要大量的学者和接受过计量培训过的工作人员，高质量的信息和技术； ③在经济危机或一些转型国家，该方法对福利的快速转变反应较为迟钝
社区瞄准法	由与救助计划没有利益相关的社区领导或社区成员来决定救助资格	适用于比较单纯的和团结的社区；临时救助项目仅针对一小部分人；救助的或低水平救助金的项目	①可获得申请者的详细信息； ②允许按照当地的习惯界定福利与需求	①社区主体多元利益的存在，他们可能会受其他激励影响而不给当局政府提供他们想要的信息，即使他们知道谁是贫困的； ②会降低政府的权威与团结； ③由于社区成员倾向于选择同一种族、残疾等特殊群体这些特征家庭作为贫困家庭，因此可能会加剧社会排斥； ④一旦当地的福利概念被使用，对贫困的评估会变得困难和模糊

续表

方法	描述	适用情况	优点	缺点
地理瞄准法	根据当地居民居住地点，基于现成的基本需求调查数据或贫困地图，确定救助资格	区域之间的生活标准发生显著变化；当地政府行政能力有限以致影响个人或家庭的评估，救助传递中介是一些固定部门，如学校、诊所等	①管理简单；②不会产生"懒汉"，没有就业抑制作用；③不产生福利扭曲效应；④易与其他定位方法联合使用	①须依靠精确的信息；②当贫困较为分散时，定位效果比较差；③政治介入较为明显，易产生争议
人口瞄准法	救助资格的确定是依据一些人口特征，如年龄、性别等	有大量的人口特征信息；需要执行低成本定位方法	①管理简单；②倾向于保护弱势群体，易受欢迎；③较低福利扭曲效应	①当人口特征与贫困不具有显著关系时，该方法会出现瞄准失误；②需对家庭进行等价尺（Equivalences value）调整
自我瞄准法	救助计划向所有公众开放，但能最终获得救助资格的需要依靠自己的方式行为表现，如以工代赈等	政府行政能力非常低，但穷人与劳人之间具有显著的工资或消费模式差异；家庭的收入等消费等数据不清楚以至于无法甄别贫困家庭	①目标定位的行政管理成本较低；②不会产生就业负激励效应	①会让受助者产生额外的费用，降低救助金的净价值；②较强的福利扭曲效应；③受助者生产的产品一般不按照市场原则进行等价交易给市场以外的企业

资料来源：Coady D., M. Grosh and J. Hoddinott, Targeting of Transfers in Developing Countries: Review of Lessons and Experience [R]. World Bank Working Paper, 2004.

庭经济状况核对机制建设，始于 2006 年上海市电子信息比对方式的居民经济核对机制，2008 年民政部正式将上海市作为试点地区，提出了"核对"概念；2009 年 7 月出台了我国第一部居民经济状况核查法规《上海市居民经济状况核对办法》（上海市市政府令第 14 号），为经济状况核对工作的开展提供了法律依据。2009 年 12 月，民政部发文明确要求全国借鉴上海经验，全国陆续开展试点。

1. 内涵

从现行社会救助实践来看，居民家庭经济状况核对可分为广义和狭义内涵[①]，前者是指政府组织调查力量，以入户调查、民主评议、信息核对等方式对社会救助申请者进行家计调查，实现对社会救助对象的认定，后者则仅指利用政府相关职能部门、金融部门、企业等机构主体的信息共享，以信息管理平台为支撑，民政部门对申请家庭声明的家庭收入、支出、财产等进行核对与评估的过程，可以看出，后者是前者的一个环节。本书主要分析狭义内涵语境下的居民家庭经济状况核对。

2. 核查内容与核对流程

根据 2016 年民政部发布的《居民家庭经济状况核对总则》第三部分内容显示，居民家庭经济状况核对的内容是接受核对的居民家庭在指定时期内的收入、财产及支出状况。根据城乡低保的相关规定，上述三项内容又由多个指标组成，如收入由工资性收入等组成，财产则由银行存款、不动产、金融产品等组成，支出包括消费性支出、医疗支出、教育支出等，这些信息散落在政府各职能部门、金融机构、医疗机构、教育机构及企业等，具体如表 3-11 所示：

表 3-11　居民家庭经济状况核对部门与核对内容

核对部门	核对内容
民政部门	城乡低保、医疗救助、临时救助、优抚安置、慈善救助、帮扶、婚姻、殡葬、民办非企业单位登记等方面的信息
教育部门	教育救助信息
公安部门	人口户籍、机动车辆登记、出入境等方面的信息

---

① 赵克.我国社会救助家庭经济状况核对的政务信息共享机制建设研究［D］.青岛大学硕士学位论文，2017.

续表

核对部门	核对内容
财政部门	财政供养、相关部门（机构）提供代发工资、各种补助及补贴等信息
人力资源和社会保障部门	就业救助、社会保险费缴纳情况和领取社会保险待遇、离退休、就业与失业登记等方面的信息
住房和城乡建设部门	住房救助、房产交易、个人房屋产权等方面的信息
住房公积金管理部门	住房公积金缴纳使用等方面信息
国土部门	不动产登记
交通运输部门	从事运输的从业资格、船舶等信息
农业部门	各种惠农补贴等信息
林业部门	林业贴息贷款等信息
卫计部门	新型农村合作医疗、大病医疗保险、疾病应急救助、计划生育政策、失独家庭补助等信息
税务部门	纳税、从事个体工商户或企业纳税等信息
工商部门	从事个体工商户及企业的注册登记、股权等信息
残疾人联合会	残疾人身份、类别、等级、待遇等信息
银行、证券、保险等金融机构	存款、贷款、理财、证券交易、商业保险购买缴费和获益情况

资料来源：根据吉林省、湖南省、重庆市等地社会救助家庭经济状况核对办法整理而来。

　　在核对流程上，全国各地的核对流程大同小异。第一步是接受核对委托，受理单位根据社会救助管理部门提供的包含申请者查询授权书、规定的社会救助申请表等材料审核是否接受核对；第二步是信息比对，利用核对信息管理系统进行信息比对，如上海市通过信息收录、流转、比对、核实等流程实现对申请社会保障项目对象经济状况的核对，运用电子比对专线与涉及收入和财产的税务、人力资源和社会保障、银行、证券等相关部门和社会机构进行数据交换，并对相关数据进行挖掘分析[1]，如吉林省采用数据交换方式进行比对（见图3-3）；第三步是调查核实，核查中心会根据信息比对结果，进一步委托乡镇或街道核查工作站对信息比对的信息以入户调查、邻里访问等方式进行调查

---

① 葛琦.整体政府视角下的居民经济状况核对研究[D].复旦大学硕士学位论文，2012.

核实；第四步是核对中心出具调查报告，若有异议的，可以提出复核申请，整体流程所需时间一般为 15~30 个工作日。

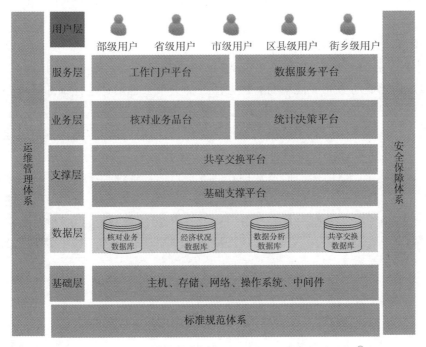

图 3-3　吉林省居民家庭经济状况核对信息管理系统界面[①]

（二）居民家庭经济状况核对机制建设现状

1. 民政部示范举措

《社会救助暂行办法》等法规的出台，为各级地方政府的居民家庭经济状况核对机制的建设提供了制度保障与建设方向，即建立跨部门、多层次、信息共享的居民家庭经济信息核对机制。民政部首先成立了低收入家庭认定指导中心为核对机构，指导全国各地核对机制的建设；其次，与多个中央职能部门磋商形成指导居民家庭经济状况核对的规章办法（见表 7-1），冲破各级民政部门与其他职能部门等信息共享单位之间的藩篱；再次，对居民家庭经济状况核对的总则标准与总体思路进行起草，并对核对流程标准、机构设置与信息安全

①　居民家庭经济状况核对解决方案［EB/OL］. http：//7ygr65tuhtjfhytrsdguftr856ituy6truhgrtuyytr6yuj-htg7yrte.

等方面进行规定；最后，开发了居民家庭经济状况核对的平台。最终形成三种数据联网方式：联网实时比对、前置服务器联网和拷盘方式获取数据。上述做法为地方各级政府居民家庭经济状况核对机制建设起到了良好的示范作用。

2. 各地软硬件同步建设

对于居民家庭经济状况核对机制的建设，在软件建设方面，全国所有的省一级政府都颁布了相关规章与管理办法，部分市县也出台了详细的管理办法，包括信息建设方案设计、核对操作流程规范、队伍培训、资金投入、政策创新等内容，这些举措保障了该机制规范化运作；在硬件建设方面，各地组建省、市、县级的家庭经济状况核对中心，投入大量财政资金购买各类服务器、电子签章、交换机、路由器、信息管理软件等核对信息管理系统所需硬件与软件，招聘相关工作人员，这些核对中心开始投入运营，并与相关部门实现了数据交换和信息共享，完成部分核对任务，吉林省自2013年建立该机制以来，核对已获得社会救助对象1265.4万人次，检出42.8万人出台次，检出率为3.4%[1]。

---

[1] 资料来源：《吉林省社会救助家庭经济状况核对管理办法（暂行）》政策解读。

第 **4** 章

城乡低保对象认定机制的悬崖效应

随着支出型贫困的出现，城乡低保对象认定机制面临以下两个方面的问题：第一，在城乡低保对象认定机制的对象认定标准[①]中增加支出标准的必要性与可行性问题；第二，城乡低保对象认定机制的瞄准效率问题，假如增加了支出标准，在现行认定机制下能否有效瞄准支出型贫困对象？本书将分别在第4章和第5章回答上述问题。根据第2章对悬崖效应的定义，本章在实证分析中进一步将其引申为，由于城乡低保的存在，使城乡低保家庭得以享受低保补助及医疗、教育救助等相关待遇，从而使其"家庭人均生活消费余额"未来有降低到低保标准[②]以下的可能性，显著低于与该低保家庭主要特征相近的非低保家庭，从而形成"福利悬崖"。可以看出，悬崖效应的存在同时也意味着城乡低保对支出型贫困存在减贫效应。是否存在悬崖效应与减贫效应，则可以明确城乡低保对象认定标准增加支出标准的必要性与可行性。因此，第4章基于支出型贫困脆弱性的估计和倾向得分匹配方法构建分析框架，通过研究低保家庭和非低保家庭之间的支出型贫困脆弱性的悬崖效应，可以同时回答在城乡低保对象认定标准中增加支出标准的必要性和可行性问题。而第5章则首先构建具有边缘敏感性的瞄准效率指标，然后通过引入基于多种回归预测模型的代理家计调查法，与我国传统家计调查法的瞄准效率进行实证比较。

本章的研究思路如下：首先，引入"家庭人均生活消费余额"变量，估计样本家庭的支出型贫困脆弱性；其次，采用倾向得分匹配方法，先后在全体样本、按支出型贫困脆弱性分组和按人均收入分组三类样本中，计算城乡低保的处理效应，研究城乡低保的悬崖效应；最后，得出相关结论。

---

① 本部分的对象认定标准仅指收入、家庭财产标准，不包括第3章提到的支出标准，原因在于前两个标准是城乡低保制度统一采用的，支出标准则只有少部分地区实行，采用前两个标准进行研究能保证研究结果的普遍性。

② 第4章与第5章提到的低保标准都是指城乡低保的收入标准。

第一节   城乡低保对支出型贫困悬崖效应的分析框架

本节研究城乡低保是否会导致低保家庭与非低保家庭之间呈现支出型贫困的悬崖效应。根据前文界定的支出型贫困定义与测算方法，研究利用贫困脆弱性模型估计家庭支出型贫困脆弱性，并对低保和非低保家庭的支出型贫困脆弱性进行比较，比较方法选用的是倾向得分匹配方法。

一、支出型贫困脆弱性方法

本书对支出型贫困脆弱性的估计，基于目前国内外学者主要采用的预期贫困脆弱性（Vulnerability as Expected Poverty，VEP）方法（Chaudhuri 等，2002）。该方法能够测算出未来贫困脆弱性的特征与结果，且仅使用截面数据便可以估计得到贫困脆弱性。在已有研究中，贫困脆弱性被定义为家庭未来陷入贫困的概率，Bronfman（2014）、林文等（2014）、樊丽明等（2014）、徐超等（2017）均采用这一方法估计贫困脆弱性。公式表示如下：

$$VUL_{ht} = Pr(c_{h,\,t+1} = f(X_h,\ \beta_{t+1},\ \alpha_h,\ e_{h,\,t+1}) \leqslant poor \mid X_h,\ \beta_t,\ \alpha_h,\ e_{ht}) \quad (4.1)$$

$$c_{ht} = f(X_h,\ \beta_t,\ \alpha_h,\ e_{h,\,t}) \quad\quad\quad (4.2)$$

其中，VUL_{ht} 代表第 h 个家庭在 t 时期的贫困脆弱性，表明基于当期的可观测家庭特征，下一期家庭人均消费支出（$c_{h,t+1}$）低于给定贫困线（poor）的概率。而 $c_{h,t+1}$ 的估计，表示为（X_h）及描述下一期冲击因素的扰动项（e_{ht+1}）的函数。

基于第 2 章给出的支出型贫困概念，参考刘央央与钟仁耀（2019）的研究，本书在估计家庭支出型贫困脆弱性时，将变量 c_h 定义为家庭人均消费支出减去因学、因病支出后的余额（简称"家庭人均生活消费余额"），原因如下：家庭人均生活消费余额是对支出型贫困概念的回应，它是指扣除上述两项支出之后的其他生活消费，该变量反映了家庭是否陷入支出型贫困；由于挤出

效应的存在 [①]，当家庭的医疗支出与教育支出的自费部分大幅上升时，则可能会减少家庭人均食品和衣着等其他生活消费支出，家庭的消费水平被刚性支出压低至贫困线或低保标准线以下，家庭陷入贫困，这正是支出型贫困形成的过程。同时，本书假定家庭在未来自费医疗支出与教育支出不发生大的变化，家庭人均生活消费余额服从对数正态分布。

根据上述支出贫困脆弱性估算方法，首先，假定家庭 h 的人均生活消费余额服从如下过程：

$$\ln c_h = X_h \beta + e_h \tag{4.3}$$

其中，c_h 代表"家庭人均生活消费余额"，X_h 代表一系列可观察的影响消费的家庭特征变量，借鉴了徐超等（2017），主要采用了户主的性别、年龄等户主的个体特征变量和家庭规模、人均存款、人均收入等家庭特征变量，以及是否为城镇居民、是否居住在东部地区等虚拟变量。家庭特征 X_h 和变量的参数 β 是固定的，e_h 为均值为 0 的扰动项，表示导致家庭人均生活消费余额差异化的异质因素冲击。

设 $\sigma_{e,h}^2$ 是式（4.3）的残差 e_h 的方差，其余家庭特征变量存在如式（4.4）所示的线性关系。

$$\sigma_{e,h}^2 = X_h \rho \tag{4.4}$$

对式（4.3）和式（4.4）中变量 X_h 的参数 β 和 ρ 的估计，本书采用 Amemiya（1977）提出的三阶段可行广义最小二乘法（FGLS），具体方法如下：

首先，对式（4.3）进行普通最小二乘法（OLS）估计，将得到的残差估计量的平方 $\hat{e}_{OLS,h}^2$ 作为式（4.4）的被解释变量进行 OLS 估计，由此式（4.4）改写为：

$$\hat{e}_{OLS,h}^2 = X_h \rho + \eta_h \tag{4.5}$$

其次，OLS 估计式（4.5），将得到的回归拟合值 $X_h \hat{\rho}_{OLS}$ 作为式（4.5）的调整权重，从而式（4.5）被改写为：

$$\frac{\hat{e}_{OLS,h}^2}{X_h \hat{\rho}_{OLS}} = \left(\frac{X_h}{X_h \hat{\rho}_{OLS}}\right) \rho + \frac{\eta_h}{X_h \hat{\rho}_{OLS}} \tag{4.6}$$

[①] 唐琦，秦雪征 . 中国家庭医疗消费挤出效应的实证研究［J］. 经济科学，2016（3）：61-75.

进一步采用 OLS 估计式（4.6），从而得到参数 ρ 的渐进有效 FGLS 估计作 $\hat{\rho}_{FGLS}$，$X_h\hat{\rho}_{FGLS}$ 是 $\sigma_{e,h}^2$ 的一致估计，即：$\hat{\sigma}_{e,h} = \sqrt{X_h\hat{\rho}_{FGLS}}$，将 $\hat{\sigma}_{e,h}$ 为式（4.3）的调整权重，并将其改写为：

$$\frac{lnc_h}{\hat{\sigma}_{e,h}} = \left(\frac{X_h}{\hat{\sigma}_{e,h}}\right)\beta + \frac{e_h}{\hat{\sigma}_{e,h}} \tag{4.7}$$

最后，OLS 估计式（4.7），得到参数 β 的一致渐进有效估计 β_{FGLS}。

根据上述方法得到参数 β 和 ρ 的估计值 β_{FGLS} 和 $\hat{\rho}_{FGLS}$ 后，便可以计算出每个家庭的人均生活消费余额的对数的条件期望和条件方差：

$$\hat{E}\left[lnc_h|X_h\right] = X_h\hat{\beta}_{FGLS} \tag{4.8}$$

$$\hat{V}\left[lnc_h|X_h\right] = \hat{\sigma}_{e,h}^2 = X_h\hat{\rho}_{FGLS} \tag{4.9}$$

利用式（4.8）和式（4.9）可以得到，每个家庭的支出型贫困脆弱性为：

$$\widehat{VUL}_h = \widehat{Pr}(lnc_h \leq lnpoor|X_h) = \Phi\left(\frac{lnpoor - X_h\hat{\beta}_{FGLS}}{\sqrt{X_h\hat{\rho}_{FGLS}}}\right) \tag{4.10}$$

其中，$\Phi(\cdot)$ 表示正态分布的累计概率，贫困线 poor 选用当期各省的城乡低保标准。选用低保标准为贫困线的原因是，低保标准考虑了地区和城乡之间的经济结构差异，反映了基于区域差异下的不同生活成本所造成的事实贫困状况。因此，选用低保标准来估计家庭支出型贫困脆弱性，可以在一定程度上平衡不同省份及城乡之间的经济发展差异所导致的脆弱性估计失衡。

二、倾向得分匹配法

倾向得分匹配（Propersity Score Matching，PSM）的基本原理是通过将多维的协变量基于一定的处理政策（本书为是否获得城乡低保救助）整合成维度为一的倾向得分（Match Score），进而匹配处理组和控制组，使两组数据仅在是否被城乡低保救助方面存在差异，而其他方面则保持一致。在本书中，处理组为低保家庭样本，控制组为非低保家庭样本，因此 PSM 可以看作将一个低保家庭和一个或多个在一定程度上与其倾向得分相近的非低保家庭进行支出型贫困脆弱性比较。

PSM 第一步是基于多维协变量估计样本是否为处理组的概率，即倾向得分。本书采用 Probit 模型估计倾向得分，公式如下：

$$\text{probit}(\text{MLGF}_h = 1) = \alpha + X_h\beta + e_h \qquad (4.11)$$

其中，X_h 由多维协变量组成，与式（4.3）中被解释变量一致，包括户主的个体特征、家庭主要特征和城乡、地区等虚拟变量。

第二步是以基于倾向得分构建的距离函数来匹配处理组和控制组中的样本。在能够较为准确地估计倾向得分的前提下，匹配后的各协变量在低保家庭组和非低保家庭组之间的分布应较为均匀。

第三步是根据匹配后的样本计算平均处理效应。关于支出型贫困脆弱性，城乡低保对低保家庭的平均处理效应（ATT）估计量可以表示为：

$$\widehat{\text{ATT}} = \frac{1}{N_i}\sum_{i:\ D_i = 1}(v_i - \hat{v}_{0i}) \qquad (4.12)$$

其中，v_i 为低保家庭 i 的支出型贫困脆弱性，$\hat{v}_{0i}$ 为家庭 i 未被城乡低保救助的情况下的支出型贫困脆弱性，由于本书无法得到每个低保家庭在被认定以前的家庭特征数据，因此选用与该低保家庭倾向得分相近的 1 个或多个非低保家庭作为该低保家庭未被救助前的样本的代替，并求出代替样本的支出型贫困脆弱性的算术平均值或加权平均值，从而得到 $\hat{v}_{0i}$。虚拟变量 $D_i = \{0,1\}$ 表示家庭 i 是否为低保家庭，$N_i = \sum_i D_i$ 为低保家庭样本数量，$\sum_{i:\ D_i = 1}(\cdot)$ 表示仅对低保家庭的处理效应进行加总。

倾向得分匹配，根据处理组匹配部分或全体控制组样本的差异，可分为局部匹配法和整体匹配法。

局部匹配法主要包括以下三种：① "k 紧邻匹配"，即为每个低保家庭寻找倾向得分最近的 k 个非低保家庭计算平均处理效应，k=1 则为 "一对一匹配"；② "卡尺匹配"，即每个低保家庭的匹配对象为在其倾向得分的给定范围内的全部非低保家庭样本；③ "卡尺内最近邻匹配"，即每个低保家庭的匹配对象为在其倾向得分的给定绝对距离范围内，且仅寻找与其倾向得分最近的 k 个非低保家庭。上述三种方法的匹配对象均为与被匹配对象的倾向得分距离最近的部分非低保家庭，进而对匹配对象的支出型贫困脆弱性进行简单算术平均，因此本质上都是近邻匹配。

在整体匹配法中，每一个低保家庭的匹配对象均为全体非低保家庭样本，并依据每个非低保家庭的倾向得分相对于该低保家庭倾向得分的距离给予匹配对象不同的权重，距离近的家庭权重大，距离远的权重小并随着距离的增大趋近于 0。以式（4.12）来估计 ATT 时，低保家庭 i 在整体匹配下的 $\hat{v}_{0i}$ 的估计量调整为：

$$\hat{v}_{0i} = \sum_{j:\ D_j = 0} w(i,\ j) v_j \tag{4.13}$$

其中，$w(i,\ j)$ 为在低保家庭 i 的匹配对象中，非低保家庭 j 的权重。权重 $w(i,\ j)$，可以采用不同的方法来计算，从而构成不同方法的匹配法，采用核函数来计算权重 $w(i,\ j)$ 则为"内核匹配"（Heckman 等，1998），采用局部线性回归估计权重 $w(i,\ j)$ 则为"局部线性回归匹配"。

在经验数据研究中，应使用哪种具体方法或参数进行匹配并不明确[1]，本书同时采用不同的匹配方法和参数进行实证研究，然后比较各种匹配方法的结果。如各方法结果存在较大差异，则不能明确该处理效应，并且有必要进一步考察造成此差异的原因；如各方法的结果并不存在显著差异，则说明结果不依赖于具体方法，具有稳健性。在内核匹配中，本研究对权重 $w(i,\ j)$ 的计算采用 Epanechnikov Kernel 和 Normal Kernel，选取的带宽为 0.06；在局部线性回归匹配中，权重的计算采用了 Normal Kernel 与 Tricube Kernel，选取的带宽为 0.8。

第二节　变量说明

本书中，家庭支出型贫困脆弱性（*Vul*）的估计与比较是研究城乡低保是否具有悬崖效应的核心内容，"家庭是否获得低保补助（MLGF）"为 PSM 中倾向得分估计的被解释变量。在 CPFS2014 问卷中，受访家庭被询问"家庭是否获得低保、农业和特困户等政府补助？"，研究将其中获得低保补助的家庭定义为低保家庭，并赋值 MLGF 为 1，否则为非低保家庭并赋值 MLGF 为 0。

---

① 陈强.高级计量经济学及 Stata 应用［M］.北京：高等教育出版社，2014.

由于数据中低保家庭的认定是依照家庭的人均收入、资产及特定消费情况等。因此，低保家庭和非低保家庭在收入、消费、社会关系网络、受教育情况、存款、生产资产、住房等方面均存在显著差异，利用简单的算术平均来分析低保家庭与非低保家庭支出型贫困脆弱性的差异，将导致样本选择偏误。因此，本书采用 PSM，对每个家庭计算倾向得分作为匹配的依据，从而深入比较研究低保和非低保家庭之间支出型贫困脆弱性的差异。

在实证研究中，本书参考樊丽明等（2014）、徐超等（2017）等文献，根据支出型贫困的认定要求，先选取家庭户主[①]的年龄、性别等个人特征变量，再选取家庭人口规模、人均收入、是否获取低保补助、家庭总人口抚养比等家庭特征变量。为消除地区和城乡固定效应的影响，研究引入家庭是否城镇地区、是否东部地区两个虚拟变量。上述变量的统计描述见表 4-1。

表 4-1　主要变量描述与统计

变量名	简称	变量定义	均值	标准差
户主性别	Headgender	虚拟变量：男 =1，女 =0	0.53	0.50
户主年龄	Headage	（岁）	49.87	14.11
户主婚姻状况	Headmarry	虚拟变量：在婚 =1，否则 =0	0.85	0.35
户主工作状况	Headjob	虚拟变量：工作 =1，否则 =0	0.75	0.43
户主自评健康状况	Headhealth	非常健康 =1，很健康 =2，比较健康 =3，一般健康 =4，不健康 =5	3.10	1.23
户主小学及初中学历	Headedu_1	虚拟变量：小学及初中学历 =1，其他 =0	0.51	0.50
户主高中学历	Headedu_2	虚拟变量：高中及同等学力 =1，其他 =0	0.14	0.35
户主大专及以上学历	Headedu_3	虚拟变量：大专及以上学历 =1，其他 =0	0.08	0.28
家庭人口规模	Familysize	家庭人口总数（人）	3.70	1.81
家庭人均收入	Famincome	家庭总收入除以人口总数，取对数	9.10	1.26
家庭人均现金与存款	Famdeposit	家庭现金与存款除以人口总数，取对数	3.74	5.25
家庭总人口抚养比	Famdepend	非劳动人口（小于 15 岁或大于 64 岁）与家庭人口规模之比	0.30	0.30
是否获取低保补助	MLGF	虚拟变量：低保家庭 =1，其他 =0	0.11	0.32
其他政府补助	Othersubsidy	虚拟变量：获得其他政府补贴 =1，否则 =0	0.48	0.50
是否城镇地区	Urban	虚拟变量：城镇调查点 =1，其他 =0	0.47	0.50
是否东部地区	Region	虚拟变量：东部地区 =1，其他地区 =0	0.43	0.50

① 问卷中没有户主字段，考虑到财务回答人、问卷主要受访者和排在第一位的家庭成员基本上是同一人，因此本书中将问卷的财务回答人定为户主。

第三节 实证结果分析

一、支出型贫困脆弱性估计结果

本节主要分析了样本数据中，支出型贫困脆弱性家庭的总体情况和分布特征。在对脆弱性估计结果的分析中，需要确定门槛值来判断个体家庭是否为脆弱家庭，贫困脆弱性高于门槛值的家庭定义为"脆弱家庭"，反之为"非脆弱家庭"。但已有研究关于脆弱性的门槛值的确定并非基于数理上的严谨推论，而是根据主观需要而定。例如樊丽明等（2014）选择使用脆弱性的50%和75%两个门槛值来进行敏感性分析，即贫困脆弱性为50%作为第一门槛值，75%作为第二门槛值。本书主要考察的是，在不同门槛值下，全样本、城市或农村样本中脆弱家庭占比情况，脆弱性门槛值同样可以使用50%和75%。此外，增加全部家庭估计得到的脆弱性均值作为第三门槛值（在本书中低于50%，约为28.33%），来判断个体家庭在全样本中是否为相对脆弱家庭。

表4-2中显示了基于三种脆弱性门槛值，在全样本、城镇样本和农村样本三类样本中的支出型贫困脆弱家庭的占比情况。首先，从全样本数据来看，当脆弱性门槛值为50%时，支出型贫困脆弱家庭占比为18.28%，即具有相对较高陷入支出型贫困的概率；当门槛值为75%时，脆弱家庭占比为7.72%；当门槛值设置为全样本支出型贫困脆弱性均值时，脆弱家庭占比为37.44%。其次，从城乡样本对比来看，城镇支出型贫困脆弱家庭所占比例在三种门槛值下均低于农村，随着门槛值的下降，虽然城乡脆弱家庭占比的差值越来越大，但城乡之间脆弱家庭占比的距离其实在缩小，因为表4-2第六列中城乡脆弱家庭占比比值也越来越大。

表 4-2 样本中支出型贫困脆弱家庭占比情况　　　　单位：%

门槛值	全样本	城市	农村	城乡脆弱家庭占比差值	城乡脆弱家庭占比比值
第一门槛值　1=50%	18.28	14.21	21.88	-7.67	64.95
第二门槛值　1=75%	7.72	5.76	9.46	-3.70	60.89
第三门槛值　1=脆弱性均值	37.44	31.89	42.89	-11.61	72.93

图4-1三个直方图分别描绘了农村、城镇和全样本家庭支出型贫困脆弱性分布情况。其中，城镇家庭支出型贫困脆弱性的分布最为陡峭，更多的家庭脆

弱性较小，而农村家庭的支出型贫困脆弱性分布相对比较平缓，但小于 0.5 的家庭仍然占据了大多数，城乡之间存在一定的差距，但三个直方图从整体结构来看差距并不显著。这说明以低保标准为贫困线估计支出型贫困脆弱性，使其在描述贫困状况上更符合地区之间以及城乡之间的实际情况。

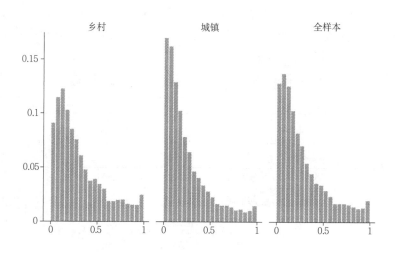

图 4-1　家庭支出型贫困脆弱性分布

二、基于 PSM 方法的家庭支出型贫困脆弱性悬崖效应分析

本书参考樊丽明等（2014）、徐超等（2017）分析公共转移支付政策有效性的思路，利用 PSM 研究城乡低保是否会导致上述两类家庭在支出型贫困上呈现显著的悬崖效应。换言之，研究低保家庭未来陷入支出型贫困的概率是否显著低于非低保家庭？

通过选择表 4-1 中协变量和应用第二部分详细介绍的 PSM 方法，本书采用二值选择模型（Probit）估计倾向值得分，结果见表 4-3。

表 4-3 前两列给出了全样本的 Probit 估计结果。可以看到，变量 Headage、Famdepend 和 Othersubsidy 的系数不显著，而其他变量的系数均显著不为零。表明在其他条件不变的情况下，以下情况会提高家庭成为低保户的概率，即户主为男性、户主健康状况较差、家庭规模较大；而户主已婚状况、有工作、较高受教育水平以及家庭收入与储蓄的增加、东部地区，降低了家庭成为低保户的概率。

经倾向得分匹配后，低保家庭组和非低保家庭组各协变量的 t 检验结果均显示，接受两类样本组无系统差异的原假设；同时，匹配后的协变量标准化偏差均小于 10%，且与匹配前相比，这一偏差均显著缩小，平均偏差也从匹配前的 26.9 下降到匹配后的 2.3。上述结果表明，匹配后的低保和非低保家庭组的各协变量是平稳的。使用匹配后的样本重新进行 Probit 回归后得到的卡方检验统计量（LR chi^2）从 860.83 降为 6.49，p>chi^2 变为 0.97，说明接受各协变量没有联合效应的假设。表中匹配方法为卡尺内 k 近邻匹配（其中 k=1，c=0.25 × σ），其他匹配方法的结果与此相似。

表 4-3　计算倾向得分的 Probit 模型结果及平衡性检验结果

协变量	Probit 倾向值得分模型	匹配状态	均值差异检验			
			处理组均值	对照组均值	偏差 %	T 检验 P>|t|
户主性别	0.236***（0.035）	匹配前	0.611	0.518	18.7	0.000
		匹配后	0.611	0.595	3.3	0.397
户主年龄	-0.001（0.001）	匹配前	52.147	49.586	18.3	0.000
		匹配后	52.138	53.116	-7.0	0.076
户主婚姻状况	-0.384***（0.046）	匹配前	0.780	0.863	-21.8	0.000
		匹配后	0.780	0.784	-1.0	0.811
户主工作状况	-0.074*（0.044）	匹配前	0.740	0.751	-2.5	0.401
		匹配后	0.741	0.728	2.7	0.502
户主自评健康状况	0.068***（0.014）	匹配前	3.348	3.065	22.4	0.000
		匹配后	3.349	3.371	-1.7	0.671
户主小学及初中学历	-0.306***（0.039）	匹配前	0.427	0.522	-18.9	0.000
		匹配后	0.428	0.410	3.6	0.357
户主高中学历	-0.326***（0.060）	匹配前	0.090	0.147	-17.9	0.000
		匹配后	0.091	0.098	-2.2	0.543
户主大专及以上学历	-0.639***（0.097）	匹配前	0.023	0.090	-29.6	0.000
		匹配后	0.023	0.019	1.7	0.488
家庭人口规模	0.037***（0.009）	匹配前	4.019	3.665	18.9	0.000
		匹配后	4.018	3.958	3.2	0.442
家庭人均收入	-0.121***（0.014）	匹配前	8.491	9.178	-56.7	0.000
		匹配后	8.504	8.476	2.3	0.578

续表

协变量	Probit 倾向值得分模型	匹配状态	均值差异检验			
			处理组均值	对照组均值	偏差 %	T 检验 P>|t|
家庭人均现金与存款	−0.019*** （0.004）	匹配前	1.912	3.972	−41.7	0.000
		匹配后	1.917	1.935	−0.4	0.919
家庭总人口抚养比	0.009 （0.062）	匹配前	0.343	0.290	17.8	0.000
		匹配后	0.343	0.348	−1.4	0.725
其他政府补助	0.015 （0.038）	匹配前	0.607	0.464	29.0	0.000
		匹配后	0.607	0.616	−1.9	0.627
是否城镇地区	−0.069* （0.039）	匹配前	0.322	0.488	−34.3	0.000
		匹配后	0.323	0.322	0.2	0.966
是否东部地区	−0.446*** （0.038）	匹配前	0.207	0.456	−54.8	0.000
		匹配后	0.208	0.213	−1.4	0.734
截距项	0.249	联合检验	Pseudo R^2	LR chi^2	p>chi^2	MeanBias
样本量	11420	匹配前	0.107	860.83	0.000	26.9
		匹配后	0.002	6.49	0.970	2.3

注：***、** 和 * 分别表示在 1%、5% 和 10% 的显著性水平上显著；小括号内是标准差。文中后续表格相同。

表 4-4 显示的结果是，分别基于 k 近邻匹配、卡尺匹配、卡尺内 k 近邻匹配、内核匹配与局部线性匹配五种方法，研究城乡低保对支出型贫困的悬崖效应，即低保与其相匹配的非低保家庭之间的支出型贫困脆弱性的差异性。同时，每个匹配方法采用了多个匹配参数，以便更系统全面地分析城乡低保的平均处理效应。如果 ATT 显著小于零，则说明两类家庭之间存在显著的悬崖效应，同时也意味着城乡低保对支出型贫困具有显著的减贫效应，否则说明不存在悬崖效应和减贫效应。

三种局部匹配的结果包括：在 k 近邻匹配和卡尺内 k 近邻匹配下，城乡低保的平均处理效应均显著小于零，意味着支持城乡低保能够有效降低家庭未来支出型贫困程度的观点；而在卡尺匹配方法下，城乡低保的平均处理效应则随着卡尺的增大出现由显著为负转为显著为正的情形，如卡尺较小为 0.01 时 ATT 显著小于 0，增加到 0.05 后 ATT 不显著，增加到 0.1 时后 ATT 显著为正，显著大于 0 的 ATT 意味着支持城乡低保会增加低保家庭未来陷入支出型贫困概率的观点。

两种整体匹配的结果包括：在内核匹配下，城乡低保的 ATT 均不满足显著为负的情况，表明支持城乡低保不存在悬崖效应的观点，此外，Normoal 核匹配的 ATT 在 5% 显著水平上为正，同样意味着支持城乡低保具有增加低保家庭未来陷入支出型贫困概率的观点；而在局部线性匹配下，低保制度的平均处理效应显著为负，表明支持城乡低保存在悬崖效应的观点。

总的来看，表 4-4 中各种匹配下的结果缺乏一致性。因此可以认为，采用 PSM 研究全样本，低保家庭未来陷入支出型贫困的概率是否显著下降并不明确，换言之，不能确认城乡低保会导致两类家庭之间的支出型贫困脆弱性呈现"悬崖效应"。

表 4-4 低保制度在低保家庭和非低保家庭中呈现的悬崖效应分析

匹配方法	匹配参数	平均处理效应（ATT）	T 值
k 近邻匹配	k=1	−0.0272**（0.0116）	−2.35
	k=5	−0.0265***（0.0088）	−3.02
	k=10	−0.0221***（0.0083）	−2.66
卡尺匹配	c=0.01	−0.0208***（0.0077）	−2.69
	c=0.05	−0.0099（0.0076）	−1.29
	c=0.10	0.0170**（0.0075）	2.26
卡尺匹配	c=0.25 × σ	−0.0183**（0.0077）	−2.38
卡尺内 k 近邻匹配	k=1, c=0.25 × σ	−0.0273**（0.0116）	−2.36
	k=5, c=0.25 × σ	−0.0226***（0.0088）	−3.03
	k=10, c=0.25 × σ	−0.0221***（0.0083）	−2.68
内核匹配	Epan 核函数	−0.0112（0.0077）	−1.46
	Normal 核函数	0.0191**（0.0075）	2.54

续表

匹配方法	匹配参数	平均处理效应 （ATT）	T 值
局部线性匹配	Tricube 核函数	−0.0222* （0.0116）	−1.91
	Normal 核函数	−0.0220*** （0.0077）	−2.84

　　然而，由于全样本的 PSM 研究结果是对总体情况的表述，其中包括了人均收入远高于贫困线或陷入支出型贫困概率小于均值的家庭，而这些家庭并非支出型贫困救助的主要对象，因此，有必要更有针对性地分析城乡低保对较低收入群体或较高脆弱性家庭群体的影响。

　　本书将样本分别按照支出型贫困脆弱性的高低和家庭人均收入的高低进行分组。前者将全样本支出型贫困脆弱性均值作为分界线，将脆弱性高于分界线的样本家庭定义为较高脆弱家庭样本组，低于分界线的样本家庭定义为较低脆弱家庭样本组；后者则将当地城乡低保标准的两倍作为分界线，将人均收入高于分界线的样本家庭定义为中高收入家庭样本组，低于分界线的样本家庭定义为低收入家庭样本组[1]。研究将基于上述两种样本分组方式，采用 PSM 进一步研究在这四个样本组中低保和非低保家庭之间是否会呈现悬崖效应，结果见表 4–5、表 4–6。

　　表 4–5、表 4–6 显示，在较高脆弱家庭样本组和低收入家庭样本组中，各匹配方法下城乡低保的 ATT 均在 5% 水平上显著小于 0。这说明，在未来陷入支出型贫困概率更高的家庭样本组或家庭人均收入水平较低的样本组中，低保和非低保家庭之间在支出型贫困脆弱性上呈现显著的悬崖效应，相对于非低保家庭，城乡低保的救助使低保家庭的支出型贫困在一定程度上得以缓解，在未来可能陷入支出型贫困的概率上两类家庭具有较大差距，因此对非低保家庭进行支出型贫困救助是必要的，有助于消除两者之间的悬崖效应。而在较低脆弱家庭样本组和中高收入家庭样本中，各匹配方法下城乡低保的 ATT 绝大多数不存在显著小于 0 的情况，表明这两类样本组中的低保和非低保家庭之间不存在悬崖效应。

---

　　① 低收入标准的设定目前没有全国统一的规定，长沙等部分地区以低保标准的 2 倍作为低收入标准，本书为了方便定量分析，也采取这一标准用来区分低收入家庭和中高收入家庭。

表 4-5 低保制度在高低两类脆弱范围家庭样本组中的悬崖效应分析

样本组分类		脆弱性小于均值的样本组		脆弱性大于均值的样本组	
匹配方法	匹配参数	平均处理效应（ATT）	T 值	平均处理效应（ATT）	T 值
卡尺内 k 近邻匹配 c=0.25×σ	k=1	−0.0040（0.0036）	−0.88	−0.0300**（0.0127）	−2.35
	k=5	−0.0056（0.0036）	−1.56	−0.0292***（0.0096）	−3.05
	k=10	−0.0047（0.0035）	−1.36	−0.0302***（0.0092）	−3.29
内核匹配	Epan 核函数	−0.0001（0.0032）	−0.04	−0.0269***（0.0086）	−3.11
	Normal 核函数	0.0121***（0.0032）	3.76	−0.0199**（0.0085）	−2.35
局部线性匹配	Tricube 核函数	−0.0022（0.0046）	−0.48	−0.0294**（0.0127）	−2.31
	Normal 核函数	−0.0028（0.0033）	−0.85	−0.0293***（0.0087）	−3.35
样本量		7144		4276	

表 4-6 低保制度在高低两类收入家庭样本组中的悬崖效应分析

样本组分类		人均收入高于两倍低保线的样本组		人均收入低于两倍低保线的样本组	
匹配方法	匹配参数	平均处理效应（ATT）	T 值	平均处理效应（ATT）	T 值
卡尺内 k 近邻匹配 c=0.25×σ	k=1	−0.0082（0.0069）	−1.19	−0.0497***（0.0137）	−3.63
	k=5	−0.0082（0.0054）	−1.50	−0.0355***（0.0106）	−3.37
	k=10	−0.0081（0.0052）	−1.56	−0.0350***（0.0102）	−3.45

续表

样本组分类		人均收入高于两倍低保线的样本组		人均收入低于两倍低保线的样本组	
匹配方法	匹配参数	平均处理效应（ATT）	T 值	平均处理效应（ATT）	T 值
内核匹配	Epan 核函数	−0.0031（0.0049）	−0.64	−0.0309***（0.0097）	−3.19
	Normal 核函数	0.0141***（0.0048）	2.93	−0.0252**（0.0095）	−2.65
局部线性匹配	Tricube 核函数	−0.0093（0.0069）	−1.35	−0.0313**（0.0137）	−2.29
	Normal 核函数	−0.0091*（0.0049）	−1.84	−0.0317***（0.0098）	−3.23
样本量		7527		3893	

综上所述，当采用支出型贫困脆弱性来研究城乡低保对象认定机制是否存在悬崖效应时，无法在全样本各匹配方法中得到一致的结果，但可以在分类样本中得到较为明确的结论：第一，以家庭支出型贫困脆弱性是否大于脆弱性均值为样本分组依据，在较高脆弱性家庭样本组中低保和非低保家庭之间呈现显著的悬崖效应，在较低脆弱家庭样本组中未发现悬崖效应；第二，以家庭人均收入是否大于低保标准的两倍作为分组依据，在较低收入家庭样本组中低保和非低保家庭之间呈现显著的悬崖效应，在较高收入家庭样本中未发现悬崖效应。

第四节　本章小结

本书在上述实证分析中，提出当家庭人均生活消费余额低于当地城乡低保标准时则为支出型贫困家庭。支出型贫困脆弱性则相当于家庭人均生活消费余额低于低保标准的概率。通过对支出型贫困脆弱性的实证分析，得出以下几方面重要结论：第一，家庭支出型贫困脆弱性分布存在一定程度的不平衡，在给定的三种门槛值下，城镇家庭样本中的脆弱家庭占比均明显低于农村家庭样本。第二，基于倾向得分匹配对城乡低保认定机制悬崖效应的研究，发现低保和非低保家庭之间是否存在悬崖效应在全样本中无法确定，但可以在分类样本中得到较为明确的结论，在较高脆弱性样本组和低收入样本组中城乡低保均存在显著的悬崖效应，但在较低脆弱家庭样本组和中高收入家庭样本组中城乡低保不存在悬崖效应。同时可以认为，悬崖效应的存在说明城乡低保对较高脆弱家庭样本组和低收入家庭样本组的低保家庭具有一定的减贫效应，在该组内，低保家庭比与其主要特征近似的非低保家庭具有更低的支出型贫困脆弱性。

根据本书中对支出型贫困的界定，很容易得出支出型贫困可能同时发生于低保和非低保家庭中的结论。然而，我国现行的城乡低保认定标准将人均收入低于城乡低保标准的贫困家庭纳入救助网内的同时，却排除了人均收入高于低保标准但由于刚性支出过大导致生活陷入贫困的支出型贫困家庭，从而导致因城乡低保救助的存在，同等贫困程度的低保与非低保家庭之间出现差距明显的生存状况，形成了城乡低保的悬崖效应，无形中造成了不公平现象。因此，本书认为有必要在城乡低保对象认定标准中增加支出标准，将符合条件的、家庭人均收入可能高于低保标准的支出型贫困家庭纳入城乡低保救助，以实现社会救助制度的公平性。与此同时，由于城乡低保有助于低保家庭降低未来支出型贫困，那么在城乡低保对象认定标准中增加支出标准，将家庭人均收入高于低保标准的支出型贫困家庭一并纳入城乡低保救助体系，以降低对象家庭的支出型贫困程度，具有一定的可行性。

因此，基于必要性与可行性的分析，本书认为现行城乡低保对象认定标准以收入为主要认定标准已不适应贫困的多样性，无法瞄准包含支出型贫困对象在内的贫困群体，尤其是无法瞄准收入高于城乡低保的收入标准的支出型贫困对象，因此，本书认为城乡低保对象认定机制应改变对象认定标准以瞄准包含支出型贫困群体在内的实际贫困群体。

第5章

城乡低保对象认定机制的瞄准效率

贫困人口的全面脱贫是党的十九大报告中我国全面建成小康社会的中心目标，我国将"精准扶贫"作为打赢脱贫攻坚战的重要举措。而随着我国特色社会主义进入新时期以来，随着收入型贫困人口比重的下降，因病因学致贫、因病因学返贫等支出型贫困问题已逐渐成为我国打赢脱贫攻坚战的重大任务之一，也是精准扶贫的主要"靶向"。如何对支出型贫困进行精确瞄准是这一问题的核心内容之一。根据前文文献，本书发现对救助制度瞄准效率评估的研究中，存在以下几个方面的问题：第一，未将"贫困距"（Poverty Gap）的概念纳入救助制度瞄准效率评估。"贫困距"是对不同贫困家庭的贫困程度的加权统计，在对救助制度瞄准效率的评估指标中，如覆盖率、误保率等，并未对不同贫困程度的贫困家庭或不同富裕程度的非贫困家庭进行区别对待，而贫困程度高的家庭和贫困程度低的家庭在指标计算中均为相同权重，不利于精确了解扶贫救助制度的瞄准效率。第二，救助制度的瞄准效率缺乏基准参照。在救助制度的瞄准中，研究通常采用经济和时间成本相对较高的家计调查法，但该方法得到的瞄准数据缺乏参照基准，瞄准效率高低与否的结论缺乏严谨性。有鉴于此，本书首先将在救助制度覆盖率和误保率指标中引入"贫困距"的思想，基于贫困程度差异构建贫困敏感性的覆盖率指标，基于富裕程度差异构建贫困线边缘敏感度的误保率指标；其次随着数据可获得性的提升，引入家庭特征变量，以 OLS 回归等模型估计家庭人均消费的代理家计调查法为参照基准，研究我国低保对象认定的瞄准效率具体是高还是低。

第一节　城乡低保对象认定机制瞄准效率研究分析框架

本书以每个家庭的"家庭人均生活消费余额"（即家庭生活消费减去自费医疗和教育支出后的余额除以家庭规模）为研究对象，以该变量是否小于贫困线作为判断该家庭是否为支出型贫困的依据。基于此，计算城乡低保制度对支出型贫困的瞄准效率，同时对"家庭人均生活消费余额"进行回归估计，以回归模型的拟合值作为支出型贫困瞄准依据，并计算其瞄准效率。

一、估计方法

本书首先将分别采用 OLS 和 2SLS 方法对全样本进行估计，分析家庭人均自费医疗与教育支出是否会对家庭人均生活消费余额形成挤出效应，然后将全部样本分为训练集和测试集，分别在训练集中采用 OLS、2SLS 和支持向量回归方法训练模型参数，进一步预测测试集中的家庭生活消费余额，以便展开瞄准效率的比较分析。

（一）线性回归模型

由于本书研究的是支出型贫困，被解释变量设定为"家庭人均生活消费余额"的对数。估计方法首先采用如式（5.1）所示的 OLS 回归模型：

$$\ln c_h = \beta_0 + \beta_1 \cdot \ln ME_h + \alpha X_h + u_h \qquad (5.1)$$

其中，c_h 为"家庭人均生活消费余额"，ME_h 为家庭人均自费医疗与教育支出，X_h 代表一系列可观察的影响消费的家庭特征变量，借鉴了樊丽明等（2014）、唐琦等（2016）、徐超等（2017），主要采用了户主的年龄、性别、教育状况等家庭户主个体特征变量和家庭规模、人均收入、人均非房地产资产（包括现金、存款、证券、经营性资产等）、人均拥有房地产资产、人均居住面积等家庭整体特征变量，以及城乡调查点、东西部地区虚拟变量。β_0 为截距项，β_1 为变量 $\ln ME_h$ 的系数，向量 α 为系列特征变量 X_h 的系数。

由于支出型贫困通常是由于医疗、教育等大额支出，因此在式（5.1）中单独考察自费医疗与教育支出对家庭人均生活消费余额是否具有挤出效应。如果存在挤出效应，则说明 ME_h 的增加会导致 c_h 的减少，是家庭陷入支出型贫困的重要原因，也说明这一变量的加入对于准确估计家庭人均生活消费余额是有重要意义的。

然而，变量 ME_h 会使式（5.1）的 OLS 回归模型存在内生性问题。因为 ME_h 与 c_h 同为家庭的消费决策，受其自身无法衡量的消费倾向与消费模式的影响，因此，式（5.1）中的 ME_h 与扰动项之间很可能具有相关性，不满足

OLS 回归成立的假设条件。为了解决这一问题，需要借助工具变量。

本书选取家庭中所有成年人"您认为自己的健康状况如何？"这一问题的平均值"家庭成年人平均健康状况"（$Famhealth_h$）和"家庭未成年人比例"（$Famchildr_h$）作为工具变量。其中，对于健康状况的回答：1 是非常健康，2 是很健康，3 是比较健康，4 是一般，5 是不健康；而家庭未成年人比例由家庭年龄小于 15 岁的人口除以家庭规模而得。首先，身体遭遇疾病使健康状况恶化可以被认为是一个外生现象，因此工具变量"家庭成年人平均健康状况"满足外生的假设条件，且与医疗支出相关。其次，工作变量"家庭当前未成年人比例"相对于户主特征和家庭特征而言同样也可以看作是一个外生状况，且与教育支出相关。因此，可以认为 $Famhealth_h$ 和 $Famchildr_h$ 满足工具变量的要求，并采用 2SLS 两阶段最小二乘法进行估计式（5.1）。

第一阶段，采用 OLS 估计式（5.2）：

$$lnME_h = \theta_0 + \theta_1 \cdot Famhealth_h + \theta_1 \cdot Famchildr_h + \delta X_h + v_h \qquad (5.2)$$

其由此得到家庭人均自费医疗与教育支出的拟合值 $lnME_h$。

第二阶段，将 $lnME_h$ 代入式（5.1），并将其转变为式（5.3），然后用 OLS 进行估计，得到 2SLS 两阶段最小二乘法估计量。

$$lnc_h = \beta_0 + \beta_1 \cdot lnME_h + \alpha X_h + u_h \qquad (5.3)$$

（二）支持向量回归（SVR）

支持向量机是借助于最优化方法对数据进行分类和预测的有力工具，并在一定程度上克服了"过拟合"（Overfitting）[1]等问题[2]，增强模型的泛化能力，从而有利于提升预测的准确度。支持向量机包括分类和回归两类方法，不同之处仅在于两者的输出取值范围不同，分类的输出值允许取有限个值，而回归的输出值可取任意值。

---

① 过拟合是指学习模型的训练误差过小，以至于同时学习了训练样本中包含的不太一般的特性，反而导致泛化能力下降，这是由于学习样本不充分以及学习模型设计不合理而引起的。

② 邓乃扬，田英杰. 支持向量机——理论、算法与拓展［M］.北京：科学出版社，2009.

本书采用支持向量回归分析方法，参考Wu等（2004）的研究模型[①]，预测家庭人均生活消费余额。给定 m 个样本的训练集数据样本 D=[（X$_1$,lnc$_1$）,（X$_2$, lnc$_2$），…，（X$_m$, lnc$_m$）]，其中 X 包含了家庭人均自费医疗与教育支出以及其他一系列可观察的影响消费的家庭特征变量。回归模型如下：

$$lnc = \sum_{i=1}^{m} (\alpha_i - \alpha_i^*) k(X, X_i) + b \qquad （5.4）$$

在本章采用预测样本外数据的 lnc 时，核函数采用式（5.5）径向基函数（radial basis function，RBF）。

$$k(x, y) = exp (-\gamma \times \|x - y\|^2) \qquad （5.5）$$

其中，γ 是一个用户参数，为核函数间距参数。

二、瞄准效率指标分析

当研究贫困瞄准效率时，通常会采用真阳性率（True positive rate，TPR）表示贫困制度的覆盖率，假阳性率（False positive rate，FPR）表示误保率。公式分别为：

$$TPR = \frac{N(D = 1, C < Z)}{N(C < Z)} \qquad （5.6）$$

$$FPR = \frac{N(D = 1, C \geq Z)}{N(C \geq Z)} \qquad （5.7）$$

其中，N（·）表示求满足括号内逻辑运算为真的样本数，D=1 表示家庭为低保户，C 为家庭人均消费，在本书中代表的是家庭人均消费余额，Z 表示为贫困线，本书采用各省（直辖市、自治区）城乡低保标准。

然而，从图 5-1 和图 5-2 中贫困家庭和非贫困家庭的分布来看，各个家庭之间的贫困情况和富裕程度并不一致。其中，图 5-1 中的贫困程度数据是由家庭人均消费余额除以当地低保标准所得，该图显示了贫困家庭样本的贫困程度差异性，可以看出随着贫困程度的减弱（即越接近 1），样本频率显著增加，但仍可以看出贫困家庭的贫困程度存在明显的不均衡。图 5-2 中的富裕程度数据是由非贫困家庭的人均消费余额除以当地低保标准所得，图中显示的是不同

---

① Wu C H，Ho J M，Lee D T. Travel-time prediction with support vector regression [J]. IEEE Transactions on Intelligent Transportation Systems, 2004, 5（4）: 276-281.

富裕程度的直方图，可以看出随着富裕程度的增加（即越远离 1），样本频率显著下降，但仍可以看出，即便是最靠近低保标准的富裕程度较低的家庭，其富裕程度也存在明显的不均衡。

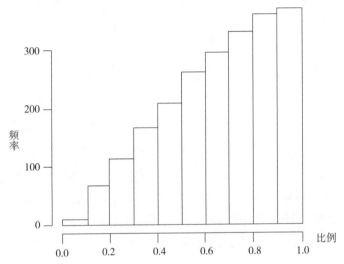

图 5-1　贫困家庭消费与当地低保标准比例（贫困程度）

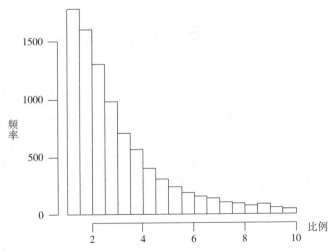

图 5-2　非贫困家庭的消费与当地低保标准的比例（富裕程度）

而文献中常用的 TPR 和 FPR 指标，并未将"贫困距"的思想纳入其中，即未将家庭人均消费与贫困线的距离考虑在内，仅仅是户数的简单算数相加。显然，在 TPR=1 和 FPR=0 的极端情况下，没有必要在这两类指标中考

虑 "贫困距"。但由于现实中的减贫策略瞄准效率相对低下，实际情况通常是 TPR<1 和 FPR>0。因此，将家庭人均消费与贫困线的距离纳入瞄准效率指标，可以增加指标的贫困线边缘敏感性，更好地体现减贫策略对深度贫困家庭的瞄准效率，并降低非贫困家庭中处于贫困线边缘家庭在误保率指标中的权重。两式分别调整为：

$$\text{MTPR} = \frac{\sum_{D=1, C<Z}(1 - C/Z)}{\sum_{C<Z}(1 - C/Z)} \tag{5.8}$$

$$\text{MFPR} = \frac{\sum_{D=1, C \geq Z} \text{MIN}((C/Z - 1), 1)}{\sum_{C \geq Z} \text{MIN}((C/Z - 1), 1)} \tag{5.9}$$

其中，MIN（·）表示求括号中的最小值。式（5.8）相当于根据不同贫困程度对每个家庭赋予了不同的权重，越贫困的家庭权重越大。式（5.9）同样根据不同非贫困程度对每个家庭赋予了不同的权重，但由于该式主要目的是降低贫困线边缘家庭的权重，因此仅将家庭人均消费高于 2 倍 Z 的家庭设定为固定权重。

第二节　变量说明

在本书研究中，被解释变量为 "家庭人均生活消费余额"（c_h）。核心解释变量为 "家庭人均自费医疗与教育支出"（lnME），该变量由医疗支出（不包括已经报销和预计可以报销的部分）和教育培训支出相加后除以家庭规模而得。工具变量为 "家庭自评健康状况"（Famhealth）、"家庭未成年人比例"（Famchildr）。在比较不同贫困瞄准方法的瞄准效率时，需要明确每个家庭是否为低保户。根据 CPFS2014 问卷，将获得低保补助的家庭赋值 MLGF 为 1，否则为 0。

在回归过程中，本书根据支出型贫困的认定要求，首先选取了家庭户主[①]的主要个人特征变量，如年龄；其次选取了重要的家庭特征变量，如人均非房

　　[①]　问卷中没有户主字段，考虑到财务回答人、问卷主要受访者和排在第一位的家庭成员基本上是同一人，因此研究中将问卷的财务回答人定为户主。

地产资产（包括现金、存款、证券、经营性资产等）、人均拥有房地产资产、人均居住面积，等等。表 5-1 为相关变量描述。

表 5-1　主要变量描述与统计

变量名	简称	变量定义	均值	标准差
医疗教育支出	lnME	家庭人均医疗教育自费支出的对数	6.46	2.22
户主性别	Headgender	虚拟变量：男 =1，女 =0	0.53	0.50
户主年龄	Headage	（岁）	49.87	14.11
户主婚姻状况	Headmarry	虚拟变量：在婚 =1，否则 =0	0.85	0.35
户主工作状况	Headjob	虚拟变量：工作 =1，否则 =0	0.75	0.43
户主小学及初中学历	Headedu_1	虚拟变量：小学及初中学历 =1，其他 =0	0.51	0.50
户主高中学历	Headedu_2	虚拟变量：高中及同等学力 =1，其他 =0	0.14	0.35
户主大专及以上学历	Headedu_3	虚拟变量：大专及以上学历 =1，其他 =0	0.08	0.28
家庭人口规模	Familysize	家庭人口总数（人）	3.70	1.81
家庭人均收入	Famincome	家庭总收入除以人口总数，取对数	9.10	1.26
家庭人均非住房资产	Famasset	家庭人均拥有现金、存款、证券、经营性资产的对数	3.89	5.27
家庭人均住房资产	Famhouseprice	家庭人均拥有住房资产的对数	1.25	1.55
家庭人均居住面积	Housesq	家庭现居住面积除以家庭规模	4.11	25.02
是否城镇地区	Urban	虚拟变量：城镇调查点 =1，其他 =0	0.47	0.50
是否东部地区	Region	虚拟变量：东部地区 =1，其他地区 =0	0.43	0.50
是否获取低保补助	MLGF	虚拟变量：低保家庭 =1，其他 =0	0.11	0.32
工具变量				
家庭自评健康状况	Famhealth	家庭成年人自评健康状况的平均值。非常健康 =1，很健康 =2，比较健康 =3，一般健康 =4，不健康 =5	3.00	0.93
家庭未成年人比例	Famchildr	家庭未成年人（小于 15 岁）与家庭人口规模之比	0.14	0.17

第三节　实证结果分析

一、家庭人均消费余额估计结果

本书对家庭人均消费余额的对数分别使用 OLS 和 2SLS 模型进行回归，结果见表 5-2。可以看出，在 OLS 回归中变量 $lnME$ 的系数显著为正，然而当模型中引入了工具变量以后，该变量的系数发生了明显的变化，自费医疗与教育支出的增加在 10% 的显著水平上会导致家庭人均消费余额减少。Hausman 检验显示，可以在 1% 的显著性水平上拒绝"所有解释变量均为外生"的原假设，即可认为医疗支出与教育支出为内生变量。此外，通过回归得到的每个家庭对数化的家庭生活消费余额的估计值，将用于支出型贫困瞄准效率的研究。

表 5-2　家庭人均消费余额回归结果

	OLS	2SLS
医疗教育支出	0.0288*** （0.00333）	−0.0334* （0.0173）
户主性别	0.0270* （0.0144）	0.0173 （0.0149）
户主年龄	−0.0112*** （0.000588）	−0.0108*** （0.000605）
户主婚姻状况	0.0559** （0.0224）	0.0896*** （0.0245）
户主工作状况	−0.102*** （0.0180）	−0.115*** （0.0186）
户主小学及初中学历	0.117*** （0.0183）	0.129*** （0.0188）
户主高中学历	0.259*** （0.0247）	0.273*** （0.0253）
户主大专及以上学历	0.400*** （0.0299）	0.432*** （0.0316）

续表

	OLS	2SLS
家庭人口规模	−0.102*** （0.00457）	−0.0955*** （0.00502）
家庭人均收入	0.197*** （0.00842）	0.200*** （0.00851）
家庭人均非住房资产	0.00782*** （0.00140）	0.00720*** （0.00143）
家庭人均住房资产	0.129*** （0.00546）	0.133*** （0.00573）
家庭人均居住面积	0.00282*** （0.000616）	0.00279*** （0.000617）
是否城镇地区	0.298*** （0.0161）	0.299*** （0.0163）
是否东部地区	0.0803*** （0.0146）	0.0736*** （0.0149）
截距项	7.372*** （0.0907）	7.685*** （0.128）
样本数	11420	11420
拟合优度 R^2	0.447	0.428
Hausman test	chi^2	Prob>chi^2
	11.84	0.0006

二、支出型贫困瞄准效率实证分析

分别通过 OLS 、2SLS 与 SVR 预测家庭人均生活消费余额，以此研究相对于基于回归预测方法的家计代理调查法，城乡低保制度在支出型贫困瞄准效率方面是否存在劣势。城乡低保制度的覆盖率 TPR 和 MTPR 指标越大表明该制度将更多的贫困家庭纳入救助范围，误保率 FPR 和 MFPR 指标则正好相反，越小则表明该制度将越少的非贫困家庭纳入救助范围，在实际分析中，需要同时考虑这两个指标，较佳的瞄准效率应同时具有较大的覆盖率和较低的误保率。

为了得到更为准确的结果，本书将总体样本随机分割为训练集和测试集，其中训练集样本量为 7000，测试集样本为 4420，通过训练集回归得到各变量系数的估计值后，将其代入测试集样本预测家庭人均生活消费余额，并用该预测值是否大于贫困线进行瞄准，并与低保制度的瞄准效率进行比较。经过 1000 次重复实验得到结果如表 5-3 所示：

表 5-3　不同瞄准方法下的瞄准效率

样本类别	TPR	FPR	MTPR	MFPR
低保瞄准				
农村	0.1935 (0.0144)	0.1301 (0.0061)	0.2074 (0.0176)	0.1246 (0.0063)
城市	0.1731 (0.0150)	0.0568 (0.0044)	0.1791 (0.0190)	0.0467 (0.0041)
总体	0.1848 (0.0102)	0.0951 (0.0038)	0.1951 (0.0131)	0.0866 (0.0038)
2SLS 回归瞄准				
农村	0.1896 (0.0166)	0.0581 (0.0062)	0.2266 (0.0215)	0.0467 (0.0056)
城市	0.2459 (0.0213)	0.0447 (0.0058)	0.3073 (0.0279)	0.0312 (0.0043)
总体	0.1961 (0.0129)	0.0478 (0.0042)	0.2418 (0.0166)	0.0366 (0.0037)
OLS 回归瞄准				
农村	0.2040 (0.0185)	0.0511 (0.0062)	0.2643 (0.0251)	0.0400 (0.0055)
城市	0.2490 (0.0242)	0.0433 (0.0057)	0.3158 (0.0311)	0.0299 (0.0045)
总体	0.2014 (0.0127)	0.0463 (0.0040)	0.2562 (0.0164)	0.0355 (0.0036)
SVR 瞄准				
农村	0.2242 (0.0205)	0.0549 (0.0075)	0.2788 (0.0279)	0.0419 (0.0062)
城市	0.2893 (0.0322)	0.0463 (0.0050)	0.3545 (0.0339)	0.0316 (0.0050)
总体	0.2713 (0.0156)	0.0542 (0.0046)	0.3328 (0.0191)	0.0389 (0.0038)

注：括号中数字为标准差。

研究结果显示，分别以基于 OLS 回归、2SLS 工具变量回归以及 SVR 的代理家计调查法为参照基准，城乡低保制度的瞄准具有以下几个方面不足：

（1）TPR 指标显示，在农村样本和总体样本中，代理家计调查法的 SVR 预测结果显著优于低保制度的瞄准结果，其他回归模型得到的结果均无法超过低保制度，而城市样本的结果显示所有回归模型的预测结果均优于低保制度。

（2）FPR 指标显示，代理家计调查法的所有回归模型预测结果均优于低保制度，即具有更低的错误救助比率。

（3）MTPR 指标显示，低保制度并未更有效地瞄准到贫困程度更高的群体，而回归模型瞄准对该群体的瞄准效率更高，SVR 的预测结果仍然是最优的。

（4）MFPR 指标显示，代理家计调查法的所有回归模型预测结果均优于低保制度，即具有更低的错误救助比率，说明在针对贫困线边缘的非贫困家庭，回归模型瞄准具有更好的容忍度。

上述结果说明，以线性回归模型为基础的代理家计调查法的瞄准效率为参照时，在采用传统的覆盖率指标 TPR 评估时，低保制度在农村样本和总体样本中的瞄准效率并不存在明显不足，但在城市样本中具有较明显的缺陷，而采用本书提出的具有边缘敏感性的指标来研究贫困瞄准效率时，低保制度则表现出显著的不足，即低保制度不能更好地瞄准具有深度贫困的家庭，这不符合扶贫的基本精神。而以 SVR 预测家计代理调查法瞄准效率为参照标准时，低保制度的瞄准效率在所有上述四类指标中均存在显著不足。

第四节　本章小结

瞄准效率的提升是我国有效实施"精准扶贫"的重要支撑。经过实证分析，本书得到以下结论：

第一，医疗教育支出对家庭人均生活消费余额存在挤出效应，回归时应将该变量作为解释变量。直接采用 OLS 模型对家庭生活消费余额进行回归时，医疗教育支出与被解释变量的变动方向一致，但通过引入工具变量"家庭人均健康状况"和"家庭未成年人占比"后，医疗教育支出对家庭生活消费余额具有显著的挤出效应，前者的增加会可能导致非贫困家庭陷入支出型贫困。因此，在进行以回归模型为基础的代理家计调查瞄准时，应将该变量作为重要解释变量。

第二，以回归模型为基础的代理家计调查法的瞄准效率优于城乡低保制度的家计调查方法。本书将样本分割为训练集和测试集后，通过 1000 次随机模拟预测，发现针对支出型贫困，以回归模型为基础的代理家计调查法，比低保制度具有更高的瞄准效率。特别是基于 SVR 的家计代理调查法的预测结果，在各类样本组的所有指标的计算中均具有最好的表现，说明解释变量组与被解释变量之间存在非线性关系，引入机器学习方法能够更好地瞄准贫困家庭。

第三，边缘敏感的瞄准效率指标有利于测量救助制度对深度贫困的瞄准。在实证研究中，本书提出的基于不同贫困程度的贫困家庭的救助覆盖率指标（MTPR），以及考虑了贫困线边缘非贫困家庭的非贫困程度的错误救助率指标（MFPR），在计算过程中考虑了家庭的贫困程度，给予深度贫困家庭和贫困线附近的非贫困家庭以更高的权重，有利于判断救助制度是否瞄准了深度贫困家庭，以及是否对远离贫困线的非贫困家庭的错误救助给予更低的容忍度。在模拟预测结果中，显示出回归模型瞄准法能够更为准确地瞄准深度贫困家庭，而且相对减少了错误救助非贫困程度较高的家庭的情况。

第**6**章

城乡低保对象认定机制存在的问题分析

通过第 2、第 3、第 4、第 5 章的研究，本书认为城乡低保对象认定机制存在悬崖效应，主要是由于大部分地区城乡低保的认定标准因缺乏支出标准而无法有效识别同等贫困的支出型贫困家庭。为进一步说明城乡低保对象认定机制存在的问题，本书将结合实际调查资料进一步研究那些不被低保覆盖的低收入群体的生活压力状况，说明这些群体与低保家庭相比，由于支出型贫困导致他们的生存压力与低保群体类似甚至更大，进一步验证城乡低保对支出型贫困对象进行救助的必要性与低保对象认定标准欠缺支出标准的问题。同时，结合实际数据分析城乡低保对象的收入标准、家庭财产标准在认定贫困对象方面存在的缺陷。对支出型贫困对象的瞄准上，通过模型比较研究显示城乡低保的瞄准机制并不是最理想的瞄准机制，本章将结合实际调查资料进一步分析城乡低保对象认定机制在居民家庭经济核对与执行层面的问题表现。

第一节　城乡低保对象认定机制的认定标准调查分析

支出型贫困不仅出现在低保家庭中，非低保家庭也会出现支出型贫困，尤其是城乡低保收入家庭中，本书通过研究那些不被低保覆盖的低收入群体的生活压力状况，论证由于支出型贫困的存在，使得这些家庭与低保家庭相比，他们的生存压力与低保群体类似甚至更大，产生此类问题的主要原因是城乡低保对象认定标准设定问题，即欠缺支出标准设定。本节将利用笔者的实地调查数据展开分析。

一、数据来源

本节的数据来自 2015 年所做的调查，按 2015 年人均 GDP 水平高低（见表 6-1）把全国 31 个省、直辖市、自治区分成三组：排名第一到第十为第一组，排名第十一到第二十为第二组，排名第二十一到第三十一为第三组，按每组的中位数序号省份作为调查地，即浙江省、湖南省和广西壮族自治区，而由于第三组人均 GDP 相对较低，为更全面反映该组支出型贫困情况，增加河南省作为调查地。每个地方城镇与农村各发放 200 份问卷，发放 1600 份问卷。最终共发放回收问卷 1501 份，其中废卷 48 份，有效问卷 1453 份，有效问卷回收率为 90.81%，如表 6-2 所示。另外，共做了 11 份访谈，如表 6-4 所示（访谈的相关研究结果分散于全书多个地方，未统一集中于本节）。调查问卷中的低保家庭、低收入家庭与其他家庭分别是指获得 2015 年当地城乡低保制度认定的家庭、人均可支配收入高于低保标准但低于当地城乡人均可支配收入水平的家庭、收入高于低收入家庭标准的家庭。

表 6-1 2015 年中国人均 GDP 数据 单位：元

序号	省份	人均 GDP 数据	序号	省份	人均 GDP 数据
1	天津市	109019	13	湖北省	50808
2	北京市	106731	14	陕西省	48137
3	上海市	102906	15	宁夏回族自治区	43984
4	江苏省	88086	16	湖南省	43116
5	浙江省	77862	17	青海省	41459
6	内蒙古自治区	71987	18	海南省	41006
7	福建省	68260	19	新疆维吾尔自治区	40578
8	广东省	67897	20	河北省	40366
9	辽宁省	65460	21	黑龙江省	39352
10	山东省	64360	22	河南省	39222
11	重庆市	52557	23	四川省	36982
12	吉林省	51868	24	江西省	36820

续表

序号	省　份	人均 GDP 数据	序号	省份	人均 GDP 数据
25	安徽省	36176	29	贵州省	29939
26	广西壮族自治区	35345	30	云南省	29100
27	山西省	35095	31	甘肃省	26207
28	西藏自治区	32276			

表 6-2　问卷发放和回收情况

		份数（份）	百分比（%）	有效百分比（%）	累计百分比（%）
有效	广西壮族自治区	382	26.30	26.30	26.30
	河南省	387	26.60	26.60	52.90
	湖南省	269	18.50	18.50	71.40
	浙江省	415	28.60	28.60	100.00
	总计	1453	100.00	100.00	

表 6-3　家庭类型　　　　　　　　单位：个

		家庭类型①			总计
		低保家庭	低收入家庭	其他家庭	
省份	浙江省	109	104	186	399
	湖南省	54	126	79	259
	河南省	58	244	58	360
	广西壮族自治区	95	154	133	382
总计		316	628	456	1400

① 报告中关于"三类家庭"分别是指低保家庭（获得当地低保证书的家庭）、低收入家庭（经各地民政部门认定的低收入家庭）、其他家庭（低保家庭与低收入家庭以外的家庭）。

表 6-4　访谈材料情况

访谈地方	城镇	农村
浙江省	2016G2	—
湖南省	2016G3	—
河南省	2016G5、2016G6	2016G8、2016G9
广西壮族自治区	2016G10	2016G11

二、数据描述分析

（一）总体数据描述分析

1. 家庭类型基本符合调查目的

本次调查目的是对支出型贫家庭的救助需求情况进行全面把握，支出型贫困家庭主要以低保家庭和低收入家庭为主，根据表 6-5 统计显示，本次调查 64.9% 的家庭属于低保家庭和低收入家庭，同时其他家庭也有 31.4%，调查对象选取基本符合调查目的。

表 6-5　家庭类型

		计数（个）	百分比（%）	有效百分比（%）	累计百分比（%）
有效	低保家庭	316	21.7	22.6	22.6
	低收入家庭	628	43.2	44.9	67.4
	其他家庭	456	31.4	32.6	100.0
	总计	1400	96.4	100.0	
遗漏	系统	53	3.6		
总计		1453	100.0		

2. 不同类型家庭可支配收入来源差别较大

总体而言，调查对象的可支配收入来源主要为务农收入和工薪所得，第一可支配收入来源也主要为务农收入和工薪所得。对于低保家庭和低收入家庭而言，可支配收入来源主要为务农收入和转移性收入，其他家庭则以工薪收入为第一可支配收入来源，如表 6-6 所示。

表 6-6　三类家庭可支配收入主要来源

		家庭类型					
		低保家庭		低收入家庭		其他家庭	
		计数（个）	占比（%）	计数（个）	占比（%）	计数（个）	占比（%）
第一可支配收入来源	务农收入	136	44.0	318	51.3	67	15.0
	工薪所得	42	13.6	216	34.8	275	61.4
	经营所得	14	4.5	26	4.2	56	12.5
	财产性收入	1	0.3	6	1.0	7	1.6
	转移性收入	116	37.5	54	8.7	43	9.6

3. 教育和医疗支出成为三类家庭主要支出

如表 6-7 所示，基本生活消费支出、教育支出和医疗支出是三类家庭最集中的支出内容，低保家庭和低收入家庭将教育支出和医疗支出作为第一生活支出的比例高于其他家庭，其中低保家庭将医疗支出作为第一生活支出的比例最高，为 12.4%，其他两类家庭分别为 7.2% 和 3.7%。

表 6-7　三类家庭支出情况

		家庭类型					
		低保家庭		低收入家庭		其他家庭	
		计数（个）	占比（%）	计数（个）	占比（%）	计数（个）	占比（%）
第一生活支出	基本生活消费支出	248	79.0	481	77.0	400	87.7
	教育支出	25	8.0	89	14.2	22	4.8
	医疗支出	39	12.4	45	7.2	17	3.7
	购房建房支出	0	0.0	5	0.8	7	1.5
	转移性支出	0	0.0	4	0.6	4	0.9
	其他支出	2	0.6	1	0.2	6	1.3

4. 三类家庭教育费用来源不同

孩子上学的各项费用主要来自自家出钱和义务教育不收学费。低保家庭和低收入家庭助学贷款比例高于其他家庭（见表6-8），分别为10.8%和7.2%，而其他家庭学生助学贷款比例为1.1%。教育费用来自政府救助比例最高的是低保家庭，为1.4%，其他家庭为0.4%。教育费用来自借钱的比例是低保家庭最高为4.1%，低收入家庭为2.5%，其他家庭最低为0.8%。总的来说，这三类家庭教育费用来源不同，低保家庭和低收入家庭具有相似性，自家出钱、助学贷款、借钱、政府救助及义务教育不收费构成多样性的费用来源，其他家庭的教育费用来源较为简单，以自家出钱和义务教务不收费为主。

表6-8　三类家庭教育费用来源

		家庭类型					
		低保家庭		低收入家庭		其他家庭	
		计数（个）	占比（%）	计数（个）	占比（%）	计数（个）	占比（%）
第一教育费用来源	自家出钱	108	73.0	372	86.1	234	89.3
	助学贷款	16	10.8	31	7.2	3	1.1
	借钱	6	4.1	11	2.5	2	0.8
	社会资助	1	0.7	0	0.0	0	0.0
	政府救助	2	1.4	5	1.2	1	0.4
	义务教育不收学费	15	10.1	13	3.0	22	8.4
	其他	0	0.0	0	0.0	0	0.0

5. 低保家庭教育压力最大

表6-9数据显示低保家庭和低收入家庭选择教育支出压力"很大"与"较大"两类数据之和分别是79.3%和76.1%，其他家庭则是44.7%，可见我国这三类家庭认为教育支出压力比较高，低保家庭和低收入家庭教育支出压力都很大。

表 6-9　三类家庭教育支出压力

		家庭类型					
		低保家庭		低收入家庭		其他家庭	
		计数（个）	占比（%）	计数（个）	占比（%）	计数（个）	占比（%）
家庭教育支出压力	很大	63	45.0	124	29.2	38	14.9
	较大	48	34.3	199	46.9	76	29.8
	一般	20	14.3	90	21.2	102	40.0
	较小	6	4.3	9	2.1	26	10.2
	没有	3	2.1	2	0.5	13	5.1

6. 三类家庭医疗总支出情况类似

根据表 6-10 数据显示，三类家庭过去 12 个月总的医疗费用相差不大，医疗保险报销费用则以其他家庭较高，这与保险参保率和参保水平有关系。各类社会捐赠解决的费用以低收入家庭最多，未纳入医保的自费费用为低保家庭最多，其次是其他家庭，最后是低收入家庭，但总体情况三类家庭费用支出情况比较相似。

表 6-10　三类家庭医疗费用情况　　　　　　　　单位：元

家庭类型		过去 12 个月总的医疗费用	各类医疗保险报销费用	各类社会捐赠解决的费用	未纳入医保的自费费用
低保家庭	平均数	14009.46	5152.51	343.214	9737.576
	N	241	209	173	198
	标准偏差	70955.960	14043.140	1905.8644	59692.8533
低收入家庭	平均数	12755.47	5960.96	679.544	7073.937
	N	444	354	241	348
	标准偏差	29349.255	16451.516	7807.4121	13894.9863

续表

家庭类型		过去12个月总的医疗费用	各类医疗保险报销费用	各类社会捐赠解决的费用	未纳入医保的自费费用
其他家庭	平均数	13776.20	9047.34	479.569	8321.542
	N	318	232	153	249
	标准偏差	65636.018	42467.109	4193.5731	52535.1285
总计	平均数	13380.40	6649.10	522.963	8128.093
	N	1003	795	567	795
	标准偏差	54314.017	26441.519	5629.7716	42797.7368

7. 低收入家庭的医疗支出压力最大

三类家庭医疗支出压力都较大，但根据表 6-11 和图 6-1，低收入家庭医疗支出压力最大，在柱状图中，选择"很大""较大"和"一般"比例最高的都是低收入家庭，其次是低保家庭，其他家庭选择"较大"和"一般"的多，说明医疗压力比较大。

表 6-11　三类家庭医疗支出压力情况　　　　　单位：个

		家庭类型			总计
		低保家庭	低收入家庭	其他家庭	
医疗支出对整个家庭构成的经济压力	很大	82	108	39	229
	较大	96	194	89	379
	一般	61	181	142	384
	较小	26	56	82	164
	没有	15	31	50	96
总计		280	570	402	1252

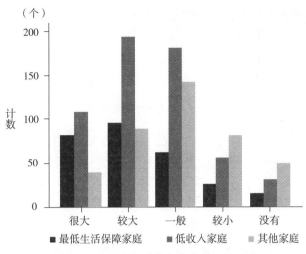

图 6-1　医疗支出对整个家庭的经济压力

8. 造成家庭困难的主要原因是医疗支出过大

总体而言，造成家庭困难的主要原因是医疗支出过大、教育支出过大以及缺乏就业技能和机会。对低保家庭而言，造成家庭困难的主要原因是医疗支出过大和丧失劳动能力，其中丧失劳动能力的比例较其他两组明显高出许多（如表 6-12 所示）。

表 6-12　造成三类家庭困难的原因

		家庭类型					
		低保家庭		低收入家庭		其他家庭	
		计数（个）	占比（%）	计数（个）	占比（%）	计数（个）	占比（%）
造成家庭困难的第一原因	医疗支出过大	116	38.9	227	43.6	131	52.6
	教育支出过大	53	17.8	193	37.0	75	30.1
	丧失劳动能力	76	25.5	25	4.8	7	2.8
	缺乏就业技能与机会	41	13.8	60	11.5	23	9.2
	因发生意外、灾害	8	2.7	2	0.4	8	3.2
	其他	4	1.3	14	2.7	5	2.0

9. 救助金的主要用途为日常生活费用

救助金的主要用途还是在日常生活费用，其次是医疗和教育费用（如表6-13所示），虽然救助金不高，但低保家庭对救助的认同度最高，他们认为救助制度对家庭的帮助很大，其比例明显高于其他两组，见表6-14。

表 6-13　救助金主要用途

		家庭类型					
		低保家庭		低收入家庭		其他家庭	
		计数（个）	占比（%）	计数（个）	占比（%）	计数（个）	占比（%）
救助金第一用途	日常生活费用	188	65.1	237	53.4	118	52.7
	医疗费用	64	22.1	102	23.0	66	29.5
	教育费用	32	11.1	82	18.5	21	9.4
	住房费用	1	0.3	6	1.4	10	4.5
	其他	4	1.4	17	3.8	9	4.0

表 6-14　三类家庭对救助制度看法

		家庭类型					
		低保家庭		低收入家庭		其他家庭	
		计数（个）	占比（%）	计数（个）	占比（%）	计数（个）	占比（%）
救助制度对您家庭的帮助	很大	94	31.8	95	19.4	39	16.3
	较大	97	32.8	99	20.2	77	32.1
	一般	64	21.6	153	31.3	74	30.8
	较小	29	9.8	75	15.3	20	8.3
	没有	12	4.1	67	13.7	30	12.5

10. 最希望的脱贫方式是减免医疗费用和教育资助

对于低收入家庭和其他家庭来说，最希望政府采取教育资助的比例分别为50.5%和41.6%，其次是医疗费用减免，分别为26.4%和27.8%（见表6-15），二者需求类似，但低保家庭最希望的则是减免医疗费用。

表 6-15　三类家庭最希望获得的脱贫救助方式

		家庭类型					
		低保家庭		低收入家庭		其他家庭	
		计数（个）	占比（%）	计数（个）	占比（%）	计数（个）	占比（%）
最希望政府采取什么方式帮助您家脱离贫困	教育资助	87	29.8	262	50.5	102	41.6
	减免医疗费	135	46.2	137	26.4	68	27.8
	帮助就业	41	14.0	86	16.6	29	11.8
	解决住房问题	8	2.7	19	3.7	38	15.5
	提供低息贷款和优惠政策	11	3.8	9	1.7	7	2.9
	其他	10	3.4	5	1.0	1	0.4

（二）分省份数据交叉分析

1. 家庭可支配收入的省际分析

（1）四省份家庭可支配收入差异明显。2015 年各观察省份家庭的户均可支配收入差异明显（见表 6-16），浙江省家庭户均总支出最多，其次是湖南省、广西壮族自治区，河南省家庭户均总支出最少，基本能体现与人均 GDP 一致的规律。

表 6-16　可支配收入省际差异

省份	平均值（元）	数字	标准偏差
浙江省	50047.78	416	55564.948
湖南省	34179.85	268	27610.081
河南省	16823.83	386	20010.092
广西壮族自治区	22347.43	382	22637.259
总计	30999.17	1452	37989.138

（2）地区经济越发达，家庭可支配收入来源越具有多样化特征。从表 6-17 中可知，2015 年四省份的可支配收入来源均集中于务农收入与工薪所

得，分别为 38.75% 和 38.12%，其次是转移性收入为 15%，经营所得和财产收入分别为 7.08% 和 1.05%。随着经济水平的上升，四省份的务农收入和工薪所得之和所占比重越低，广西壮族自治区最高，为 78.62%；浙江省最低，为 66.99%；但经营所得和转移性收入所占比重越高，浙江省和湖南省的比例大大高于河南省和广西壮族自治区，尤其是转移性收入，分别为 20.45% 和 25.75%，说明浙江省与湖南省社会保障程度高于其他两省，财产性收入方面；财产性收入在所有收入来源占比上，浙江省的数值为最高。因此总体来看，浙江省可支配收入来源分布较为多样，广西壮族自治区与河南省的可支配收入来源过于集中在务农收入和工薪所得。

表 6-17　第一可支配收入来源　　　　　　单位：百

| | | 第一可支配收入来源 | | | | | 总计 |
		务农收入	工薪所得	经营所得	财产性收入	转移性收入	
省份	浙江省	21.92	45.07	11.33	1.23	20.45	100
	湖南省	18.56	50.76	4.17	0.76	25.75	100
	河南省	66.14	24.87	7.41	1.06	1.59	100
	广西壮族自治区	43.53	35.09	4.22	1.07	16.09	100
总计		38.75	38.12	7.08	1.05	15	100

2. 家庭可支配支出的省际分析

（1）地区经济越发达，家庭户均总支出越高。2015 年各观察省份家庭的户均总支出明显不平衡，浙江省家庭户均总支出最多，其次是湖南省、河南省，广西壮族自治区家庭户均总支出最少，且各省份之间家庭户均总支出差距明显（见表 6-18），差额均大于 7000 元。

表 6-18　家庭总支出省际差异

省份	平均数（元）	N	标准偏差
浙江省	45336.17	381	77214.192
湖南省	34797.61	251	65189.432
河南省	27944.55	284	36090.656
广西壮族自治区	19050.63	378	17709.519
总计	31796.50	1294	55289.239

（2）四省份的第一生活支出较集中。如表 6-19 所示，近半年，剔除未选择第一生活支出的 7 个样本，各观察省份家庭的基本生活支出为第一生活支出占比均超过 70%，其他的家庭第一生活支出各省份均集中在教育支出和医疗支出。

表 6-19　第一生活支出省际差异

		第一生活支出方面						总计
		基本生活支出	教育支出	医疗支出	购房建房支出	转移性支出	其他支出	
浙江省	计数（个）	339	29	34	4	1	7	414
	百分比在省份内（%）	81.9	7.0	8.2	1.0	0.2	1.7	100.0
湖南省	计数（个）	200	28	29	5	4	1	267
	百分比在省份内（%）	74.9	10.4	10.9	1.9	1.5	0.4	100.0
河南省	计数（个）	301	73	9	1	0	0	384
	百分比在省份内（%）	78.4	19.0	2.3	0.3	0.0	0.0	100.0
广西壮族自治区	计数（个）	328	14	32	3	3	1	381
	百分比在省份内（%）	86.0	3.7	8.4	0.8	0.8	0.3	100.0
总计	计数（个）	1168	144	104	13	8	9	1446
	百分比在省份内（%）	80.7	10.0	7.2	0.9	0.6	0.6	100.0

（3）父母陪伴孩子时间的差异。浙江省、湖南省、广西壮族自治区等省份被调查家庭的孩子大部分一直与父母生活在一起，河南省的留守儿童较多。河南省家庭中父母 1 年陪伴孩子时间在 1 个月及以下和半年的占整个河南省的 64.9%，见表 6-20。

表 6-20　四省份父母陪伴孩子时间差异　　　　　单位：个

		陪伴时间				总计
		1 个月及以下	半年	1 年	一直与父母在一起	
省份	浙江省	17	45	9	145	216
	湖南省	22	21	3	94	140
	河南省	114	123	30	98	365
	广西壮族自治区	29	25	7	149	210
总计		182	214	49	486	931

（4）家庭教育费用均主要来自家庭自己出钱。通过四省份的对比分析，四省家庭的主要教育费用基本上来源于自家出钱，其次是义务教育不收费，我国基本上实现九年义务制教育，学杂费和书费全免，但根据调查过程收集到的资料显示，家长认为学前教育和义务教育阶段的私立学校学费、住宿费、补习费等费用会导致家庭大量支出。在欠发达地区如河南省和广西壮族自治区的助学贷款比例高于浙江省和湖南省，分别为 11.8% 和 3.1%，广西壮族自治区的政府教育救助比例最高，见表 6-21。

表 6-21　四省份第一教育费用来源差异

		省份							
		浙江省		湖南省		河南省		广西壮族自治区	
		计数（个）	占比（%）	计数（个）	占比（%）	计数（个）	占比（%）	计数（个）	占比（%）
第一教育费用来源	自家出钱	175	87.1	106	86.2	303	83.5	168	85.7
	助学贷款	0	0.0	2	1.6	43	11.8	6	3.1
	借钱	3	1.5	8	6.5	9	2.5	1	0.5
	社会资助	0	0.0	0	0.0	1	0.3	0	0.0
	政府救助	1	0.5	0	0.0	0	0.0	7	3.6
	义务教育不收学费	22	10.9	7	5.7	7	1.9	14	7.1
	其他	0	0.0	0	0.0	0	0.0	0	0.0

3. 教育需求的省际差异

如表 6-22 所示，河南省家庭教育需求均值显著高于湖南省、广西壮族自治区，即河南省家庭教育需求显著高于湖南省和广西壮族自治区，也高于浙江省，但不显著。浙江省、湖南省、广西壮族自治区三省之间不存在显著差异，意味着三省家庭教育需求相似。

表 6-22　四省份教育需求多重比较

(I) 省份	(J) 省份	平均差异 (I-J)	标准错误	显著性	95% 信赖区间	
					下限	上限
浙江省	湖南省	0.086	0.078	0.847	−0.12	0.29
	河南省	−0.134	0.063	0.190	−0.30	0.03
	广西壮族自治区	0.021	0.070	1.000	−0.16	0.20
湖南省	浙江省	−0.086	0.078	0.847	−0.29	0.12
	河南省	−0.221*	0.067	0.007	−0.40	−0.04
	广西壮族自治区	−0.065	0.073	0.938	−0.26	0.13
河南省	浙江省	0.134	0.063	0.190	−0.03	0.30
	湖南省	0.221*	0.067	0.007	0.04	0.40
	广西壮族自治区	0.155*	0.057	0.040	0.00	0.31
广西壮族自治区	浙江省	−0.021	0.070	1.000	−0.20	0.16
	湖南省	0.065	0.073	0.938	−0.13	0.26
	河南	−0.155*	0.057	0.040	−0.31	0.00

注：* 表示平均值差异在 0.05 层级显著。

4. 医疗支出与教育支出的省际交叉分析

利用三类家庭的省际数据分析（见表 6-23 和表 6-24），笔者发现教育支出、医疗支出对家庭构成很大经济压力的家庭所占比例最低的均为浙江省，如浙江三类家庭教育支出经济压力分别为 20%、15.1%、11.2%，三类家庭医疗支出经济压力分别为 16.3%、9.9% 和 3.7%。四省份中，低保家庭的教育支出、医疗支出对家庭构成很大经济压力的比例，均明显高于低收入家庭和其他家庭，如湖南省三类家庭认为教育支出对家庭经济构成很大压力的比例分别为 58.3%、41.1% 和 16.7%，河南省三类家庭认为医疗支出对家庭经济构成很大压力的比例分别为 22%、12.2% 和 9.8%。

表 6-23   教育支出对家庭构成的经济压力省际交叉分析

		教育支出对家庭构成的经济压力									
		很大		较大		一般		较小		没有	
		计数（个）	占比（%）	计数（个）	占比（%）	计数（个）	占比（%）	计数（个）	占比（%）	计数（个）	占比（%）
最低生活家庭	浙江省	5	20.0	9	36.0	6	24.0	3	12.0	2	8.0
	湖南省	14	58.3	8	33.3	1	4.2	1	4.2	0	0.0
	河南省	24	47.1	17	33.3	9	17.6	0	0.0	1	2.0
	广西壮族自治区	20	50.0	14	35.0	4	10.0	2	5.0	0	0.0
低收入家庭	浙江省	8	15.1	25	47.2	15	28.3	3	5.7	2	3.8
	湖南省	23	41.1	21	37.5	10	17.9	2	3.6	0	0.0
	河南省	67	29.8	108	48.0	50	22.2	0	0.0	0	0.0
	广西壮族自治区	26	28.9	45	50.0	15	16.7	4	4.4	0	0.0
其他家庭	浙江省	11	11.2	16	16.3	52	53.1	9	9.2	10	10.2
	湖南省	6	16.7	10	27.8	13	36.1	5	13.9	2	5.6
	河南省	9	17.0	20	37.7	18	34.0	5	9.4	1	1.9
	广西壮族自治区	12	17.6	30	44.1	19	27.9	7	10.3	0	0.0

表 6-24   医疗支出对家庭构成的经济压力省际交叉分析

		医疗支出对家庭构成的经济压力									
		很大		较大		一般		较小		没有	
		计数（个）	占比（%）	计数（个）	占比（%）	计数（个）	占比（%）	计数（个）	占比（%）	计数（个）	占比（%）
低保家庭	浙江省	15	16.3	40	43.5	23	25.0	11	12.0	3	3.3
	湖南省	24	45.3	11	20.8	7	13.2	7	13.2	4	7.5
	河南省	11	22.0	20	40.0	16	32.0	3	6.0	0	0.0
	广西壮族自治区	32	37.6	25	29.4	15	17.6	5	5.9	8	9.4

续表

| | | 医疗支出对家庭构成的经济压力 | | | | | | | | | |
| | | 很大 | | 较大 | | 一般 | | 较小 | | 没有 | |
		计数 （个）	占比 （%）	计数 （个）	占比 （%）	计数 （个）	占比 （%）	计数 （个）	占比 （%）	计数 （个）	占比 （%）
低收入 家庭	浙江省	9	9.9	22	24.2	33	36.3	16	17.6	11	12.1
	湖南省	31	26.5	36	30.8	26	22.2	12	10.3	12	10.3
	河南省	27	12.2	86	38.7	91	41.0	17	7.7	1	0.5
	广西壮族 自治区	41	29.3	50	35.7	31	22.1	11	7.9	7	5.0
其他 家庭	浙江省	6	3.7	19	11.7	57	35.2	42	25.9	38	23.5
	湖南省	9	12.0	16	21.3	27	36.0	13	17.3	10	13.3
	河南省	5	9.8	14	27.5	25	49.0	7	13.7	0	0.0
	广西壮族 自治区	19	16.5	40	34.8	33	28.7	20	17.4	3	2.6

三、调查结果分析

从上文调查初步分析可以看出，家庭的医疗支出与教育支出对低保家庭、低收入家庭和其他家庭都存在较大的压力，在可支配收入保持一定的条件下，支出增加不仅加大城乡低保的压力，同样会大幅增加其他两类家庭的经济压力，尤其是低收入家庭与城乡低保家庭面临的经济压力相差不大。本书将从家庭的收支余额、医疗自费费用与家庭危机相关性分析、儿童家庭的生活压力三个层面展开分析。

（一）在家庭收支余额上，低收入家庭的收支余额不足需重点救助

在家庭收支余额上，对三组家庭的经济压力程度进行单因素方差分析，由于方差非齐性（见表 6-25），因此运用 Tamhane 法进行多重比较检测（见表 6-26、表 6-27），发现低收入家庭和低保家庭的家庭收支余额无显著差异，且都小于 0，而其他家庭收支余额则明显高于前两类家庭，图 6-2 较直观地说明低保家庭和低收入家庭的收支余额无显著差异，说明低保家庭和低收入家庭都存在明显的收支危机，应进行救助。

表 6-25 三类家庭的家庭收支余额描述

	N	均值	标准差	标准误	均值的 95% 信赖区间		极小值	极大值
					下限	上限		
低保家庭	315	−5749.91	58768.48	3311.23	−12264.91	765.09	−995000	36000
低收入家庭	628	−828.44	47036.66	1876.97	−4514.34	2857.46	−440000	900000
其他家庭	456	23060.98	184317.31	8631.45	6098.53	40023.43	−900000	3700000
总数	1399	5850.13	113894.53	3045.05	−123.23	11823.48	−995000	3700000

表 6-26 方差齐性检验

Levene 统计量	df_1	df_2	显著性
6.08	2	1396	0.00

表 6-27 多重比较结果

	（I）家庭类型	（J）家庭类型	均值差（I-J）	标准误	显著性	95% 信赖区间	
						下限	上限
Tamhane	低保家庭	低收入家庭	−4921.47	3806.21	0.48	−14039.00	4196.06
		其他家庭	−28810.89*	9244.79	0.01	−50948.90	−6672.87
	低收入家庭	低保家庭	4921.47	3806.21	0.48	−4196.06	14039.00
		其他家庭	−23889.42*	8833.17	0.02	−45051.86	−2726.97
	其他家庭	低保家庭	28810.89*	9244.79	0.01	6672.87	50948.90
		低收入家庭	23889.42*	8833.17	0.02	2726.97	45051.86

注：* 表示均值差的显著性水平为 0.05。

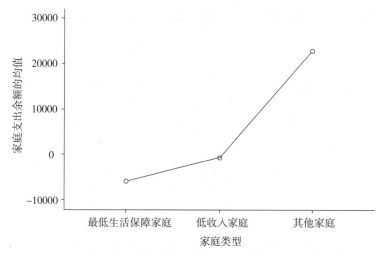

图 6-2　三类家庭收支余额均值

（二）医疗自费费用与家庭风险相关性分析

医疗支出造成家庭巨大经济压力，医疗费用来源主要为医保报销费用、社会捐赠解决的费用、家庭自费费用，因此研究医疗支出对家庭负担可以进一步细化医疗支出来源与家庭压力的关系，通过表 6-28 家庭收支余额与家庭医疗自费额相关性分析发现，两者间存在显著的负相关，医疗自费费用的增加成为导致家庭收支风险的主要因素之一。而根据表 6-10 所示，低保家庭的未纳入医保的自费费用最高，其次是其他家庭，最后是低收入家庭，因此三类家庭都存在因为自费医疗费用而陷入家庭较高风险的问题。

表 6-28　家庭收支余额与医疗自费额相关性分析

		家庭收支余额	家庭医疗自费额度
家庭收支余额	Pearson 相关性	1	−0.79**
	显著性（双侧）		0.00
	N	1452	810
家庭医疗自费额度	Pearson 相关性	−0.79**	1
	显著性（双侧）	0.00	
	N	810	810

注：** 表示在 0.01 水平（双侧）上显著相关。

（三）教育支出与儿童生活支出导致儿童家庭生活压力大

研究儿童相关支出的家庭经济压力首先需明确拥有未成年儿童的家庭户数，剔除没有儿童的户数，三类拥有儿童的家庭户数如表 6-29 所示。低收入家庭拥有最多的户均未成年人数，低保家庭的生育总数最低，其他家庭的户均未成年人数居中。这直接导致了低收入家庭承受了较大的教育支出压力和儿童生活支出压力。

表 6-29　三类家庭未成年人数情况

家庭类型	户数（户）	未成年人数（人）	比例
低保家庭	316	151	0.48
低收入家庭	628	501	0.80
其他家庭	456	294	0.64

从家庭整个支出来看，教育支出对拥有儿童的家庭造成较大压力。由表 6-30~ 表 6-32 可得，通过对教育支出占可支配收入比例进行单因素方差分析，由于方差非齐性，因此运用 Tamhane 法，发现低保家庭、低收入家庭和其他家庭收支三类家庭的教育支出占可支配收入比例具有显著性差异，图 6-3 直观显示低收入家庭教育支出占整个家庭可支配收入比例最高，低保家庭相对要低些，这可能与低保家庭获得教育资助相关。其中，其他家庭教育支出占比最低，低保家庭居中，而低收入家庭最高，即教育经济压力最大。

表 6-30　家庭教育支出占可支配收入比例描述

	N	均值	标准差	标准误	95% 信赖区间		极小值	极大值
					下限	上限		
低保家庭	291	0.42	1.54	0.09	0.25	0.60	0.00	15.00
低收入家庭	557	0.81	3.19	0.14	0.54	1.07	0.00	57.50
其他家庭	436	0.15	0.50	0.02	0.11	0.20	0.00	7.20
总数	1284	0.50	2.26	0.06	0.37	0.62	0.00	57.50

表 6-31　方差齐性检验

Levene 统计量	df_1	df_2	显著性
21.04	2	1281	0.00

表 6-32　多重比较结果

	(I) 家庭类型	(J) 家庭类型	均值差 (I-J)	标准误	显著性	95% 信赖区间	
						下限	上限
Tamhane	低保家庭	低收入家庭	-0.39	0.16	0.05	-0.77	0.01
		其他家庭	0.27*	0.09	0.01	0.05	0.50
	低收入家庭	低保家庭	0.39	0.16	0.05	-0.01	0.77
		其他家庭	0.66*	0.14	0.00	0.33	0.98
	其他家庭	低保家庭	-0.27*	0.09	0.01	-0.50	-0.05
		低收入家庭	-0.67*	0.14	0.00	-0.98	-0.33

注：* 表示均值差的显著性水平为 0.05。

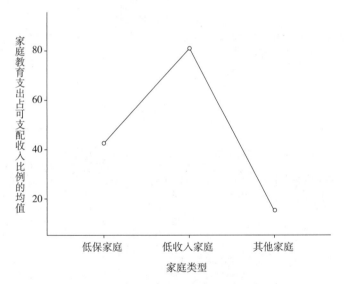

图 6-3　三类家庭教育支出占可支配收入比均值

儿童生活支出也对三类拥有儿童的家庭造成较大压力。由表6-33~表6-35可得，通过对儿童生活支出占可支配收入比进行单因素方差分析，由于方差非齐性，因此运用 Tamhane 法，发现低保家庭、低收入家庭和其他家庭收支三类家庭的教育支出占可支配收入比例具有显著性差异，且情况与教育经济压力相似。其中，其他家庭儿童生活支出占比最低，低保家庭居中，而低收入家庭最高，即抚养儿童生活的经济压力最大。

表 6-33　儿童生活支出占家庭可支配收入占比情况描述

	N	均值	标准差	标准误	均值的 95% 置信区间		极小值	极大值
					下限	上限		
低保家庭	291	0.42	1.53	0.09	0.24	0.59	0.00	15.00
低收入家庭	557	0.96	3.97	0.17	0.63	1.29	0.00	62.50
其他家庭	436	0.19	0.83	0.04	0.11	0.27	0.00	15.00
总数	1284	0.58	2.78	0.08	0.42	0.73	0.00	62.50

表 6-34　方差齐性检验

Levene 统计量	df_1	df_2	显著性
20.98	2	1281	0.00

表 6-35　多重比较结果

	(I) 家庭类型	(J) 家庭类型	均值差 (I-J)	标准误	显著性	95% 信赖区间	
						下限	上限
Tamhane	低保家庭	低收入家庭	−0.54*	0.19	0.01	−1.00	−0.09
		其他家庭	0.22	0.10	0.07	−0.01	0.46
	低收入家庭	低保家庭	0.54*	0.19	0.01	0.09	1.00
		其他家庭	0.77*	0.17	0.00	0.35	1.18
	其他家庭	低保家庭	−0.22	0.10	0.07	−0.46	0.01
		低收入家庭	−0.77*	0.17	0.00	−1.18	−0.35

注：* 表示均值差的显著性水平为 0.05。

由此可见，儿童的教育支出和生活支出对低保家庭和低收入家庭造成巨大压力，低保家庭由于已经纳入救助范围，数据显示其压力程度低于低收入家庭。而三类家庭儿童的现状也从侧面证明低保家庭和低收入家庭的情况较差，尤其是健康状况，低收入家庭儿童健康状况最差，低保家庭次之，其他家庭儿童健康状况最好（见图6-4），且经济条件不好对儿童精神影响较大，易诱发儿童精神类疾病或者因收入不高而延误精神疾病治疗[①]。

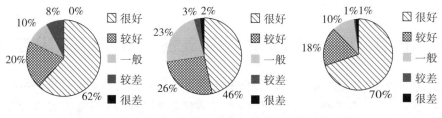

图6-4　低保家庭、低收入家庭、其他家庭儿童健康情况

四、结论及城乡低保对象认定机制问题总结

医疗自费费用与教育支出对三类家庭都产生较大的支付压力，但相较于低保家庭的政府转移支付、其他家庭的家庭内部支付，低收入家庭在政府转移支付与家庭内部支付上都较为欠缺，最终导致他们的生存压力最大，支出型贫困程度相对较高。因此，在城乡低保具有支出型贫困减贫效应的情况下，应在城乡低保对象认定标准中增加支出标准，以人均可支配收入与刚性支出相减之后的差额是否低于城乡低保标准作为城乡低保对象的门槛。由此，本书认为我国城乡低保对象认定机制的问题之一为城乡低保对象认定标准缺乏支出标准，无法将因支出型贫困而陷入困境的低收入家庭纳入低保救助网内。

第二节　城乡低保对象认定机制的对象认定标准问题

通过上一节的分析，城乡低收入家庭因支出型贫困的存在，使他们面临较大的生存压力与贫困脆弱性，而城乡低保的悬崖效应进一步促使人们反思城乡低保对象认定标准设置的合理性问题，即设定何种标准能认定事实贫困群体。当前城乡低保对象认定标准在认定城乡事实贫困群体存在如下弊端：一是城乡

---

① 该结论源自杭州市拱墅区映月社区的访谈。映月社区是杭州市最低生活保障家庭和低收入家庭集中之地，社区谌勇主任发现社区内两户低保子女精神疾病日趋严重，但单身母亲由于要外出工作、又碍于面子不把孩子托付于社区或邻居照顾而把孩子关在家里，导致孩子精神疾病加重。

低保对象认定标准对贫困对象的生存权与发展权认定失衡，即城乡低保对象认定标准以认定贫困对象生存权的收入标准为主，缺乏认定发展权的标准设置；二是城乡低保对象认定的家庭标准的异常值排除法不利于衡量事实贫困。

一、城乡低保对象认定标准对贫困对象的生存权与发展权认定失衡

20世纪90年代中期，贫困类型的变化导致国际社会对贫困标准的判定发生了变化[①]，社会救助开始由传统的生存型社会救助模式向发展型社会救助模式转变。发展型社会救助是指社会救助项目的设计以关注被救助对象的自我发展能力为主要取向，对被救助对象采取提高人力资本、促进积极救助与社会融合等[②]。根据国外相关政策实践显示，发展型社会救助理念不仅体现在社会救助内容的发展性，即由物质救助扩展到教育、医疗、劳动力素质提高等方面的救助，还体现在社会救助对象认定标准上，改变原有单一的收入标准，采用识别多维贫困的标准（在本书第1章已述）。我国城乡低保制度遵循发展型社会救助为制度理念，城乡低保户能获得教育、医疗、住房、就业等救助正是救助内容对发展型社会救助理念的回应。但在城乡低保对象认定标准上，并未体现该理念，仍以体现贫困对象生存权的收入标准为对象认定的主要标准，缺乏体现贫困对象发展权方面的标准设置，二者处于失衡的状态。

（一）城乡低保的收入标准侧重于瞄准贫困对象的生存权

目前我国城乡低保的收入标准主要是按照月人均可支配收入的一定比例确定，它既是城乡低保对象认定的标准又是救助待遇标准，因此，从救助待遇的高低可判断出城乡低保目前仍是以保障城乡居民的生存权为取向，那么它瞄准的对象则是生存出现问题的群体。救助待遇的高低本身并不能反映问题，因此本书结合城乡低保保障力度进行问题的阐述，具体将从以下两个层面论述城乡低保保障力度问题。

---

① 沈君彬.发展型社会政策视阈下支出型贫困救助模式的目标定位分析[J].中共福建省委党校学报，2013（10）：27-30.

② 张秀兰，徐月宾，梅志里.中国发展性社会政策论纲[M].北京：中国劳动社会保障出版社，2007.

1. 从替代率来看，城乡低保的收入标准保障力度较低

城乡低保的保障力度如何，仅依据标准值的高低来判断并不合理，应用城乡低保标准替代率作为衡量城乡低保标准保障力度的指标，具体是城乡居民低保标准与人均可支配收入的比率，替代率越高，意味着保障力度越大[1][2]。但该替代率在什么水平，目前学术界并无明确界定，但不能过高也不能过低[3]；国际贫困标准则以社会中位收入或平均收入的50%为标准，与该标准相比较，根据表6-36和表6-37所示，18个省份的城镇低保的收入标准替代率低于20%，城镇低保的收入标准的保障力度相对较低，而27个省份的农村低保的收入标准替代率在20%~40%之间，4个省份的替代率高于40%，农村低保的收入标准保障力度相对于城镇较高，但总体而言，城乡低保的收入标准替代率均低于50%。与此同时，我国城乡低保实行的补差制度，即城乡低保户最终收到的低保救助金是收入标准与人均可支配收入的差额，由此可见，低保的保障力度是不高的。

表6-36　2017年各省份城镇低保的收入标准替代率情况

省份	年低保标准（元）	年人均可支配收入（元）	替代率（%）
北京市	10920.00	62406.34	17
天津市	10095.00	40277.54	25
河北省	6457.11	30547.76	21
山西省	5516.91	29131.81	19
内蒙古自治区	6995.70	35670.02	20
辽宁省	6514.68	34993.39	19
吉林省	5735.10	28318.75	20
黑龙江省	6555.72	27445.99	24
上海市	11268.78	62595.74	18
浙江省	8216.31	51260.73	16
江苏省	7542.78	43621.75	17
安徽省	6196.35	31640.32	20
福建省	6741.96	39001.36	17

[1][3]　褚福灵.我国城乡低保标准现状评估研究[J].北京劳动保障职业学院学报,2016(1)：8-13.

[2]　李春根，夏珺.中国农村低保标准保障力度的变化轨迹和省域聚类分析——基于31个省域的实证分析[J].中国行政管理，2015（11）：98-104.

省份	年低保标准（元）	年人均可支配收入（元）	替代率（%）
江西省	6371.67	31198.06	20
山东省	6055.71	36789.35	16
河南省	5405.31	29557.86	18
湖北省	6520.02	31889.42	20
湖南省	5285.43	33947.94	16
广东省	7658.19	40975.14	19
广西壮族自治区	5851.14	30502.07	19
海南省	5746.92	30817.37	19
重庆市	5760.78	32193.23	18
四川省	5530.26	20726.87	27
贵州省	6604.17	29079.84	23
云南省	5996.04	30995.88	19
西藏自治区	8895.99	30671.13	29
陕西省	5981.37	30810.26	19
甘肃省	5474.28	27763.40	20
宁夏回族自治区	5358.27	29472.28	18
新疆维吾尔自治区	4766.94	30774.80	15

资料来源：人均可支配收入与低保的收入标准分别来自《2018 年中国统计年鉴》和民政部网站，替代率则由笔者计算而成。

表 6-37　2017 年各省份农村低保标准替代率情况

省份	年平均标准（元）	年人均可支配收入（元）	替代率（%）
北京市	10873.84	24240.49	45
天津市	10050.00	42067	46
河北省	3723.15	20753	29
山西省	3522.23	23345	33
内蒙古自治区	4787.20	29971	38
辽宁省	4138.82	30342	30
吉林省	3725.44	19552	29
黑龙江省	3840.13	24012	30

续表

省份	年平均标准（元）	年人均可支配收入（元）	替代率（%）
上海市	11220.00	57507	40
江苏省	6817.95	45865	36
浙江省	7662.24	38730	31
安徽省	4176.99	23888	33
福建省	4720.20	30474	29
江西省	3737.50	21815	28
山东省	3976.16	34955	26
河南省	3260.57	25593	26
湖北省	4514.36	28121	33
湖南省	3411.69	26244	26
广东省	5949.37	37257	38
广西壮族自治区	3279.73	22970	29
海南省	4322.70	27683	34
重庆市	3993.59	30101	32
四川省	3566.64	22983	29
贵州省	3602.25	24230	41
云南省	3179.78	23490	32
西藏自治区	3173.40	20643	31
陕西省	3164.78	25276	31
甘肃省	3756.39	22344	47
青海省	3320.09	23621	35
宁夏回族自治区	3520.50	27887	33
新疆维吾尔自治区	3335.11	24230	30

资料来源：人均可支配收入与低保的收入标准分别来自《2018 年中国统计年鉴》和民政部网站，替代率则由笔者计算而成。

2. 从与消费支出比较来看，城乡低保的收入标准保障力度低

收入标准的制定是依据维持当地居民基本生活所必需的衣、食、住等费用的原则，并与当地的经济发展、物价水平等因素挂钩，消费支出能够较好地体现上述内容。本书用城乡低保的收入标准与城乡居民人均现金消费支出的对比情况来衡量城乡低保的收入标准保障力度情况。如表 6-38、表 6-39 所示，2017 年我国城乡低保的收入标准与城乡居民人均消费支出比情况分别如下：城镇的比值在 20%~30% 的有 21 个，30%~40% 的有 8 个，40% 及以上的有 2 个，农村的比值在 20%~30% 的有 1 个，30%~40% 的有 19 个，40%~50% 以上的有 8 个，50% 及以上的有 3 个。由此可见，城乡之间的收入标准力度存在较大差异，农村低保的收入标准水平随着近些年的城乡低保统筹发展政策而逐步提高至城市低保的收入标准的相近水平，农村低保的收入标准保障力度相对较高，而城市的则普遍不高，尽管如此，绝大多数地区的城乡低保收入标准难以保障居民的人均现金消费支出。

表 6-38　2017 年各省份城镇低保的收入标准与城镇居民人均消费支出比较

省份	年平均标准（元）	年城镇居民人均消费支出（元）	城镇低保收入标准占城镇居民人均消费支出的比例（%）
北京市	10920.00	40346.3	27.07
天津市	10095.00	30283.6	33.33
河北省	6457.11	20600.3	31.34
山西省	5516.91	18404.0	29.98
内蒙古自治区	6995.70	23637.8	29.60
辽宁省	6514.68	25379.4	25.67
吉林省	5735.10	20051.2	28.60
黑龙江省	6555.72	19269.8	34.02
上海市	11268.78	42304.3	26.64
江苏省	8216.31	27726.3	29.63
浙江省	7542.78	31924.2	23.63
安徽省	6196.35	20740.2	29.88
福建省	6741.96	25980.5	25.95
江西省	6371.67	19244.5	33.11
山东省	6055.71	23072.1	26.25
河南省	5405.31	19422.3	27.83
湖北省	6520.02	21275.6	30.65
湖南省	5285.43	23162.6	22.82

续表

省份	年平均标准（元）	年城镇居民人均消费支出 (元)	城镇低保收入标准占城镇居民人均消费支出的比例（%）
广东省	7658.19	30197.9	25.36
广西壮族自治区	5851.14	18348.6	31.89
海南省	5746.92	20371.9	28.21
重庆市	5760.78	22759.2	25.31
四川省	5530.26	21990.6	25.15
贵州省	6604.17	20347.8	32.46
云南省	5996.04	19559.7	30.66
西藏自治区	8895.99	21087.5	42.19
陕西省	5981.37	20388.2	29.34
甘肃省	5474.28	20659.4	26.50
青海省	5358.27	21473.0	24.95
宁夏回族自治区	4766.94	20219.5	23.58
新疆维吾尔自治区	10920.00	22796.9	47.90

资料来源：人均消费支出与低保的收入标准分别来自《2018 年中国统计年鉴》和民政部网站，城镇低保收入标准占城镇居民人均消费支出的比例则根据二者之比计算而来。

表 6-39　2017 年各省份农村低保的收入标准与农村居民人均消费支出比较

省份	年平均标准（元）	年农村居民人均消费支出 (元)	农村低保收入标准占农村居民人均消费支出的比例（%）
北京市	10873.85	18810.5	57.81
天津市	10050.00	16385.9	61.33
河北省	3723.15	10535.9	35.34
山西省	3522.23	8424.0	41.81
内蒙古自治区	4787.20	12184.4	39.29
辽宁省	4138.82	10787.3	38.37
吉林省	3725.45	10279.4	36.24
黑龙江省	3840.13	10523.9	36.49

续表

省份	年平均标准（元）	年农村居民人均消费支出 (元)	农村低保收入标准占农村居民人均消费支出的比例（%）
上海市	11220.00	18089.8	62.02
江苏省	6817.95	15611.5	43.67
浙江省	7662.24	18093.4	42.35
安徽省	4176.99	11106.1	37.61
福建省	4720.20	14003.4	33.71
江西省	3737.50	9870.4	37.87
山东省	3976.16	10342.1	38.45
河南省	3260.57	9211.5	35.40
湖北省	4514.36	11632.5	38.81
湖南省	3411.69	11533.6	29.58
广东省	5949.37	13199.6	45.07
广西壮族自治区	3279.73	9436.6	34.76
海南省	4322.70	9599.4	45.03
重庆市	3993.59	10936.1	36.52
四川省	3566.64	11396.7	31.30
贵州省	3602.25	8299.0	43.41
云南省	3179.78	8027.3	39.61
西藏自治区	3173.40	6691.5	47.42
陕西省	3164.78	9305.6	34.01
甘肃省	3756.39	8029.7	46.78
青海省	3320.09	9902.7	33.53
宁夏回族自治区	3520.50	9982.1	35.27
新疆维吾尔自治区	3335.11	8712.6	38.28

资料来源：人均消费支出与低保的收入标准分别来自《2018 年中国统计年鉴》和民政部网站，农村低保收入标准占城镇居民人均消费支出的比例则根据二者之比计算而来。

基于上述研究，我国城乡低保的收入标准相对于人均可支配收入和人均消费支出，达不到二者的一半水平，其保障力度都不高，侧重于保障被救助对象的基本生存需求。由此可见，在将该水平的收入标准应用于城乡低保对象认定，只能将处于基于物质匮乏的贫困对象识别出来，而对于那些收入高于城乡低保的收入标准，却因不同的人口类别与数量而产生的教育、医疗卫生、照护等发展型需求而导致家庭陷入贫困的对象，则无法识别出来。本书的访谈调查数据也验证此类情况的存在。表 6-4 根据 2016 年在全国做的 12 份低收入家庭救助需求的访谈资料编制而成，共有 8 个访谈对象认为由于未获得城乡低保救助，低保边缘家庭及低收入家庭因医疗与教育支出较大而导致家庭陷入困境。

（二）城乡低保对象认定缺乏体现贫困对象发展权的标准设置

根据前文研究，在保障城乡居民的发展权问题上，收入标准以保障生存权为目标，且存在保障力度较低的问题，识别的是处于生存困境的贫困对象，对发展型困境的贫困对象识别能力较差。解决该问题的办法有两个：一是提高收入标准，但由于灰色收入、隐性收入等问题的存在，若仅以提高收入标准并不能精确识别贫困对象的发展权；二是增加支出标准，根据第 3 章的论述，将支出标准纳入城乡低保对象认定标准的做法相对于提高收入标准则更具有合理之处。但目前仅有少数几个地方实行该做法，尚未形成全国统一的制度设计，因此，为了有效识别发展型困境的贫困群体，提升城乡低保制度对发展型贫困对象的认定效率，全国统一的做法亟待出台。

二、城乡低保对象认定标准的家庭财产标准问题

城乡低保对象认定标准中的家庭财产标准的设定以申请对象的家庭财产标准是否存在异常值为标准，即根据通常情况下低收入家庭买不起的物品来定一个"一刀切"的标准，对拥有超标财产的家庭采取一票否决。这种做法虽能排除富人，但不能发现穷人，更不能评估贫困的程度[①]以认定事实贫困对象，因为在异常值排除法下，对贫困对象的认定存在如下困境：

对准备申请城乡低保的贫困对象来说，由于家庭财产具有可转移性，因此为获得城乡低保资格，他们倾向于转移高于异常值的家庭财产，存在隐瞒事实家庭财产情况的做法，无法有效评估贫困对象的事实贫困程度，增加了城乡低

---

① 郑飞北 . 低收入家庭的财产特征及其在贫困瞄准中的运用 [J] . 黑龙江社会科学，2016（3）：99-106.

保对象认定的难度。如访谈调查资料显示：

在家庭财产核查上，汽车挂在亲戚名下比较多，民政系统只能查本家庭成员的汽车、房子、公司、银行情况，亲戚查不着（2016G1访谈记录）。

家庭财产审查不可能把家底全部审查出来，他们可以把钱放到别人那里，这无法了解到（2016G8访谈记录）。

对已接受城乡低保救助的贫困对象来说，一方面当代社会救助理念是发展型救助，需要穷人"有志气"，通过劳动、资产积累来摆脱贫困；另一方面家庭财产标准的异常值排除设置说明资产积累不受鼓励，也是不被允许的，因为只要超过该标准，他们就会丧失城乡低保资格，这促使贫困对象不去积累资产，缺乏脱贫动力；救助政策反而成为阻碍和降低穷人资产积累的"绊脚石"，从政策效果来看，这种政策带有明显的自我毁灭性质[①]。因此，家庭财产标准采取这种排除法使城乡低保制度陷入矛盾的境地，使得城乡低保对象不愿意主动退出低保，本质上也是城乡低保对象认定的问题。

此外，家庭财产标准采取相对容易操作的异常值排除法，缺乏衡量家庭财产的实际价值量化标准，也导致城乡低保对真正贫困对象的正确认定。由于缺乏明确的家庭财产实际价值量化标准以及适合本地实际情况的财产标准清单，基层工作人员审查申请对象是否具有城乡低保资格时，更多的是依靠个人的主观判断[②]，导致了基层工作人员在认定工作过程中存在自由裁量权问题，促使城乡低保的误保率有所上升[③]。

第三节　城乡低保对象认定机制的瞄准机制问题

在城乡低保对象认定标准中增加支出标准，意味着需要对城乡居民的收入、家庭财产、刚性支出情况进行全面调查，需要更为完善的瞄准机制。第5

---

① ［美］迈克尔·谢若登.资产与穷人——一项新的美国福利政策［M］.高鉴国译.北京：商务印书馆，2005.

② 吴镝，刘福华，姚建平.城市低收入人口瞄准机制研究——以沈阳、阜新、葫芦岛三市为例［J］.地方财政研究，2016（8）20-26.

③ 乐章，程中培.收入是低保制度的唯一认定标准吗？——基于政策文本与中国家庭追踪调查数据的分析［J］.学习与实践，2017（7）：88-97.

章研究内容显示城乡低保对象认定机制存在瞄准效率问题，本质上反映出城乡低保对象认定瞄准机制与城乡低保制度要求的对象精确瞄准之间的矛盾。由于城乡困难群体存在收入隐蔽性与繁杂性，政府部门无法掌握低保对象认定的信息，表现出政府信息能力不足与监督漏洞，在对象认定过程中，则会出现"规则软化"①，即上级部门制定的低保制度规则因信息不对称而无法让下级部门得以贯彻执行，下级部门利用自由裁量权造成错保、漏保等问题。因此，在互联网高速发展的时代，城乡低保对象认定机制的瞄准机制问题可进一步解读为两个方面：一是是否建立互联互通的居民家庭经济状况核对机制，以实现对居民家庭经济状况的横向部门之间、地方政府之间的共享以及纵向的不同层级政府之间的共享；二是制度执行主体是否存在执行偏差。下文将从上述两方面展开对城乡低保对象认定机制的瞄准机制问题研究。

一、居民家庭经济状况核对机制建设存在的问题

居民家庭经济状况核对机制是城乡低保对象认定机制实现精准识别的技术保障，从全国层面来看，该机制初步形成运行框架，但距离"互联互通"的标准仍存在较大差距，具体的问题如下：

（一）部门间数据共享难，核对效率较低

居民家庭经济状况核对需要跨部门进行数据核对，只有民政部门与相关部门间实现信息的互联互通，才能实现对居民家庭经济状况的准确核对。从全国层面来看，仍存在数据共享困难的问题，民政部门无法快速地从其他部门获取核对所需数据，相关政府部门缺乏"大数据思维"，不愿意把部门的信息进行共享，以涉及保密或经过请示上级领导不允许共享等理由拒绝共享。数据共享困难导致核对数据缺失，给城乡低保的居民家庭经济状况核对造成较大困难：第一，影响各地数据共享进程的统一性，数据共享层级低，不同地区的居民家庭经济状况核对系统数据缺失情况不同，无疑影响了全国层面的信息核对（参见访谈记录 2016G5）；第二，影响信息核对的效率，居民家庭经济核对理想的联网方式为通过网络与其他部门进行数据联网，从而实现数据实时比对，但目前能实现实时比对的数据种类不多，居民家庭经济状况核对平台的实

---

①　安永军 . 规则软化与农村低保政策目标偏移［J］. 北京社会科学，2018（9）：110–118.

时数据较为缺失，民政部门一般通过前置服务器联网和拷盘方式获取数据，往往需要一个较长的时间才能完成数据核对，导致核对效率不高（参见访谈记录2016G2）。

社会信息化程度低，数据共享层级低、范围小，每个部门都把信息数据据为己有，不共享，导致民政部门信息数据不完善。同时还缺乏自上而下的数据共享顶层设计，各部门、各地的数据结构不统一，低收入困难家庭经济状况核对系统面临的最大问题是没有统一的数据库（2016G5访谈记录）。

家庭收入核定中心承担太多其他部门的工作，比如残联、住建部门等，很多收入核定又没联网，无法做到准确核定（2016G2访谈记录）。

（二）缺乏统一平台

统一的信息管理平台有助于数据信息的快速整合，影响着信息共享的质量与进程推进。目前民政部门并未要求全国各地按照统一的信息平台来建设居民家庭经济状况核对平台，并未形成完善的居民家庭经济核对平台顶层总体架构与技术方案，这就导致各地自行开发核对信息平台与信息系统，各地建设的信息平台质量不一、数据标准规范不一，缺乏兼容，形成一个个"信息孤岛"，无法形成打通全国的信息平台，给全国核对信息实现流畅核对造成障碍。同时，由于缺乏全国统一的信息平台，民政部门没有全国范围的信息化项目，错失了2018年国务院牵头建设的跨部门数据资源共享机制的机会[①]，导致民政部门无法实现与其他部门的国家层面的信息共享共用，居民家庭经济状况核对的质量受影响。

二、城乡低保对象认定政策执行偏差表现

在政策实施过程中，导致政策执行偏差的原因之一为政策执行机构方面的问题[②]。而美国学者艾莉森认为，在达到政策目标的过程中，方案确定的功能只占10%，政策执行占90%[③]。我国城乡低保制度的直接执行主体是乡镇、街

---

① 赵克.我国社会救助家庭经济状况核对的政务信息共享机制建设研究［D］.青岛大学硕士学位论文，2017.

② 迈克尔·希尔.理解社会政策［M］.北京：商务印书馆，2003.

③ 曹永盛，朱娜娜.利益博弈视角下中央政策执行的科层制损耗［J］.领导科学,2016（4）：8-13.

道及其延伸部门村委会、居委会（下文统称基层执行者）。根据笔者实地调查和文献资料整理，城乡低保对象认定执行过程中出现了如下偏差情况。

（一）人情保

人情保是利用与基层执行者的人际关系获取低保资格，基层执行者与他们是一种共谋的关系，是近些年审计审查的重点对象，也是最受非议的对象。地方政府采取多主体评议和自主上报亲友关系的方式来杜绝该问题，同时，这类情况如果一经查处，后果较为严重，如根据笔者访谈记录显示，当地工作人员表示：目前村干部没人敢隐瞒与申请者的亲友关系，没人敢利用亲友关系来骗保，抓到就直接处理[①]。但即便如此，此类问题仍屡次被披露，民政部明确表示将利用三年时间集中整治该问题[②]。

（二）维稳保

维稳保主要有两种：一是上访保，为维持基层稳定，基层执行者合谋为上访者安排低保名额，以达到息事宁人的目的；二是照顾保，它是指由于上级领导的特殊关照或者碍于官场情面而给予某些家庭生活水平在城乡低保标准之上的家庭低保名额；三是闹事保，有些申请者拒绝接受无法通过低保审查而不能成为低保户，利用哭诉、暴力等非正常手段胁迫低保工作人员。以下案例较为典型：

HN 市有一部分人是三峡移民，他们为了国家利益离乡背井来到 N 市很不容易，所以当初他们来到 HN 市时，我们给他们提供了很多民政的福利待遇，但他们的工作技能不高，收入较少，他们经常借由移民身份上访要低保。还有一批特殊照顾对象，就是退伍军人，他们为国家作了巨大贡献，在申请低保时要考虑他们的特殊性（2018G4 访谈记录）。

去年有个五十来岁的低保未审查通过的居民，每天到办公室坐着哭诉自己的困难，甚至跑到市民政局办公室哭诉（2018G5 访谈记录）。

YY 社区是 HZ 市的一个低保人口聚集之处，有部分低保人员是刑满释放

---

① 资料来源：来自 2018G13 和 2018G14 访谈记录。

② 陈劲松 . 民政部举行新闻发布会 向 "人情保" "关系保" 宣战［EB/OL］. http：//www.gov.cn/xinwen/2018-04/26/content_5285924.htm，2018-04-26.

人员，在做低保申请和低保退出工作时，有些人会拿着刀来威胁社区工作人员（2016G1 访谈记录）。

（三）民主化评选虚设

城乡低保对象认定环节中设置了多层次的评选，但由于基层执行层以及村干部等工作人员的干扰或不作为，使得申请者信息并未被如实掌握。一方面，社区或村委会为降低决策压力，避免低保申请者因对结果不服而向基层部门撒气或报复①，所以他们倾向于召集民主评审，但不会主动告知一些隐匿的信息。另一方面，参与民主评审者存在怕得罪村干部的顾虑或碍于本村人面子，导致低保评选过程的民主化"走过场"②，最终的评选结果有意或者无意地朝着社区或村委会的意志发展。笔者的访谈调查也可证实该现象。

我昨天去参加了低保民主评审，但是我根本不认识这个人，也不了解他的情况，村委工作人员让我签字我就签字（2018G7 访谈记录）。

我们设置了低保民主评审的环节，但在实际调查过程中，除了利用市里的核对系统，更多还是依赖于村干部给我们提供的具体信息，有些信息村干部会告诉我们，有些就不一定了（2018G5 访谈记录）。

第四节　本章小结

本章主要从城乡低保的对象认定标准与瞄准机制两个层面分析我国城乡低保对象认定机制存在的问题。

（1）在对象认定标准分析上，主要从收入标准、家庭财产标准与支出标准三个方面进行分析。贫困的表现方式呈现出收入型贫困与支出型贫困并存现象，完整的贫困衡量方式可结合收入与支出标准，这是体现发展型社会救助理念的做法。城乡低保对象认定标准设置以收入标准和家庭财产标准为主，认定

---

① 朱亚鹏，刘云香.制度环境、自由裁量权与中国社会政策执行——以C市城市低保政策执行为例[J].中山大学学报（社会科学版），2014（6）：159-168.

② 殷盈，金太军.农村低保政策的变通执行：生成逻辑与治理之道——基于街头官僚理论的视角[J].学习论坛，2015 年（11）：63-66.

的是收入型贫困对象，缺乏支出标准，无法将刚性支出过大的支出型贫困对象纳入对象认定范畴内。虽然收入标准和家庭财产标准存在的问题也导致对事实贫困无法准确认定，但这两个标准是城乡低保对象认定政策的既定标准，不具有争议性，是否引入支出标准尚未形成全国共识，导致全国大部分地区的城乡低保对象认定标准并未增加支出标准，因此，本书将在下文中重点分析导致这种情况的原因。

（2）瞄准机制存在的问题则围绕着居民家庭经济状况核对机制与基层执行者两个方面展开。我国城乡低保对象认定机制在瞄准城乡低保对象过程中，瞄准机制的问题具体表现为缺乏互联互通的居民家庭经济状况核对机制与基层政策执行者的执行偏差行为，导致城乡低保对象的瞄准效率不高。相较于互联网技术以及我国电子政务信息共享制度的发展，城乡低保对象认定机制中的瞄准问题显得尤为不足与落后，因此，我国城乡低保对象认定的瞄准机制问题成为亟待解决的问题。

第7章

城乡低保对象认定机制问题的原因

根据第 6 章研究内容，城乡低保对象认定机制在认定标准与瞄准机制上存在问题，即大部分地区城乡低保对象认定标准设置因缺乏支出标准而无法瞄准事实贫困群体、瞄准机制缺乏互联互通的居民家庭经济核对机制与基层政策执行者的执行偏差，那么是什么原因造成了这些问题？认定标准问题为城乡低保对象认定的政策制定层面问题，瞄准机制问题为城乡低保对象认定的政策执行层面问题，两者反映出城乡低保对象认定机制是一个复杂的政策过程，是蕴含着多元主体利益互动的过程，因此，分析导致城乡低保对象认定机制存在的问题的原因，应从城乡低保对象认定多元主体的利益互动着手。政策网络理论的两个适用条件：一是复杂的政策过程，二是多元参与的主体[①]。在城乡低保对象认定机制中，政策决策主体为中央政府及其职能部门、省级与市级政府，主要由中央顶层进行宏观政策设计，省级与市级政府进行政策细则制定，而政策执行主体则为县级政府与乡镇政府，呈现出主体多元化的现象，上下级政府之间、部门之间、政府与其他社会组织之间、政府与民众之间形成多元主体利益互动，各种矛盾冲突交织在一起并产生激烈的碰撞，这种碰撞的政策后果最终表现为城乡低保对象认定机制的问题，因此，本书基于政策网络理论形成统一的原因分析，为更细化各部分主体之间的互动，将结合实地调研数据与资料，从博弈的视角对城乡低保对象认定标准制定的原因展开分析，从电子政务信息共享的视角对居民家庭经济状况核对机制存在的问题展开原因分析，从行政发包的视角对基层执行者执行偏差的原因展开分析。本章将从以下四个方面展开：第一，利用政策网络理论形成城乡低保对象认定机制的政策网络分析；第二，城乡低保对象认定标准制定的原因分析；第三，居民家庭经济状况核对机制的原因分析；第四，基层政策执行偏差的原因分析。

---

① 侯云.政策网络理论的回顾与反思[J].河南社会科学，2012（2）：75-78，107.

第一节　城乡低保对象认定机制政策网络分析

政策网络分析的核心是对网络利益进行分析，主要从利益主体构成与利益主体间关系进行分析[①]。利益主体是网络的行动者；利益关系是指网络主体互动基于关系的强度与频率而联结在一起的关系[②]。因此，城乡低保对象认定机制的政策网络分析将围绕以下内容展开：首先按照罗茨的网络主体分类法对城乡低保对象认定机制的行动主体进行分类，其次对各类主体的网络利益关系进行分析，最后进行政策结果的解释力分析，形成对城乡低保对象认定机制存在问题的原因分析。

一、城乡低保对象认定机制的网络行动者

根据罗茨模型内容，参考了曾广录（2018）、谭羚雁（2012）关于保障性住房政策过程中的政策网络分析，本书认为城乡低保对象认定机制中主要行动者主要分为以下五类：

第一，以中央政府及其职能部门为代表的政策社群。以中央政府及其职能部门为代表形成的政策社群，是城乡低保对象认定政策的制定者。在城乡低保对象认定政策制定过程中，其中涉及的政府职能部门可通过相关法律、规章中发文的部门确定。根据民政部网站信息显示，从 2015 年 3 月 10 日到 2018 年 7 月 16 日的民政部发文可以看出，城乡低保对象认定相关政策来自多部门联合发文，从表 7-1 可以得出，我国城乡低保对象认定政策制定主体主要为：中央政府和各职能部门，具体有民政部、原中国银监会、人力资源和社会保障部、财政部、国务院扶贫办等。其中民政部和财政部是政策制定的核心主体，民政部作为低保制度的主管部门，主要负责牵头拟定社会救助规划、政策和标准，健全社会救助体系，负责城乡低保救助工作，因此，城乡低保对象认定工作则是民政部的负责工作之一，而该项工作的完成则需要财政部的资金支持，两个部门围绕着城乡低保对象认定工作展开协商，把握城乡低保对象认定政策

---

①②　谭羚雁，娄成武.保障性住房政策过程的中央与地方政府关系——政策网络理论的分析与应用 [J].公共管理学报，2012（1）：52-63，124-125.

的主要政策方向与政策内容。与此同时，低保对象认定工作需要进行家计调查，对申请者的家庭经济状况进行调查，这就涉及原中国银监会、人力资源和社会保障部等其他职能部门，这些职能部门则需要配合民政部展开核对工作。上述部门共同的工作指导内容来自《国务院关于进一步加强和改进低保工作的意见》提出的"建立跨部门、多层次、信息共享的救助申请家庭经济状况核对机制"，在这一要求指导下，这些部门进行频繁的互动与磋商，构建起城乡低保对象认定特有的工作内容、工作方式以及互动关系，且该过程基本排斥其他主体的参与，这些职能部门形成了城乡低保对象认定政策的决策利益联盟。

表 7-1 城乡低保对象认定相关政策制定的政策社群

名称	时间	部门	主要内容
民政部国家统计局关于进一步加强农村低保申请家庭经济状况核查工作的意见（民发〔2015〕55号）	2015年3月10日	民政部、国家统计局	提高农村低保申请家庭经济状况核查质量
民政部中国银监会关于银行业金融机构协助开展社会救助家庭存款等金融资产信息查询工作的通知（民发〔2015〕61号）	2015年3月24日	民政部、中国银监会	金融机构协助民政部门核对社会救助申请者家庭金融资产信息
民政部住房和城乡建设部关于做好社会救助家庭住房公积金、住房保障、住房买卖等信息核对工作的通知（民发〔2016〕238号）	2016年12月28日	民政部、住房和城乡建设部	利用网络技术与手工核对方式核对低保户社会救助申请者住房攻公积金、住房保障、住房买卖等信息
民政部工商总局关于印发《社会救助家庭成员工商登记信息核对办法》的通知（民发〔2016〕220号）	2016年12月12日	民政部、工商总局	利用网络技术核对低保等社会救助申请者的工商登记信息
民政部办公厅财政部办公厅关于印发《2016年度省（自治区、直辖市）困难群众基本生活救助工作绩效评价指标和评价标准》的通知（民办发〔2016〕22号）	2016年12月30日	民政部、财政部	对低保等社会救助对象认定、救助力度等工作内容设立绩效考核指标

续表

名称	时间	部门	主要内容
关于进一步加强医疗救助与城乡居民大病保险有效衔接的通知（民发〔2017〕12 号）	2017 年 1 月 16 日	民政部、财政部、人力资源与社会保障部、国家卫生计生委、保监会、国务院扶贫办	完善因病致贫对象救助的认定工作、建立包含基本医疗保险、大病保险、医疗救助"一站式"费用结算信息平台等
关于积极推行政府购买服务加强基层社会救助经办服务能力的意见（民发〔2017〕153 号）	2017 年 9 月 15 日	民政部、中央编办、财政部、人力资源社会保障部	允许民政部门通过政府购买的方式进行家计调查等服务
民政部财政部国务院扶贫办关于在脱贫攻坚三年行动中切实做好社会救助兜底保障工作的实施意见（民发〔2018〕90 号）	2018 年 7 月 16 日	民政部、财政部、国务院扶贫办	进一步完善农村低保家庭经济状况核查机制、进一步完善农村低保制度，健全低保对象认定方法等

资料来源：笔者根据民政部网站信息整理制作而成。

第二，各级地方政府形成的地方政府间网络。地方政府间网络的功能是上传下达以及政策执行，对应到城乡低保对象认定政策的地方政府间网络，根据各级人民政府负责制的运作规则，省级政府依据中央政策条文制定本地区的执行政策，完成的是上传下达的功能，如 220 号文件第三十七条规定：各省（自治区、直辖市）人民政府民政部门可以根据本办法，结合本地实际，制定实施细则。市县级政府则依据省政府的城乡低保政策制定具体执行政策，并将低保的资金和工作经费纳入财政预算，由民政局具体负责管理城乡低保对象认定与监督工作，街道办事处与乡镇的民政科则接受低保户的申请、调查核实申请者的家庭经济状况，居委会及村委会则协助上级部门的低保工作，如接收申请表、宣传上级政策内容等，可以看出，从市县级、街道与乡镇级到村（居）民委员会形成了城乡低保对象认定政策的执行网络，具体如图 7-1 所示。由此可见，民政部门在地方政府间网络中居于主体地位，同级的财政、人力资源和社会保障、税务等部门则居于次要地位，主要配合民政部门的城乡低保对象认定工作，如《浙江省最低生活保障办法》第五条规定：县级以上人民政府财政、教育、人力资源和社会保障等部门，应当按照各自职责做好低保有关工作。城乡低保对象认定的地方政府间网络是上级地方政府权威主义下形成的逐级控制的政策执行网络，该网络囊括了各级地方政府及城乡低保认定相关职能部门的广泛利益，基于广泛的政治利益与经济利益，该网络内部进行频繁的互动，并渗透到其他网络，如该网络的乡镇民政部门及其业务延伸部门——村民委员会直接服务于由公众组成的议题网络。

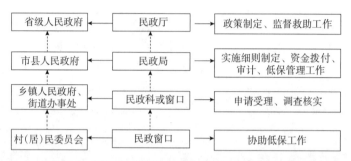

图 7-1　浙江省城乡低保对象认定地方政府间网络

资料来源：笔者根据《浙江省低保办法》相关规定绘制而成。

　　第三，专家学者形成的专业网络。在城乡低保对象认定政策制定与执行过程中，以社会保障专业为主的专家学者利用管理学、社会学、经济学等交叉学科知识对实际政策、国外先进经验等内容进行研究，发现政策运行中存在的问题，形成报告、论文等书面材料，通过出版书籍、期刊发表、会议交流等方式让政府、公众了解政策现状，为各级政府相关政策的制定提供参考意见。由此可见，专家学者形成的专业网络利用专业知识为政府提供决策咨询，与政策社群、地方政府间网络形成互动，与议题网络也存在频繁联系，因为专家学者需要以议题网络作为研究对象，对其进行调查研究，但专家学者作为相对独立的第三方，是政府与公众之间的桥梁，客观反映现实问题是他们的主要责任，因此，该网络与其他网络之间不体现政治与经济利益，他们之间存在较为松散的互动关系。

　　第四，生产者网络。城乡低保对象认定政策制定与执行过程中，生产者较少，主要的生产者是为家庭经济状况核对系统软件开发的公司，全国 97.9%的地市级和 83.6% 的县级建立了核对机制[1]，居民家庭经济状况核对信息系统基础平台由普元 SOA 应用平台设计开发，通过专业信息技术开发出具有通用性、能体现关键需求的核对信息系统，该平台为系统信息共享、业务协同、安全保障方面提供技术支持，通过该平台，各地可以有效缩短核对家庭经济状况

---

　　[1]　民政部.民政部对"关于农村低保工作中存在问题的建议"的答复［EB/OL］. http：//www.mca.gov.cn/article/gk/jytabljggk/rddbjy/201710/20171015006294.shtml，2017-09-25.

信息系统建设周期，减少投入。

第五，议题网络。城乡低保对象认定过程中，议题网络是指包括低保申请者在内的广大公众以及新闻媒体单位。一般认为议题网络居于网络边陲，对政策决策影响甚微，属于被保护的对象，但恰恰是由于其被保护地位，他们会为自己的利益去获得各方支持，如通过新闻媒体发布困难情况，新闻媒体则发挥自身的责任感与使命感帮助困难群体发声，获取政府的关注；同时，由于城乡低保对象认定的执行主体是地方政府间网络中的乡镇政府、街道办事处以及村（居）民委员会，与公众互动频繁，关系紧密，他们之间则有形成利益联盟的可能性；城乡低保认定过程中需经过村民评议、张榜公示等环节，但这种非制度型的监督机制，以自由、自愿为前提，其监督的有效性则难以估计。

二、城乡低保对象认定政策网络利益关系

表 7-2 将上述城乡低保对象认定政策制定与执行过程的网络分析进行整合，表明这五个网络的具体内容、网络内外部之间的利益关系。

表 7-2　城乡低保对象认定过程中的网络利益分析

类型	政策社群	府际网络	专业网络	生产者网络	议题网络
主要行动者	中央政府及其职能部门，如民政部、财政部、人力资源与社会保障部、国家税务总局、国家健康委员会、教育部、工商行政管理总局、中国银监会等	地方政府之间、地方政府所属职能部门，如民政、财政、住房和城乡建设、教育等厅级与局级部门、低保对象认定的执行部门街道与乡镇民政部门、社区与村委会民政工作人员	专家学者	医院、学校、保险公司、银行与证券公司为代表的金融机构等、系统开发公司	低保对象、公众和媒体
网络结构特征	稳定、封闭	稳定、封闭	稳定、封闭	松散、开放	松散、开放
网络资源	政治权威与决策权力	官僚权威与执行权利	社会救助、低保对象认定等理论	市场、信息、技术等资源要素	自由、自愿、责任感等非正式资源

类型	政策社群	府际网络	专业网络	生产者网络	议题网络
网络地位	权威支配、核心主体	从属支配、次要主体	技术与理论支配、从属主体	政策受益者、政策配合对象、从属主体	被保护对象、从属主体
利益联盟	维护公共利益的政策制定网络，属于精英决策，构成决策利益联盟	第一，服从于政策社群；第二，服务于议题网络；第三，基层因工作需要受制于府际网络相关部门、生产者网络；第四，因与议题网络有共同利益而存在相互利用的可能	提供决策咨询，影响政策制定，但受制于政策社群和府际网络	接受政策监管，有可能与府际网络、专业网络形成合作利益联盟	难以进入政策过程，对决策影响微乎其微，有形成表达诉求联盟的可能，也有与府际网络形成利益联盟的可能
网络性质（强度、距离、频率）	网络主体因部门利益讨价还价，同时因利益价值的基本趋同呈现出较高强度的互动频率	政策执行过程中的核心网络，网络链条中的利益主体间因政治利益、经济利益的趋同呈现出高密度、强联结、高频率的互动关系	网络主体之间呈现出极为松散的利益关系	政策执行过程中的配合部门，因涉及经济利益、部门利益呈现出较高密度、高频率的互动关系	政策过程中的边陲网络，网络主体之间出现松散的互动关系

三、城乡低保对象认定政策网络对政策结果的解释力分析

谭羚雁（2015）提出政策网络对政策结果的解释力模型，该模型包含以下两方面：第一，不同的网络主体根据利益需要结成不同的网络结构类型的形成，由不同利益需要的网络主体构成，代表他们对网络资源的汲取能力；第二，网络内的行动主体结合自己的利益诉求和价值立场进行互动，形成政策制定内容与政策执行行为，最终影响政策结果的存在状态[①]。结合该模型与上文分析，本书认为我国城乡低保对象认定机制之所以出现问题，其形成机理在于五个网络主体基于主体利益在政策制定与政策执行过程中进行互动，最终导致我国城乡低保对象认定机制问题的政策结果（见图7-2）。

---

① 谭羚雁.政策网络对政策结果的解释力研究［M］.沈阳：东北大学出版社，2015.

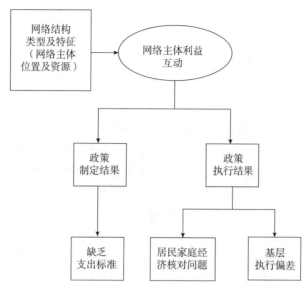

图 7-2　城乡低保对象认定政策网络对政策结果的解释力

在政策制定上，政策社群内部、地方政府间网络中的省级（市级）政府之间的互动策略成为影响城乡低保对象认定标准是否增加支出标准政策制定的主要影响因素。我国的中央垂直管理体制与财政分权制度决定了政策社群与地方政府间网络的互动策略与政策决策，城乡低保政策作为民生类的公共政策，其决策路径一般如下：政策社群内如民政部、财政部等部门进行互动与博弈形成代表中央顶层的政策设计框架，发挥维护公共利益以及决策权威的作用；而作为主要财政资金承担者的地方政府在中央顶层设计框架下出台当地的城乡低保政策，同时地方政府在地方政府间横向竞争中取胜以及引起上级部门的注意等主体利益，面对议题网络的支出型贫困救助需求压力，在一定的财政预算约束下进行政策决策博弈，进而出台应对支出型贫困的救助政策，是出台将支出标准纳入城乡低保对象认定标准的政策还是建立独立于城乡低保制度的支出型贫困救助政策体系。

在政策执行上，地方政府间网络内部各主体互动成为城乡低保瞄准机制问题的主要原因，它包括地方政府间网络内的不同职能部门之间的横向互动与上下级部门之间的纵向互动。城乡低保对象认定的基础是家庭经济状况的核查，它需要政府内不同职能部门之间的配合才能保证瞄准的准确性，但不同职能部门基于本部门的利益考量将会作出是否共享部门数据的横向互动决策；在上下级部门之间的纵向互动上，主要是指基层政府的民政工作人员作为政策执行主体，代表特定的主体利益，在我国行政管理制度约束下作出是否高效执行的决策。

第二节　城乡低保对象认定标准制定的原因

支出型贫困问题产生以来，我国各地政府出台多种类型的救助政策，那么是什么原因导致有些地方政府要在城乡低保对象认定标准中增加支出标准，而有些地方政府又采取不同的救助政策，使得支出标准成为城乡低保对象认定标准之一的这一做法并未形成统一的政策共识？政府出台一项新的制度或措施，其背后必然经过多方利弊权衡，政策社群与地方政府间网络是政策制度的主体，网络内部与网络之间必然经过多方博弈，因此本书将从博弈论的视角将支出型贫困救助政策决策过程动态呈现出来，进而梳理出城乡低保对象认定标准制定的政策决策原因。

一、城乡低保对象认定标准制定的博弈

各级政府政策的制定通常是在当时的宏观形势背景下，基于多方主体利益博弈的结果。公共选择理论认为，政府作为理性人的机体也是自利的，是追求自身利益最大化的组织。因此，每级政府都可以被看作是一个利益集团，其利益目标分为经济利益与政治利益[1]：一方面，他们要履行管理职能，完成本辖区内的经济与社会管理任务；另一方面，他们又要在仕途上获得晋升和政治支持最大化。

这种博弈衡量过程具体在支出型贫困家庭救助政策扩散过程中，则体现了中央政府与地方政府的纵向利益博弈、地方政府与地方政府之间的横向利益博弈，以及地方政府"一把手"根据自身利益目标最大化而进行的政策变异博弈等政策博弈的复杂过程。本书将基于这三个层面的博弈过程分析，揭示不同支出型贫困救助政策产生的内在原因。

（一）中央政府与地方政府的纵向博弈分析

中央政府出台扩大贫困救助范围的政策，将因支出导致的贫困家庭纳入救

---

① 夏永祥，王常雄.中央政府与地方政府的政策博弈及其治理[J].当代经济科学,2006(2):45-51.

助范围，包括因病致贫、因学致贫和因事故致贫，救助标准包括基本生活补助、医疗费用补助和学费补助等。中央政府出台各种文件敦促该政策出台，如《国务院办公厅关于印发完善促进消费体制机制实施方案（2018—2020 年）的通知》（国办发〔2018〕93 号）提出要探索开展支出型贫困家庭救助工作，并对地方政府采取激励或惩罚行动，促使地方政府按照中央政府的要求出台相应制度，以减少由贫困带来的犯罪，促进社会稳定，从而推动社会经济的发展。

地方政府根据自身的利益诉求，分析依照中央政府政策在本地实行扩大贫困家庭救助范围政策的成本与收益。当中央政府和地方政府目标一致时，支持中央政府的行为可以实现地方政府利益最大化；然而，地方政府与中央政府的目标并不总是一致的[①]，由于中央政府对下级政府政策执行的监督成本非常高以致二者之间存在信息不对称现象，地方政府会尽可能维护自己的利益而利用政策漏洞与中央政府"讨价还价"，甚至掩盖其不支持中央政府的行为。

假设 1：中央政府和地方政府都是理性的，同时也知道对方是理性的。

假设 2：中央政府要实现政策目标的成本是监管成本 c_1，收益是社会对中央政府的认同 b_1 和犯罪率下降减少的社会损失与投资增加 e。其中，$c_1>0$，$b_1>0$，$e>0$。

假设 3：地方政府执行政策的成本包括扩大的财政支出 c_2，而收益包括本地民生改善带来的政绩 b_2 和犯罪率下降减少的社会损失与投资增加 e，潜在成本为当中央政府监管情况下对地方政府消极应对该政策时的惩罚 d。其中，$c_2>0$，$b_2>0$，$d>0$。

因此，对于该政策，中央政府颁布制度，同时中央知道地方会权衡成本与收益；地方政府根据成本与收益判断是否扩大贫困救助范围以及扩大的程度，同时地方政府也知道中央政府的激励和惩罚举措。但是由于监管是有成本的，因此中央政府对该政策的实施可能进行"监管"也可能会"放任"地方政府。而地方政府则根据自身利益诉求，对该政策可能采取"积极"策略也可能采取"消极"策略。此外，由于政策目标是推行该政策，因此对中央政府而言，可假定 $b_1+e-c_1>0$；同时，由于对地方政府的"消极"策略的惩罚应大于"监督成本"，因此假定 $c_1 \leq d$。

---

① 秦德君，曹永盛.公共政策：中央政府与地方政府博弈机制的行政学分析[J].领导科学，2015（14）：19-23.

		地方政府			
		积极		消极	
中央政府	监督	b_1+e-c_1	b_2+e-c_2	$d-c_1$	$-d$
	放任	b_1+e	$e-c_2$	0	0

图 7–3 中央政府与地方政府博弈过程

如图 7–3 静态博弈过程如下：当 $b_2+e-c_2>-d$ 时，给定中央政府“监督”的条件下，地方政府的占优策略是采取“积极”策略，给定中央政府“放任”的条件下，地方政府的占优策略是“积极”（$e>c_2$，纳什均衡）或“消极”（$e<c_2$）；而给定地方政府“积极”的条件下，中央政府的占优策略是“放任”，给定地方政府“消极”策略的条件下，中央政府的占优策略是“监督”。而当 $b_2+e-c_2<-d$ 时，给定中央政府“监督”或“放任”的条件下，地方政府的占优策略均是“消极”。从而也无法实现中央政府的政策目标，因此，假定 $b_2+e-c_2>-d$。

动态博弈过程如下：中央政府出台政策后进行“监督”，则地方政府采取“积极”策略，然后中央政府采取“放任”策略。此时，如果 $e>c_2$ 则地方政府仍采取“积极”策略，从而实现纳什均衡，这种情况即中央政府和地方政府的目标是一致的；但如果 $e<c_2$ 则地方政府会采取“消极”策略，而地方政府采取“消极”策略，中央政府采取“监督”策略，从而没有纳什均衡。

从中央政府的政策目标而言，最佳的情况是央地目标一致的情况，即 $e>c_2$；如果 $e<c_2$ 则中央政府将选择以概率 θ 进行“监督”，地方政府选择以概率 γ 进行“积极”策略。

则中央政府和地方政府的期望支付分别是：

$$\pi_c=\theta[\gamma(b_1+e-c_1)+(1-\gamma)(d-c_1)]+(1-\theta)[\gamma(b_1+e)]$$
$$\pi_1=\gamma[\theta(b_2+e-c_2)+(1-\theta)(e-c_2)]+(1-\gamma)[\theta(-d)]$$

中央政府和地方政府的反应对应策略必须满足：

$$\frac{\partial\pi_c}{\partial\theta}=0\&\frac{\partial\pi_1}{\partial\gamma}=0$$

解得 $\theta=(c_2-e)/(b_2+d)$，$\gamma=1-c_1/d$，为了保证解为［0，1］区间的值，

应满足条件：$e \leqslant c_2 \leqslant b_2 + d + e$，$c_1 \leqslant d$。

从上述结果可以看出，当中央政府出台的扩大贫困家庭救助范围政策的利益目标与地方政府一致时，地方政府愿意自发地采取"积极"策略，不需要中央政府的监督。

然而，当双方利益目标不一致时，中央政府需要选择一定概率的"监督"策略来实现混合纳什均衡。由解可知：①地方政府实施政策的成本 c_2 相对于收益 e 越高，或地方政府获得的政绩 b_2 与采取"策略"被罚的 d 越小，中央政府采取"监督"策略的概率就越高；②中央政府监督成本 c_1 一定时，对查出的"消极"策略地方政府的惩罚力度 d 越小，地方政府选择"积极"策略的概率越高。

（二）地方政府之间的横向博弈分析

地方政府之间（这里仅分析同级地方政府）存在着横向竞争压力。在我国，一个城市政府会通过政策创新的方式引起省级政府的注意力[①]。当一个城市政府采纳了一项政策创新，对于处于相同晋升竞争环境中的省内其他城市来说，就形成了一种"横向竞争压力"，从而导致其他城市也纷纷采纳类似的政策。

对这一政策扩散过程进行地区之间的博弈分析来透析其中的反应对应机制。

假设 1：不同地区采纳政策的成本不同 c，收益 e 也不同，但 e/c 相同且等于 m（即规模报酬不变）。

假设 2：当只有地区 A 采纳政策时，获得额外收益，为 b>0。

假设 3：其他地区采纳该政策的情况下，对不采纳该政策地区的政绩惩罚等于 b。

---

① Xufeng Zhu, Youlang Zhang. Political Mobility and Dynamic Diffusion of Innovation：The Spread of Municipal Pro-Business Administrative Reform in China［J］. Journal of Public Administration Research and Theory, 2016, 26（3）：535–551.

地方政府B

		地方政府B 采纳		不采纳	
地方政府A	采纳	e_a-c_a	e_b-c_b	$b+e_a-c_a$	$-b$
	不采纳	$-b$	$b+e_b-c_b$	0	0

图7-4　地方政府的横向博弈过程

如图7-4所示，当 e-c>0 时，给定地方政府 A "采纳"，则地方政府 B 的占优策略也是"采纳"，给定地方政府 A "不采纳"，则地方政府 B 的占优策略也是"采纳"；给定地方政府 B "采纳"，则地方政府 A 的占优策略也是"采纳"；给定地方政府 B "不采纳"，则地方政府 A 的占优策略也是"采纳"。此时，地方政府均会采纳该政策。

（三）支出型救助制度扩散的政策变异博弈分析

在"领导为中心模式"的决策体制下，地方政府创新决策实际上是由地方政府、政府机构和部门的"一把手"所发起和推动的，他们充当了创新决策第一决策者的角色[①]。因而，决策创新的性质、程度和方向等均取决于"一把手"的动机、能力、目标以及决策风格等因素的综合作用结果。换言之，地方政府政策制定的利益博弈由"一把手"的个人效用和地方社会效用共同决定。因此，在实际的方案权衡和效用比较过程中，无疑会出现四种效用组合方式：①个人效用高、社会效用低；②个人效用高、社会效用高；③个人效用低、社会效用高；④个人效用低、社会效用低。其中，第二种组合方式无疑是最好的方案选择[②]。此外，支出型贫困救助制度创新，还需要将可能出现的地方财政约束纳入考虑。

假设1：地方推行支出型贫困救助制度的预期成本为 $C=c_1+c_2+c_3$，其中 c_1 代表临时救助，c_2 代表基本生活救助，c_3 代表医疗救助，$c_1<c_2<c_3$。

假设2：上级要求的情况下，制度创新对"一把手"个人具有正效用 v_1，反之为0；地方之间竞争的条件下，制度创新对"一把手"个人具有正效用

---

① 景怀斌.政府决策的制度—心理机制：一个理论框架[J].公共行政评论，2011（3）：3-10.

② 定明捷，张梁.地方政府政策创新扩散生成机理的逻辑分析[J].社会主义研究，2014（4）：75-82.

v_2，反之为 0。

假设 3：地方支出型贫困救助的成本小于等于当地财政预算 F 乘以固定比例 r。

假设 4：支出型贫困救助制度对地方带来社会效用 e，救助制度中包含的救助内容越多 e 越大，无支出型贫困救助政策则社会效用为 0。

（1）采纳支出型贫困救助政策：地方政府和"一把手"的支付和为：$\pi_a = v_1 + v_2 + e - C$，预算约束为：$C \leq F \times r$。

（2）不采纳支出型贫困救助政策：地方政府无收益和支出，"一把手"的效用为 0。

因此，从决策者"一把手"的角度来看，如果成本符合预算约束，采纳政策是最优选择，而当 $C \geq F \times r$ 时，地方政府便会减少制度中的救助项目。设 u_1、u_2、u_3 分别代表支出型贫困救助制度中的临时救助、基本生活救助和医疗救助对"一把手"的个人效用（包括上级要求和地方竞争两个方面），假定 $u_1 = u_2 = u_3$，则根据假设 1 得出 $u_1/c_1 > u_2/c_2 > u_3/c_3$。因此，采纳的政策将会根据自身预算情况对学习来的原支出型贫困救助政策进行变异，首先去除效用成本比最低的医疗救助部分，如果此时仍存在 $c_1 + c_2 \geq F \times r$，则会继续去除基本生活救助部分（见图 7-5）。

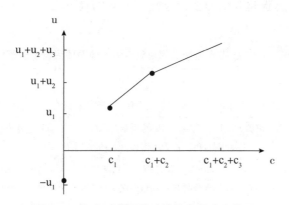

图 7-5　支出型贫困救助政策变异成本效用

可见，政策扩散的过程中，不同的地区在相同的"一把手"个人效用函数的条件下，对政策的学习过程中，会考虑本地区的预算约束，从而可能会导致政策扩散的变异。

二、博弈视角下的城乡低保对象认定标准制定原因分析

本书将以 CQ 市 YB 区和 ZJ 省 HN 市的救助政策为例，根据上文支出型贫困救助政策变异的博弈分析，呈现支出标准是否纳入城乡低保对象认定标准的政策博弈过程。CQ 市于 2017 年实行了将支出标准纳入低保的政策，ZJ 省 HN 市则于 2018 年实行了独立于城乡低保制度的支出型贫困救助政策，两地对于支出型贫困对象的救助政策较有代表性，能较好地呈现出政策制定的博弈过程。

（一）CQ 市 YB 区和 HN 市政策介绍

1. CQ 市 YB 区社会救助政策

CQ 市位于我国西南地区，是西南地区主要的工商业城市，YB 区为 CQ 市的主城区，管理 19 个街道、11 个镇。CQ 市于 2017 年发布文件《CQ 市民政局关于做好支出型贫困家庭救助工作的通知》认为应根据家庭收入、财产和长期刚性支出综合评定家庭的贫困状况，他们根据不同情况将支出型贫困对象分别纳入临时救助、医疗救助和城乡低保，具体如表 7-3 所示，形成了不同层次的支出型贫困救助体系，保障了支出型贫困群体的基本生活权益，由此可见，CQ 市城乡低保也是应对支出型贫困的救助政策之一，其对象认定标准中增加了支出标准。

表 7-3　CQ 市支出型贫困对象申请的救助项目与申请条件

救助项目	申请条件
临时救助	家庭成员因患重特大疾病或慢性病、就学等造成医疗费用和学费等支出过大的
医疗救助	因患重特大疾病、慢性病需要长期维持治疗，申请前 6 个月内家庭总收入扣减同期自负医疗费用后，月人均收入低于低保标准 2 倍的
城乡低保	家庭成员因患重大疾病、慢性病需要长期维持基本治疗或全日制普通高校就学的，申请前 6 个月内家庭总收入扣减同期维持治疗自负费用或学费后，月人均收入低于城乡低保标准，且家庭财产、消费支出符合相关规定的

资料来源：根据 CQ 市相关政策制作而成。

YB 区根据 CQ 市的政策规定实行城乡低保和支出型贫困救助相关规定，城乡低保管理日益规范，全区城乡低保动态管理下的应保尽保，截至 2018 年 6 月，全区共有城乡低保对象 13921 人，其中城市低保对象 3191 人，农村低保对象 10730 人，2018 年上半年累计发放低保金 3039 万元，其中城市低保

933 万元,农村低保 2106 万元[①]。开展城乡低保专项整治和农村低保工作中腐败和作风问题专项治理,加强低保宣传公示,低保工作透明度和群众对低保工作的满意度明显提高。

2. HN 市社会救助政策

HN 市位于我国东部沿海发达地区,2016 年曾出台政策将支出标准纳入城乡低保对象认定标准中,但笔者的调查结果显示,他们修改了政策规定,取消支出标准,低保认定标准仍维持收入标准和家庭财产标准[②],同时出台了试点模式的支出型贫困救助政策,对符合支出型贫困对象认定的家庭提供生活救助、医疗救助和教育救助[③]。另外,该市建立了五位一体的综合医疗救助体系,因病支出型贫困对象、低保对象等困难群体的合规医疗费用支付压力能基本被该体系所消化,实现全额医疗费用救助,以解决因病支出型贫困问题。该政策于 2016 年开始实施省内率先实行,将大病医疗向困难人群倾斜,形成"基本医疗救助 + 大病医疗救助 + 民政救助 + 慈善救助 + 社会力量帮扶"的五位一体的综合医疗救助体系(见图 7-6),该体系的特点如下:

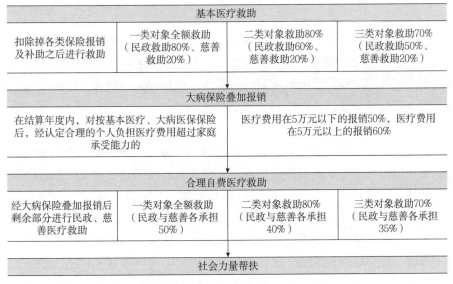

图 7-6　HN 市五位一体的综合医疗救助体系

---

① 资料来源:2018G8 访谈记录。

② 资料来源:2018G3 访谈记录。

③ 资料来源:《HN 市支出型贫困家庭救助办法》。

第一，不分病种。该体系规定不分病种对困难群体进行救助。第二，增加合理自费费用的救助。合理自费费用是指在合规的医疗机构住院所产生的基本医疗保险规定目录以外的自理医疗费用，经市卫计局组织医务专家评审认定，属治病必需的合理费用。第三,五位一体的综合性医疗救助体系。对大病住院合规医疗费部分在扣除掉各类保险保险及补助之后，按三类对象进行救助。同时，在一个医保结算年度内，困难家庭中的医保参保人员因大病住院发生的个人负担的医疗费用，扣除掉医保、大病保险等报销之后，超过家庭承受能力的，由大病保险基金再基于叠加报销，这之后若还有剩余的个人负担费用，则再进行合理自费医疗救助，这之后，还可以通过社会力量帮扶消化医疗费用。整个流程下来，基本能将困难家庭中的病人在定点医疗机构产生的合规医疗费用报销掉，大大降低群众的支出型贫困风险[①]。第四，慈善实时同步救助。该体系规定慈善实时同步民政救助，当困难病人产生医疗费用之后，通过民政医疗救助实时结报系统，慈善救助与民政救助同步进行救助，一方面增加救助资金，减轻财政支付压力，另一方面则提高救助资金发放效率，方便困难群众。

（二）博弈视角下的政策制定原因分析

依据上文支出型贫困救助政策的博弈分析，分别从央地博弈、地方政府之间的横向竞争压力以及"一把手"的推动三个层面对 CQ 市 YB 区和 ZJ 省 HN 市的支出型贫困对象的救助政策制定过程展开分析，进而梳理出影响支出标准纳入城乡低保对象认定标准这一政策决策的原因。

1. 从央地博弈层面来看，上级监督的缺乏导致地方政府不同应对策略

在支出型贫困救助政策扩散过程中，中央政府虽下达建立支出型贫困救助政策的指令，但由于缺乏顶层设计与监督措施，地方政府根据当地的人口情况、财政支付能力等因素采取应对不同的应对措施。从前文分析可知，在支出型贫困救助政策扩散的第一阶段，地方政府大多采取消极策略，除上海、海门和廊坊三地采取积极策略，出台较大救助力度的支出型贫困救助政策外，其他县市救助力度较小，甚至没有出台措施，但其实这个阶段是最需要支出型贫困救助的时候，因为当时社会各界对支出型贫困认识与关注不足，并没有制定诸如大病医疗保险、慈善救助等政策来消化支出型贫困造成的困境。在第二阶

---

① 资料来源：2018G3 访谈记录。

段，随着精准扶贫的推进以及对支出型贫困的认识加深，国务院于 2016 年出台了相关政策，要求根据家庭收入、支出等情况综合评估农村低保家庭贫困状况[1]；同时将"制定农村低保等救助制度与扶贫开发政策衔接文件"作为绩效考核的一个指标，其考核结果与 2017 年中央财政补助资金分配相挂钩[2]。此时，中央政府的监督策略开始出现，出现了全国范围内的支出型贫困救助政策出台热潮，绝大多数地方政府采取了积极策略，如 CQ 市较早响应了上述文件精神，修订了低保认定办法，将支出标准纳入低保对象认定标准。与此同时，政策试点给了地方政府较大的激励与政策制定的灵活性[3]，部分地区根据本地实际情况出台更为优渥的救助政策，这些实际情况包括对相邻城市的制度模仿、财政实力等，如 HN 市的政策。

2. 地方政府之间的横向竞争压力下导致政策创新

由前文分析可知，一个地区采取的创新政策，受同级政府之间横向竞争压力所影响，同级政府之间存在博弈关系。CQ 市 YB 区将支出型贫困对象纳入低保，有以下两方面的博弈过程：第一，CQ 市面临的落后于同级别政府政策出台的竞争压力。作为 YB 区的上级 CQ 市是我国的直辖市，同等级的城市分别在 2013 年、2014 年出台市级政府颁发的支出型贫困救助政策，CQ 市则没有，对 CQ 市来说，不制定支出型贫困救助政策，其救助体系建设显然落后于同等级城市，不利于在地方政府竞争中取胜。第二，CQ 市面临的上级政府压力。2016 年出台的相关文件指出，应该根据家庭收入、财产及刚性支出情况综合评估家庭贫困程度，完善农村低保家庭贫困状况评估指标体系[4]，CQ 市较早地响应该文件，率先出台将支出型贫困对象纳入低保，此时 CQ 市处于占优地位，可以取得一定的收益，如上级政府的注意力等；基于此，CQ 市出台了重新修改了城乡低保政策，将支出标准纳入认定体系中，而 YB 区作为下属区

---

[1]　资料来源：《关于做好农村最低生活保障制度与扶贫开发政策有效衔接的指导意见》（国办发〔2016〕70 号）。

[2]　资料来源：《民政部对"关于加强对'支出型'贫困家庭社会救助的建议"的答复》（民函〔2017〕608 号）。

[3]　Roland, Gerard. Transition and Economics : Politics, Markets, and Firms [M]. Cambridge, MA : MIT Press, 2000.

[4]　资料来源：《国务院办公厅转发民政部等部门关于做好农村最低生活保障制度与扶贫开发政策有效衔接的指导意见》（国办发〔2016〕70 号）。

级政府，自然执行该政策。

HN 市未将支出标准纳入低保标准，也与地方政府之间的横向竞争压力相关。该市相邻城市有 SH 市、ZJ 省的 TX 市与 HY 市等，这些地方的支出型贫困救助政策并未将支出型贫困对象纳入低保，而是对支出型贫困对象进行生活救助、医疗救助、临时救助等。根据与 HN 市民政部门工作人员访谈记录，HN 市 2018 年之前也是将支出标准纳入低保的，但实行之后发现这样的救助范围太窄了，同时受相邻城市政策示范影响，基于不落后于相邻城市的心态，他们才修改了低保政策，出台现行的支出型贫困救助办法①。

3. "一把手" 的推动

财政预算对社会救助类政策的实施显著约束作用，但一个地区的"一把手"的重视与否也会影响政策的实行。从表 7-4 可知，两地用社保、医疗等公共财政支出占一般公共预算支出比例相差一半，HN 市为了实现"不让一个家庭因病致贫返贫"的承诺，实行五位一体的综合医疗救助体系，加大救助力度。该政策的出台与当时市委书记的力推分不开②，财政、民政、人力资源与社会保障部门全力合作形成现行救助体系，在"一把手"的重视下，HN 市的医疗救助对支出型贫困对象进行叠加救助，一旦进入成为社会救助对象，都不会因病致贫、返贫，因此，"一把手"的重视与推动影响着一个地区的社会救助政策发展方向，投入较多的财政预算救助城乡困难群体。在这样的背景下，HN 市的支出型贫困对象获得了区别于城乡低保的救助，城乡低保则仍以收入标准与家庭财产标准为主要认定标准救助收入型贫困对象。

表 7-4　2017 年 YB 区与 HN 市基本情况比较

地名	YB 区	HN 市
人口数量（万人）	160	84.36
城镇化率（%）	81.53	61.5
人均地区生产总值（元）	89477	126251
人均可支配收入（元）	32482	城镇：56139；农村：32661
公共财政预算收入（亿元）	61.99	135.55
用于社保、医疗与教育等的公共财政支出占一般公共预算支出比例（%）	36.24	78.2
城乡低保标准（元/月）	城市：500；农村：350	664

资料来源：根据两地 2017 年国民经济和社会发展统计公报整理而来。

①② 资料来源：2018G3 访谈记录。

第三节　居民家庭经济状况核对机制问题的原因

由前文分析可知，居民家庭经济核对机制是利用信息技术将散落在各部门的信息整合在一起，通过信息核对准确掌握申请者的家庭经济状况。然而该机制在建设过程中碰到了较多障碍与问题，究其缘由在于该机制的跨边界政务信息共享，涉及众多部门，各部门又有各自的部门利益与需求，导致它成为地方政府间网络中最为复杂的一个子网络。何瑞文和陆永娟（2013）综合国外研究结果，将影响跨边界政务信息共享的原因归结为组织管理视角、政治法律视角和信息技术视角（如图 7-7 所示）。结合居民家庭经济状况核对机制的实际情况以及我国国情，本书将分析除以下三个方面之外的其他原因：组织结构与文化差异（因为信息共享机构基本上都为政府部门，他们有统一的组织结构与文化，不存在差异性）、信息共享经验（国外经验较多，国内如上海、青岛等地也积累了较多经验，可以借鉴）、党派监督（我国的国情不存在党派斗争）、公众监督（居民家庭经济状况核对属于政府部门内部信息共享，不涉及公众开放）。

一、组织和管理上的原因

（一）组织间缺乏信任

组织间信任是构建跨边界政务信息共享的核心，它能促进不同利益目标的组织间的合作，同时能够减轻组织因放弃信息垄断导致的担忧。信任分为基于利益计算的信任、基于身份关系的信任和基于制度的信任[①]：基于利益计算的信任是指根据信任者的估算被信任者诚信度的能力而确立的信任，在居民家庭经济状况核对机制中，信任者是信息共享单位，被信任者是民政部门，信息共享单位依靠自己的估算能力评估民政部门的诚信度，进而做出是否与之建立信息共享的决策。民政部门并非专业的信息技术公司，或是拥有高水平的信息技术团队，在核对机制建立过程中，信息共享之后的信息泄露问题成为信息共享单位的首要顾虑，他们对民政部门的信任度不高。

---

① 何瑞文，陆永娟．国外跨边界政务信息共享研究综述［J］．图书馆学研究，2013（4）：2-10.

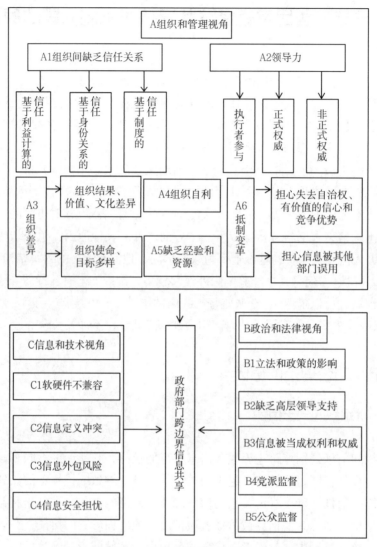

图 7-7　政府部门间跨边界政府信息共享的影响因素 [①]

　　基于身份关系的信任是指因信任者与被信者的个人关系较好而建立，根据笔者访谈显示，由于某地税务部门尚未实现数据实时共享，需要民政部门发起核对，税务部门工作人员再进行手工核对，这样操作的结果是给税务部门增加了工作量，尤其是在上级部门没有重视这块业务的前提下，他们提供这项业务的主动性与积极性较低，更多依靠的是两部门业务人员之间的私人关系，私人

---

①　何瑞文，陆永娟.国外跨边界政务信息共享研究综述［J］.图书馆学研究，2013（4）：2–10.

关系较好，税务部门则会积极配合，信息共享数据质量则会较高[①]；此类信任带有偶然性和主观性，核对机制实际运作过程中并不具有普遍可操作性。基于制度的信任是指双方建立信任关系是由于组织文化、社会规范和法律体系，这种信任最为客观与规范；在居民家庭经济状况核对机制建设过程中，《社会救助暂行办法》、各地人民政府颁布的低保操作细则以及居民家庭经济状况核对管理办法等规章制度为这种信任提供了制度依据，但这些规定的法律级别不够，且信息共享单位的上级并未对他们的信息共享义务制定法律依据，导致信息共享部门对民政部门的信任缺乏。

由此，三类信任实质上从技术水平与法律依据两个层面说明由民政部门主导的居民家庭经济状况核对机制建设的缺陷，导致该机制建设的进程较为缓慢，影响低保对象认定的精准性。

（二）缺乏领导力

高层领导的支持可以帮助跨边界信息共享机制的建立和维持。在这个方面本书将比对全国电子政务信息共享机制的建立进行分析，我国政务信息共享机制从 2015 年以来建设进程非常快，初步实现全国信息共享"大动脉"的通畅[②]，同时颁布多个办法以确立信息共享原则[③]。该期间，中央重要领导人多次在重要会议和政府工作报告中强调要推行电子政务信息共享机制，党中央和国务院高度重视该机制的建设，同时，省级及以下各级政府的电子政务信息共享建设，多以地方"一把手"为改革小组组长。相比居民家庭经济状况核对机制，则以民政部、省级民政厅为指导部门，仅以民政部门作为居民家庭经济状况核对机制的主管部门，其领导力显然不足，不利于该机制的建立。

（三）组织自利

跨边界信息共享涉及部门利益损失，Dwaes（1996）、李永忠等（2017）等认为组织将信息共享的预期收益、预期风险（信息共享之后导致的个人利益

---

① 资料来源：2018G16 访谈记录。

② 何玲，刘梦雨. 全国信息共享"大动脉"已初步打通［N］. 中国改革报，2018-1-23（9）.

③ 张勇进，章美林. 政务信息系统整合共享：历程、经验与方向［J］. 中国行政管理，2018（3）：22-26.

受损）进行权衡之后才会做出共享决策，只有让他们感知到采取积极的共享策略会带来财政适当补偿，他们才会有参与的意愿①②。从居民家庭经济核对相关文件来看，政府各职能部门参与信息共享并没有获得财政补偿，这是由于政府部门的非营利性，信息共享收益很少，信息共享收益的增加对其影响不大③，同时除民政部门出台了对建立居民家庭经济核对机制的绩效考核外，其他职能部门并无这方面的绩效考核指标，信息共享机构的共享意愿自然不高。上述分析是针对政府各职能部门的，民政部门向企业核对申请者的信息时，也无相关费用支付的政策规定。调动企业信息核对的积极性上，德国的做法值得借鉴，政府部门向企业核查救助申请者的用工形式、合同期限、工资收入等信息时，对企业给予信息共享费用以保障数据的事实反馈，并监管数据使用的情况④。由此，本书认为缺乏信息共享的预期收益，影响组织利益的实现，导致该机制建设碰到较多困难。

（四）抵制变革的其他因素

失去自治权、信息的独占性、竞争优势、信息泄露给信息提供方带来连带责任等，这些是抵制信息共享的其他因素⑤。信息共享单位认为共享信息之后，会失去自治权与独占权，也就失去了依附于信息资源所带来的政治或经济利益，丧失竞争优势；甚至由于对网络不安全性的担忧，害怕在信息共享过程中造成信息泄露，最终需要承担连带责任，笔者访谈相关政府部门人员显示，他们认为主管税务、社保、房产等部门信息比较敏感，万一泄露出去，易引起社会舆论讨论，后果无法估计⑥。基于这些原因的考量，信息共享单位对信息共享存在顾虑，缺乏共享的主动性。

---

① Dawes. S. S. , Interagency Information Sharing : Expected Benefits, Manageable Risks [J]. Journal of Policy Analysis and Management, 1996, 15 (3): 377-394.

②③ 李永忠，董凌峰，吴真玮. 基于系统动力学的政务信息共享博弈分析 [J]. 电子科技大学学报（社会科学版），2017（1）：35-42.

④ 赵克. 我国社会救助家庭经济状况核对的政务信息共享机制建设研究 [D]. 青岛大学硕士学位论文，2017.

⑤ 何瑞文，陆永娟. 国外跨边界政务信息共享研究综述 [J]. 图书馆学研究，2013（4）：2-10.

⑥ 资料来源：2018G17 访谈记录。

二、政治和法律上的原因

本书集中讨论法律的支持，其他因素如领导支持、信息是权力和权威与上文的领导力以及抵制变革的其他因素相似，因此不再展开论述。

居民家庭经济状况核对机制需要政府各部门之间的共享相关信息，民政部门与其他信息共享部门同等级别，这就意味着它缺乏让其他职能部门配合信息共享的权威性，法律的支持可以解决这个问题，法律能明确信息共享中的权责关系、共享的内容与部门责任，形成统一的契约，因此它是信息共享持续、有效的重要保证[①]。但居民家庭经济状况核对机制建设中，本书发现目前尚无国家正式法律来规范该机制的建设，多为民政部与其他部门联合下发的部门规章（如表 7-5 所示），立法层次较低，法律效力相对来说较低，这与西方国家相比差距明显，如德国、美国分别在《社会救助法》和《社会保障法》中明确规定社会救助应建立家庭经济状况核对机制以及如何实现部门之间的信息共享。同时，这些规定并未明确说明居民家庭经济状况核对机制建设的时间表，民政部以及各省市也并无此类规定，使得其他职能部门缺乏信息共享的主动性，不利于居民家庭经济状况核对机制的建设。

表 7-5 居民家庭经济状况核对相关法律、法规颁布情况

规章名称	时间	级别	主要内容
城市低收入家庭认定办法	2008 年 10 月	部门规章	建立城市家庭收入审核信息系统，有效利用公安、人力资源社会保障等政府部门及有关机构的数据，方便信息比对和核查，建立科学、高效的收入审核信息平台
关于积极开展城市低收入家庭认定工作的若干意见	2009 年 6 月	部门规章	对开展低收入家庭认定提出具体要求
社会救助暂行办法	2014 年 2 月	国家法规	第五十八条规定县级以上人民政府民政部门根据申请者的请求、委托，可以通过户籍管理、税务、社会保险等单位和金融机构，代为查询、核对其家庭收入状况、财产状况；有关单位和金融机构应当予以配合

---

① 吕欣，裴瑞敏，刘凡.电子政务信息资源共享的影响因素及安全风险分析［J］.管理评论，2013（6）：161-169.

续表

规章名称	时间	级别	主要内容
民政部国家统计局关于进一步加强农村低保申请家庭经济状况核查工作的意见（民发〔2015〕55号）	2015年3月	部门规章	提高农村低保申请家庭经济状况核查质量
民政部中国银监会关于银行业金融机构协助开展社会救助家庭存款等金融资产信息查询工作的通知（民发〔2015〕61号）	2015年3月	部门规章	金融机构协助民政部门核对社会救助申请者家庭金融资产信息
民政部住房和城乡建设部关于做好社会救助家庭住房公积金、住房保障、住房买卖等信息核对工作的通知（民发〔2016〕238号）	2016年12月	部门规章	利用网络技术与手工核对方式核对低保户社会救助申请者住房公积金、住房保障、住房买卖等信息
民政部工商总局关于印发《社会救助家庭成员工商登记信息核对办法》的通知（民发〔2016〕220号）	2016年12月	部门规章	利用网络技术核对低保等社会救助申请者的工商登记信息

资料来源：笔者根据民政部相关网页资料整理而来。

三、信息和技术上的原因

在居民家庭经济核对机制建设过程中，信息和技术方面的原因是影响该机制快速、高质量建设的主要障碍，根据实际调查的结果以及文献查阅，本书认为"信息孤岛"的存在与信息安全的担忧是主要原因。

（一）"信息孤岛"的存在

传统电子政务的发展模式是各自为政的发展模式，每个政府职能部门建成部门内部的信息系统，拥有属于本部门的数据库、操作系统、应用软件和用户界面，形成"多头采集、重复存放、分散管理、各自维护"的信息资源建设模式[①]，这些信息系统仅是为了满足部门内容操作需要，没有考虑且也没有鼓励

---

① 李卫东，徐晓林.云政务信息资源共享的国家安全隐患及安全保障机制研究[J].华中科技大学学报（社会科学版），2017（6）：90—97.

跨部门信息共享系统的机制促成部门间的合作与共享信息[①]，这些各自为政的系统与网络最终成为"信息孤岛"，它们各自为政，难以互通，制约着政府信息资源的共享。

正是由于"信息孤岛"的存在，要将这些信息都共享在一个平台，则需要编制统一的技术标准来解决信息共享过程中的编码、格式、电子文件格式、网络通信协议等问题，编制统一的技术标准则涉及与信息共享部门取得共识，包括数据内容、人员安排、安全策略等方面，居民家庭经济状况核对从结果来看是简单的数据传输，从过程来看，则背后隐含着无数次部门之间的协商、利益的协调、信息工程的实施等复杂环节，由此，该机制在建设与运行过程中受"信息孤岛"影响，出现核对数据类型不完整等问题，影响了核对的质量。

（二）信息安全的担忧

跨边界信息共享意味着获取信息的主体增加，虽然在信息共享过程中，需要签署查询授权书，但本质上则为服务于公共行政绩效提升目的的信息扩散过程。在居民家庭经济核对机制建设过程中，信息安全的担忧体现在以下两方面：第一，担心数据共享会违反保密原则。如个人银行存款的查询上，银行业认为民政部门的查询会破坏个人隐私规则，与银行的相关法规不符，如《中华人民共和国商业银行法》第二十九条、第三十条规定为存款人保密、商业银行有权拒绝任何单位的查询，根据《银行结算办法》第十一条规定，银行不能进行任何地方部门委托的查询业务，除非符合相关法律规定，因此查询个人存款与银行业相关保密规定是冲突的，也造成银行个人存款信息共享情况建设缓慢，根据访谈资料显示，CQ 市的居民家庭经济状况核对平台尚未打通个人银行存款的查询[②]、ZJ 省的核对平台目前只能进行国有银行的个人存款查询[③]。第二，担心没有完善的信息安全保障措施与技术、应急预案。维护信息安全，需要采用集中统一的安全管理方式、统一的安全防护平台、信息资源存储中心的安全性，应

---

① 刘密霞，丁艺. 基于顶层设计的电子政务信息资源共享研究［J］. 电子政务，2014（9）: 84-90.

② 资料来源: 2018G8、2018G19 访谈记录。

③ 资料来源: 2018G1、2018G18 访谈记录。

急预案等系统性的信息安全保障措施[1][2]，目前国内部分地区针对居民家庭经济状况核对出台相关工作办法，都提到保密措施的一些规定，归结起来有两个途径的保密措施：①组织内部控制，与工作人员签署保密协议，加强控制每个环节的授权管理制度；②增强抵御外部攻击的能力，定期进行系统维护升级。显然，这些规定尚未达到成体系的安全保障措施，对核对平台的信息安全建设任重道远。

四、财力上的原因

作为政府部门的工作内容，居民家庭经济状况核对平台的建设需要政府财政投入。从实施情况来看，该平台的搭建需要大量资金投入，如山西省级家庭经济状况核对信息系统的一部分政府采购价为789.8万元[3]，这还仅是省级系统的硬件采购投入，若再加上基础设施建设、系统软件、工作人员工资待遇支出等，则是一笔不小的支出。囿于财力限制，目前各地该机制建设进程不一，尤其是落后地区的区县，他们的信息化资金缺乏保障，居民家庭经济状况核对机制建设就较为缓慢；同时有些地方即使已经搭建起核对平台，由于财政资金限制无法购买先进的软件系统，核对过程中出现种种问题，如无法与较多信息共享单位建立数据共享，使得查询到的资料较少，无法充分发挥核查功能。

根据调查显示，目前 ZJ 省的居民家庭经济核对机制各地市建设进程不一，即使同一个市内的不同区县，也存在进度不一致现象，主要跟财力支持有关，一些市县财政支持力度较大，他们的信息化建设进程则较快，反之则较慢[4]。

---

① 赵克.我国社会救助家庭经济状况核对的政务信息共享机制建设研究［D］.青岛大学硕士学位论文，2017.

② 李卫东，徐晓林.云政务信息资源共享的国家安全隐患及安全保障机制研究［J］.华中科技大学学报（社会科学版），2017（6）：90-97.

③ 采招网.低收入家庭认定指导中心省级救助家庭经济状况核对信息系统中标结果［EB/OL］.http：//www.bidcenter.com.cn/newscontent-26312484-4.html，2016-03-07.

④ 资料来源：2018G1 访谈记录。

第四节　城乡低保对象认定基层执行偏差的原因

我国城乡低保对象认定制度的执行主体是乡镇、街道及其延伸部门村委会、社区，上述主体作为地方政府间网络中的执行者，与议题网络的距离最近，完美执行很难实现[①]，城乡低保对象认定主体在执行过程中出现了执行偏差行为，那么这些偏差行为在我国行政管理体制内是如何产生的？基层执行者身处行政治理环境中，受限于工作结构约束和工作压力[②]，他们的政策执行行为则内化为公共利益与私人利益之间的博弈权衡。本书将借助行政发包制内容分析基层行政管理特点，结合调查内容论述基层执行者的政策执行偏差行为影响原因。

一、城乡低保对象认定的基层行政管理特点

（一）行政发包制内容

行政发包制是北京大学学者周黎安教授提出的。它是指行政组织边界之内的治理模式，基于一个统一的权威之下，使发包关系嵌入上下级之间[③]。即它并不是单纯的科层制，又有别于经济学领域的外包制，属于一种混合的、居于科层制和外包制的中间形态，通俗来说，就是在科层制内，将任务打包发给下级部门，上级对下级具有绝对的控制和监督。根据周黎安（2014）的进一步理论论述，行政发包制的特征体现在行政权的分配、经济激励和内部考核三个维度上：在行政权分配上，上级部门作为发包方拥有人事控制权、监察权、审批权和剩余控制权等正式权威，下级部门作为承包方具有执行权、决策权以及自由裁量权。在经济激励上，主要体现在财政预算和人员激励上，下级获得的

---

①　刘磊.基层社会政策执行偏离的机制及其解释——以农村低保政策执行为例[J].湖北社会科学，2016（8）：31-37.

②　定明捷，卜方宇.压力情境下街头官僚应对策略选择的逻辑分析[J].公共管理与政策评论，2018（4）：57-69.

③　周黎安.行政发包制[J].社会，2014（6）：1-38.

财政预算与人员薪酬福利与他们的努力程度高度相关，通过实行预算包干制形成上下级之间的预算分成关系，上级部门给予下级部门一定的财政补助或下级向上级上交一定比例的预算收入，下级部门自负盈亏，下级部门拥有剩余索取权，下级部门具有最大化财政剩余的动机；下级行政人员的薪酬福利及晋升则与创造的收入或服务高度相关的强激励形式。在内部考核上，行政发包制是一种结果导向责任分担机制，上级下达任务指标，结果指标考核代替对下级执行过程和程序的控制，下级基于考核和问责压力想尽各种办法、利用各种手段完成任务。

总体而言，我国的行政治理基本特征以任务下达和指标分解为特征的行政事务层层发包、高度依赖各级地方政府和相关部门单位自筹资金的财政分成和预算包干、以结果导向为特征的考核和检查[1]、下级的信息披露动力缺乏。该特征在基层尤为明显，上级政府保证基层政府认真执行某一项政策，往往会使之与人事任免、财力奖惩或"政治任务"挂钩。[2]因此在压力型体制下，迎合考核指标办事、"报喜不报忧"等行事规则应运而生。

（二）城乡低保对象认定的基层行政管理特点

根据行政发包制内容，查阅民政部、各省市民政部门、区县民政部门和乡镇民政部门的文件，笔者发现低保制度的行政发包路线遵循了各级政府层层发包任务的特点（如图7-8所示）：第一，在任务下达上，层层下达任务目标，执行方案由基层民政部门制定。由下达任务指标，省级民政部门下达任务指标、出台较为宽泛的政策并指导下级部门业务，而市级民政部门依据省级部门任务指标以及政策办法，出台市级的、具有区域特点的低保政策，区县级民政部门以及市级低保政策规定出台本地区的实施细则与财政预算方案，街道、乡镇级民政部门依据区县级民政部门的规定制订执行方案，并向社区、村委会传达。第二，在监督机制上，以结果导向的绩效考核为准，各级出台与任务相关的、容易检测与衡量的"硬指标"，过程性指标则较为欠缺，上级政府将绩效考核作为牵制下级晋升与调节福利待遇的唯一手段，基层民政部门倾向于选择

---

① 周黎安．行政发包制［J］．社会，2014（6）：1-38.

② 寇浩宁，李平菊．"过度化执行"：基层政府与农村低保政策的执行逻辑［J］．深圳大学学报（人文社会科学版），2017（3）：135-141.

性执行与"硬指标"相关的政策①。第三，在基层人力资源上，由于人事控制权在上级部门，上级部门一方面为了降低治理成本而减少编制，另一方面政府职能转型与机构编制改革处于探索阶段，缺乏科学、合理的编制规划，导致基层执行者工作编制少。在无法补充编制的情况下，只能靠加班等方式维持日常工作，引发职业倦怠、降低办事效率、学习新知识和新技术的时间减少等问题。

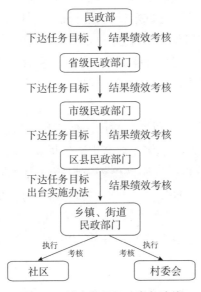

图 7-8　城乡低保行政发包路线

二、基层执行者的执行偏差原因

基于上文研究内容，在行政发包制影响下，基层执行者形成如下行为：

（一）基层人力资源缺乏，工作疲于应付

基层低保部门由于编制问题工作人员数量少、力量薄弱问题一直是民政领域的首要问题。如图 7-9、图 7-10 所示，从 1999~2016 年，乡镇民政助理员人数几乎没有增长，有些年份甚至负增长。2016 年乡、镇、街道民政助理员

① 欧博文，李连江. 中国乡村中的选择性政策执行 [EB/OL]. 三农中国，http://m.aisixiang.com/data/39088-5.html. 2011-03-01.

共有51722名[①]，当年城乡低保人数为6066.7万人[②]，由此可得民政助理员与服务对象之比为1∶1173，即1名民政助理员需向1173名对象提供服务，这与香港地区的此类数据——1∶50形成巨大差距[③]。同时，民政助理员身兼数职是常态，村委会的民政协管员的兼职工作更多，常常是"上面千条线、下面一根针"，他们需要兼职人社、人武、妇女儿童、扶贫、创新等工作，常年处于加班状态，疲于应付工作，只能选择容易达标的、上级重点布置的任务，其他工作就应付过去。低保认定工作的家计调查一般三个月到半年动态核查一次，每年要进行经济核查，在繁重工作背景下，易产生工作漏洞，如某村村干部在申请低保时故意隐瞒自己的身份和家庭收入，利用低保工作中的入户了解、跟踪调查不及时、不细致的漏洞，骗取了低保待遇[④]。本书的实际调查获取的访谈资料也支持了上述观点。

目前民政办只有我1人做社会救助，但工作内容除了要做社会救助内容外，还要做人武工作，人武工作非常繁重，仅每年的征兵工作就要花费很长时间，从动员、报名、审核、组织体检等流程历时大半年。低保工作工作量很大，又非常繁杂，工作要求又高，要求创新：每个月需要做账与各种报表，与财政、银行部门对接，审核村委或社区上交的低保评审材料，到村里面调查，举办低保听证会等，从来没有准点下班过（2018G5访谈记录）。

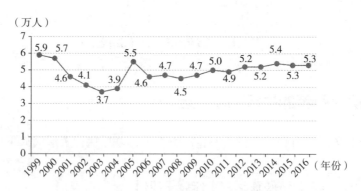

图7-9　1999~2016年乡镇民政助理员人数

资料来源：《2017年中国民政统计年鉴》。

---

①　资料来源：2017年《中国民政统计年鉴》。

②　资料来源：2016年《社会服务发展统计公报》。

③　邵胜，张宏国，周兆星.关于推进杭州市社会工作人才队伍建设的调查与思考［EB/OL］.http://mzt.zjol.com.cn/newsxp/upload/newstxt/200792615213438698.doc，2008-03-13.

④　李远新.这些领工资的人咋成了低保户？［N］.中国纪检监察报，2017-6-6（3）.

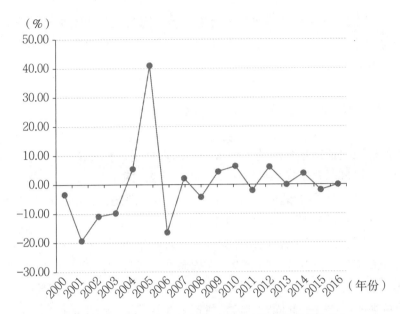

图 7-10　2000~2016 年乡镇民政助理员人数增长变化

资料来源：《2017 年中国民政统计年鉴》。

　　我以前是做环境综合治理的，以为已经够忙了，没想到到了民政办更忙，感觉民政办把半个乡政府的管理工作都做了（2018G4 访谈记录）。

（二）信息披露机制不合理，导致基层低保者的自利行为

　　在信息披露上，如图 7-8 所示，行政发包制体制内的层层发包只有上级到下级的命令下达与考核监督，但下级向上级的信息披露通道并没有，下级控制了信息向上披露[①]。在实际工作中，基层执行者一般利用工作台账、年报向上级进行信息披露，但披露什么信息、信息的质量都是由下级控制，"报喜不报忧"式的信息披露成为其惯用方式，它有利于展现基层执行者的工作表现，甚至能在同级别政府的横向竞争中取胜。同时，在城乡低保对象认定过程中，基层执行者，尤其是村干部，基于熟人社会的人际关系与未来工作开展的便利，他们会被动地与村民合谋，欠缺披露低保申请者信息的主动性，上级部门不问他就不说（见下文的访谈记录）。

　　低保认定时，村干部的工作是很得罪人的，除非家庭经济核查系统可以

---

①　周黎安.行政发包制［J］.社会，2014（6）：1-38.

核对出来，否则一般上级不问他不会说太多，因为没有申请成功的话，有些人会埋怨村干部不帮他，不利于村里其他工作的开展（2018G13、2018G14、2018G15 访谈记录）。

（三）监督机制不合理，出现执行偏差

监督机制包括结果导向的考核机制和问责机制，在考核机制上，一方面，考核指标设置过于笼统导致执行偏差，如附录 2、附录 3 所示，考核指标都以总结性、概括性的词语呈现，这类指标缺乏操作细则，在政策解释、资格准入等环节让基层执行者有较大的自由裁量发挥空间，出现低保错位、权利滥用[①]；另一方面，考核指标的结果导向易出现根据指标进行选择性工作，考核指标的分值较少则花费的时间就少，如附录 2 的考核中，常规工作的分值共有200 分，民政工作仅为 13 分，村委从整体考核分值安排工作，民政自然是处于不受重视的地位。与此同时，考核指标还存在设置不合理的问题，影响工作积极性；以民政部门对基层考核指标之一——低保占比为例，即低保人口占户籍人口的比例，以 HN 市和 QT 县为例，根据 ZJ 省政策规定，低保占比为户籍在册人口的 1%，HN 市经济较为发达，2017 年城镇与农村的人均可支配收入分别为 56139 元、32661 元，当年的城乡低保标准为 7968 元 / 年，仅收入标准上，很少居民的家庭收入低于城乡低保标准，申请低保的人非常少；而 QT县处于 ZJ 省西部，属于欠发达地区，2017 年全县人均可支配收入为 30113 元，城乡低保标准为 8160 元 / 年[②]，申请低保的家庭也非常少，两地基层民政干部都认为这个指标根本无法完成，低保占比指标如果无法完成，则要被扣分 2分，进而影响整个乡镇、街道的排名，最终影响基层工作人员的福利待遇。[③]

除此之外，考核形式化问题也是造成基层执行者执行偏差的原因之一。考核形式化主要表现为考核名目繁多、考核频率过高、多头重复考核、重留痕轻实绩[④]，2018 年《半月谈》杂志记者对该问题进行了一系列调研，从下文调研

[①] 褚慧蕾，宋明爽.低保政策执行中的基层自由裁量权探析——以 J 街道为例［J］.青岛农业大学学报（社会科学版），2016（1）：64-68.

[②] 资料来源：2017 年 QT 县国民经济和社会发展统计公报。

[③] 资料来源：2018G4、2018G5、2018G6 访谈记录。

[④] 搜狐网.解除基层形式主义考核的困扰［EB/OL］.http：//www.sohu.com/a/260276894_100138208，2018-10-18.

题目即可窥见基层监督检查形式化的严重程度。

《来督导督查的人比抓落实的还多》《奇葩考核逼出年终迎检乱象》《迎检办公室，4 年装 3 次》《讲课再累都不怕，就怕各级搞检查》《以痕迹论政绩，"痕迹主义"有点过了》《责任层层甩，基层兜不住》《你能甩责任，我就瞎对付》《你再压担子，我真撂挑子》《警惕压力传导沦为"层层加码"》《基层公务员成"高危"职业？》《"二传手"干部恶化基层政治生态》《夜访乡镇干部听"三盼"》《基层干部有"五怕"，样样头疼》《谈起休假，基层干部全是泪》《反形式主义之举，也可能沦为形式主义》《基层汇报材料能拧出多少水分》《属地管理之惑：要管没权，不管"背锅"》《滥用问责"五座大山"伤了基层干部》

——2018 年半月谈系列调研报道

在扶贫攻坚时期，基层执行者也面临同类压力。上级部门往往为克服结果导向考核机制造成的弊端，一般会采取多层级、多部门联合的、单任务专项治理作为补救①，如 2018 年民政部开展为期 3 年的农村低保专项治理工作，重点治理四个方面：一是严肃查处腐败问题，二是切实改进民政系统工作作风，三是坚决筑牢农村低保兜底保障底线，四是建立农村低保规范管理长效机制。同时为了推动撰写治理深入开展，要将专项治理工作纳入民政重点工作考核评估范围②。上级政策初衷是善意的，但下级部门往往"用力过度"，本质上也是一种自由裁量权下的执行偏差。考核的形式主义导致基层民政执行者工作压力增加，甚至丧失工作热情与职业归属感。监督考核上存在形式主义，行政干部问责制也存在形式主义，动不动就被问责。下文笔者的调查结果也回应了上述研究结果。

现在对基层考核太多了，基层不堪重负，都快麻木了，普遍有种死猪不怕开水烫的感觉，我们甚至对考核结果不在意了（2018G11 访谈记录）。

基层工作压力太大了，也没什么盼头，很多人都不想在基层干了（2018G12 访谈记录）。

民政工作主要压力就是考核和审计，我们最怕这两个了（2018G10 访谈记录）。

---

① 周黎安 . 行政发包制［J］. 社会，2014（6）：1-38.

② 新华网 . 民政部开展为期 3 年的农村低保专项治理工作［EB/OL］. https : //news.china.com/domesticgd/10000159/20180419/32328494.html，2018-04-19.

今年上半年县里动态审核，退了 200 多户低保，我们被纪委叫过去诫勉谈话了，说我们动态管理不够，一下子退出太多（2018G6 访谈记录）。

第五节　本章小结

本章基于政策网络理论分析导致城乡低保对象认定机制问题的原因，主要原因在于各部分主体之间的利益协调失衡，通过不同的视角研究呈现多元主体利益互动过程，主要形成如下研究结论：

在城乡低保对象认定标准政策决策环节，缺乏上级监督、地方政府之间横向竞争压力以及"一把手"是否重视等原因影响了政策决策，多方利益博弈的结果形成当前我国在应对支出型贫困方面不同的救助政策，导致支出标准成为城乡低保对象认定标准也并未形成全国统一共识。

在居民家庭经济状况核对机制问题上，从电子政务信息共享视角出发，分析产生这方面的多个层面原因，主要包括：从信息共享职能部门与机构来看，缺乏组织信任、缺乏领导力以及组织自利等原因；从法律视角来看，相关法律立法层次较低与法律效力不足；从信息和技术视角来看，"信息孤岛"的存在与信息安全的担忧；从财力视角来看，财力限制导致居民家庭经济状况核对机制建设问题。

在基层执行者的执行偏差上，从行政发包制视角出发，归纳城乡低保基层行政发包路线与管理特点，发现城乡低保基层执行者在现有的行政环境下，由于基层人力资源缺乏、信息披露机制不合理与监督机制不合理三方面原因导致基层行政执行偏差。

第**8**章

城乡低保对象认定机制优化对策

城乡低保对象认定机制未来应建立对象认定的长效机制，能够随着社会经济发展而不断调整对象认定规定，实现精准瞄准的目标。为达到这种长效治理的效果，应充分调动各种资源，包括公共部门与私人部门的资源。城乡低保对象认定机制存在的各种问题，根源在于网络内部各主体之间的利益冲突，因此，本书认为解决当前城乡低保对象认定机制的问题，应平衡多元主体的利益，促成各级政府的达成共识以实现城乡低保对象认定标准的优化、协调信息共享主体利益实现居民家庭经济状况核对机制的优化、完善对基层政策执行者的管理以实现城乡低保基层行政管理的优化，进而促进城乡低保对象认定长效机制的形成。

第一节　城乡低保对象认定标准优化对策

我国城乡低保对象认定标准主要是收入标准与家庭财产，这种认定办法虽有其合理性和科学性，但其局限性或者弊端日益暴露出来。同时，国际上也认识到这种制度的缺陷，近几年纷纷着手改革，且为我们提供较多先进经验。同时，我国的贫困群体、贫困的表现方式等都发生了根本性转变，我国政府应反思当前的城乡低保对象认定机制。根据前文分析，本书认为当前城乡低保对象认定机制的优化需改变低保对象认定标准，增加支出标准，具体将从以下两方面展开研究：第一，出台将支出标准纳入城乡低保对象认定标准的顶层设计；第二，具体支出标准设计。

一、出台将支出标准纳入城乡低保对象认定标准的顶层设计

贫困的收支标准促使我们重新去思考现行城乡低保对象认定标准的合理

性，可以说，支出型贫困的存在是当前救助制度设计不合理的结果，部分地方政府虽已将支出标准纳入城乡低保对象认定标准之中，但仍存在其他做法，诸如建立独立于支出型贫困救助政策或简单将医疗支出给予报销的非正式救助安排，这将导致未来我国的城乡低保、支出型贫困救助、医疗救助等救助政策体系的碎片化，统一的顶层设计亟待出台。

我国支出型贫困的存在是城乡低保对象认定缺乏支出标准造成的，城乡低保制度维护的是底线公平，保障的是人的基本生存权[①]。现行城乡低保制度若仍沿用单一的收入标准，则无法将因刚性大额支出导致的生存危机对象纳入保障范畴，对人的基本生存权的保障则无从体现。从这个层面上来说，城乡低保对象认定应该用收入和支出两个标准共同认定贫困对象，对支出型贫困对象进行城乡低保救助具有合理性，各地应在这方面形成统一共识。

贫困的相关研究也证明了收支双重标准衡量贫困的合理性，基于前文研究，一些学者认为应用收入标准去捕获人们的物质生存需求，用支出标准捕获基本生存需求之外的发展性需求，收支标准并用才能全面衡量贫困的状况。上述内容为城乡低保对象认定实现收支双重标准的合理性奠定理论基础。在实践上，由前文分析可知，扶贫领域已实行收支两个标准来认定贫困对象，且对农村低保制度提出用收支标准认定农村低保对象的要求，中央级别的政策出台无疑有助于减少政策网络制定各主体之间的利益博弈与政策质疑，有利于政策制定共识的形成。

由此，从理论与实践层面证明城乡低保对象认定实行收支标准的合理性，那么城乡低保制度的中央顶层设计应转变对贫困的认识，不仅要统一顶层设计的参与部门对贫困的认识，还要整合各级地方政府对贫困的认识与实践做法，形成将收支标准作为城乡低保对象认定标准的统一制度设计，并督促下级政府在该框架内形成制度实践。

二、制度修正与调整的具体设计思路

统一对城乡低保对象认定标准的认识之后，现行城乡低保对象认定标准则需要进行修正，主要从以下两个方面着手：

---

① 仇叶，贺雪峰.泛福利化：农村低保制度的政策目标偏移及其解释[J].政治学研究,2017(3):
63–74.

（一）城乡低保对象认定标准应增加支出标准

在现行的收入与家庭财产标准下，在城乡低保对象认定标准中增加支出标准，即家庭人均可支配收入在扣减规定的支出项目的数额之后，如果差额低于低保标准，则给予差额或全额低保标准补偿。可以预见，这样的设计一方面可以利用收入标准将一些收入型贫困对象纳入低保范围内，另一方面可以将因支出过大而陷入绝对贫困的对象纳入低保范围，覆盖了现行低保、低保边缘及部分支出型贫困对象，而剩下的、未被城乡低保覆盖的支出型贫困对象则可以申请临时救助等其他救助项目。

（二）设定合理的支出项目

本章将着重研究哪些支出项目应列入支出标准，实质是对支出型贫困的致贫因素的认识。多数研究认为支出型贫困的主要致贫因素是医疗支出、教育支出，部分地区的支出型贫困救助政策也多设定医疗支出和教育支出作为救助对象认定标准内容，但仅限两类支出显得救助政策功能单一、作用有限，而且也不符合实际情况。从理论上来说，发展型社会救助的目的是维护国民的生存权与发展权，那些影响国民生存权与发展权的支出项目都应被包含进来，具体可包含医疗、住房、照护、教育与就业等方面的支出。事实上，境外也有部分地区按照收入扣减支出的做法来认定低收入对象，如香港地区的综援计划，根据香港社会福利署 2018 年 10 月发布的《综合社会保障援助指引（网上版）》相关内容，可以看到该计划的收入审查规定：申请人及其家庭成员每月可评估的总收入不足以应付他们在综援计划下的每月认可需要总额（即满足认可需要的支出总额），才能获得综援计划资格。认可需要包括基本需要和特别需要，基本需要是指残疾人士或健康欠佳人士生活所需基本需要，特别需要是指残疾人士、健康欠佳人士以及健全人士在某些方面的特殊需要，具体需要类别详见表 8-1。

具体到我国城乡低保对象认定的支出项目，可以参考 2018 年 10 月《个人所得税专项附加扣除暂行办法》，该办法将大病医疗、子女教育、继续教育、赡养老人以及住房贷款和租房六项支出纳入个人所得税专项扣除。这六项支出是家庭中最基本的以及消费支出占比较高的项目[①]，作为影响全国的税收方面

[①]　财经观察家.个税专项扣除，你怎么做才能享受到？［EB/OL］. https：//baijiahao.baidu.com/s?id=1615305580657846138&wfr=spider&for=pc，2018-10-26.

的办法规定，将这六项消费支出作为扣除项目的合理性必定是经过理论与实际的论证，因此，本书认为城乡低保对象认定中的支出项目主要为医疗、教育、住房、照护（赡养老人）四个方面。

表 8-1　香港综援计划的认可需要内容

基本需要 （开支）	①60 岁或以上的不同残疾程度的长者基本生活需求（如护理费）； ②60 岁以下而健康欠佳的成人与残疾儿童的基本生活需求； ③60 岁以下健全成人与儿童的基本生活需求
特殊需要 （开支）	①年老、残疾等家庭成员的家居用品与耐用品开支； ②单亲家庭面临的特殊困难所支付的费用； ③居家养老的残疾或健康欠佳的老人生活费用； ④年龄在 12~64 岁的需要经常护理的严重残疾人士的交通费； ⑤残疾或健康欠佳的居住于院舍的老人的住宿费； ⑥老人、残疾人士与健康欠佳人士的特殊费用：a. 住房方面的费用，包括房租、水费与排污费、更换家居电线费等；b. 日常活动方面的费用，包括往返医院 / 诊所的交通费、丧葬费等；c. 医疗与康复方面的费用，包括贫血、恶性肿瘤等病人和需进食流质食物的、处于术后修养期的病人及造口病人的膳食费用，医疗康复卫生用品费用（如轮椅、助听器等），眼镜费用，牙科治疗费用，特别护理费用以及入住院舍所需的身体检查费用，特殊护理费；d. 照顾学前儿童的费用，包括幼儿中心费用与暂托幼儿服务费用；e. 就学开支，包括学费、学生午餐费、往返学校交通费等学杂费； ⑦健全成人 / 儿童方面的特殊费用：租金、水费与排污费、照顾幼儿方面的费用等

资料来源：香港社会福利署 2018 年 10 月发布的《综合社会保障援助指引（网上版）》。

1. 医疗支出的设计

由于我国医疗卫生制度发展的滞后性，导致了看病贵的问题。虽然导致这个问题发生的因素很多，但与自费医疗密切相关。自费医疗问题主要表现在以下两个方面：一是医保目录过于狭窄，诊疗目录、药品目录、检查目录等过于严格，即使在医保定点医院看病，时常会发生高昂的自费医疗费用；二是许多民营医院没有被纳入到医保定点医院之中，常常导致民营医院的医疗费用无法报销。

基于医疗卫生制度建设的落后以及看病治疗的刚性需求的特征，医疗支出规定应从宽处理，可以放宽到绝大多数的自费医疗费用，但必须是正规医疗机构开具的发票，另外由于救助资源的稀缺性与医疗的诱导消费问题（患者倾向于购买进口药和进口设备检查），可以学习 HN 市的做法，在认定救助对象时，按照国产同类药品与设备检查所支付的费用来核定，以减少道德风险。

2. 教育支出的设计

目前，我国仅针对城乡困难家庭实行不同教育阶段相应的教育资助体系（见表 8-2），学校对于城乡困难家庭的认定以学生能否提供"低保或困难家庭资格文件"为审核标准。在教育支出的设计上，应主要考虑两个问题：一是哪个阶段的教育费用应该被承认；二是哪些教育费用应该被计算进来。探讨这两个问题的基本理念是：是否必需的或者刚性的。如果是必需或者刚性的需求，那就应该考虑；反之，不应该考虑。

关于第一个问题，一些地方的支出型贫困救助政策实践只规定小学、中学、大学的学费应被认定，学前教育与研究生教育没有被考虑进来。基于人人都能享受各个阶段教育的理念，各个教育阶段所发生的教育费用应成为教育支出的认定范围。

关于第二个问题，主要涉及两个方面：一是学校性质；二是学费与其他费用。对于公办学校的教育费用纳入支出型贫困救助政策之中，关于这一点没有多大的争议；比较具有争议的是民办学校的教育费用，很多人认为不应该将之纳入进来，但本书认为比较恰当的做法是民办的中小学教育费用不应该作为教育支出的认定内容，其他教育阶段的教育费用则可以按照对应的公办教育费用水平适当提升给予认定。这是因为公办中小学资源比较充足，只要想上基本上都能上，有些家庭之所以选择民办中小学，是为了享受更好的教育资源，所以民办中小学教育费用不能被纳入教育支出认定范畴。而其他阶段的民办教育费用则应被纳入教育支出，尤其是高等教育，因为我国的公办高等教育还是有限资源，不是人人都能上，势必有一大批学生要上民办学校，上民办高校并不是学生或者家庭所希望的选择，是为了将来发展而做出的一种无奈的选择。

至于教育费用种类问题，本书认为应该依据不同教育阶段设置相应的教育支出认定内容，在儿童教育阶段，主要对学费、保育费、住宿费和必要学习用品费等必备的教育费用进行救助，在青少年教育阶段，主要对学费、住宿费、书本费、餐费等教育支出进行救助，补习、辅导等教育费用原则上不应该纳入进来。

在这样的设计下，一些家庭因为教育支出过大而陷入贫困的情况就可以获得救助，如将国家奖学金和助学金的获取对象覆盖至支出型贫困家庭子女、减免部分学费和住宿费、提供部分寄宿费和伙食补贴、增加勤工助学岗位等，以帮助支出型贫困家庭子女顺利完成学业，增强就业能力以帮助家庭摆脱贫困。

表 8-2　我国不同教育阶段针对贫困生的资助体系

受教育阶段	资助体系
学前教育	按照"地方先行、中央补助"的原则，对普惠性幼儿园在园家庭经济困难儿童、孤儿和残疾儿童予以资助；同时鼓励社会力量资助
义务教育阶段	除免除学杂费外，还对农村学生和城市家庭经济困难学生免费提供教科书，对农村学生免费配发汉语字典，对家庭经济困难寄宿生提供生活补助，实施营养改善计划等
普通高中教育阶段	建立起以政府为主导，国家助学金为主体，学校减免学费等为补充，社会力量积极参与的普通高中家庭经济困难学生资助政策体系
中等职业教育阶段	建立起以国家免学费、国家助学金为主，学校和社会资助及顶岗实习等为补充的学生资助政策体系
本专科生教育阶段	国家奖助学金、国家助学贷款、学费补偿贷款代偿、校内奖助学金、勤工助学、困难补助、伙食补贴、学费减免、"绿色通道"等多种方式的混合资助体系
研究生阶段	国家奖助学金、"三助"岗位津贴、国家助学贷款、学费补偿贷款代偿等多种方式并举

资料来源：根据全国教育资助政策整理而来。

3.照护支出的设计

我国人口老龄化加剧致使长期照护需求大幅增加，如何保证老年人有尊严地安享晚年，成为社会保障体系建设的首要任务。老年人的养老问题除了日常的吃穿住行之外，最主要的开支就是照护开支（医疗费用也是老年人的主要开支，本书将之归入上文的医疗支出）。随着照护成本的提高，越来越多的老年人及其家庭没有足够的经济能力来购买长期照护服务，照护支出成为家庭的一大负担，因此本书认为在量化赡养老人方面的支出应主要考察满足基本生活需求的日常支出与照护支出。

日常支出确定较为容易，可按照城乡低保标准确定。由于我国的长期照护体系尚未成熟，照护支出的确定需要慎重，并非所有的照护支出都应纳入统计范畴，只有经过老年照护需求评估之后所采取的医疗或照护措施发生的费用才给予认定，长期护理一般将评估结果分为正常、照护一级、照护二级、照护三级、照护四级、照护五级、照护六级、建议二级及以上医疗机构就诊[1]，社会救助认定机构应根据上述分级评估结果的照护活动所产生的费用给予认定。同

---

[1]　资料来源：《上海市人民政府办公厅印发关于全面推进老年照护统一需求评估体系建设意见的通知》（沪府办〔2016〕104 号）。

时，照护支出的年龄认定上不做限制，不能局限于老年人甚至高龄老年人，残疾儿童等群体发生的照护费用也应纳入照护支出认定范围。

4. 住房支出的设计

各地政府针对贫困群体实施了廉租房、经济适用房及住房补贴等政策，但这些政策主要针对低保家庭和低收入家庭。由于我国不合理的房价导致城乡居民存在大量的住房困难群体，现行的住房保障政策已不足以很好地解决上述群体的住房困难问题。

结合香港综援计划与我国个人所得税专项抵扣的做法，本书认为当前的住房支出应主要以满足城乡低保家庭财产标准中的人均住房面积内的、低于当地平均房租水平的住房租金作为住房支出的认定，住房贷款暂时不应纳入住房支出认定范畴，这是因为：第一，不成熟的房地产市场导致商品房价格定价缺乏理性，住房贷款虽能反映家庭支出情况，但不能反映产品事实价格水平。第二，租金能以较少的支出完成基本住房功能性需求，而住房贷款下的住房需求的实现需要支付不菲的首付费用，偏离了社会救助的兜底功能与价值取向。

总体而言，本书认为在城乡低保对象认定标准中增加包含医疗、教育、照护、住房等支出标准，如果家庭人均收入高于城乡低保标准，但经过上述四项支出抵扣之后低于城乡低保标准的，应给予低保救助。目前我国部分地区的城乡低保已经将医疗和教育支出作为抵扣项目，积累了一定的经验，因此建议政府部门若要在全国范围内的城乡低保制度中推广该做法，可以先扣减医疗支出和教育支出，随后再将照护支出和住房支出纳入城乡低保对象认定支出标准中。

第二节　城乡低保居民家庭经济状况核对机制优化对策

在对城乡低保对象认定标准形成清晰的顶层制度设计之后，对家庭收入、支出和财产三个标准需要准确的数据比对才能提高城乡低保对象认定的瞄准率。随着互联网技术的发展以及我国电子政务信息跨部门共享机制的逐步建立，居民家庭经济核对机制建设应该借这股"东风"，形成完善的居民家庭经济核对机制，助力城乡低保对象以及其他社会救助对象的精准认定。

一、加强居民家庭经济状况核对机制纵向与横向协调发展

电子政务共享体系应是一个条块结合、纵横交错的网状立体交叉结构，既能体现纵向的行政管理层级意志与业务经办需求，也能满足横向的不同职能部门的业务需求，这就需要纵向与横向的协同操作，实现纵横发展。电子政务信息共享包括政府将各方面信息与居民、企事业单位等社会团体共享，以及政府内部部门之间的信息共享。居民家庭经济状况核对则属于后者，纵横两个方向的协调发展有利于该机制的完善。

（一）协调发展原则

居民家庭经济状况核对机制作为一个信息共享机制，虽然是一个公共产品，但随着信息被他人共享会影响信息所有者利益受损，导致资源价值贬值，政府部门作为"理性经济人"自然不愿意参与信息共享，致使居民家庭经济信息共享进展缓慢，因此，在未来居民家庭经济信息共享建设过程中，纵向与横向部门协同发展应遵循以下原则：

1. 社会效益优先的原则

纵向各级政府与横向各政府部门都承担着公共管理职能，解决的是社会成员公共利益问题，履行的是提供公共服务职责。居民家庭经济信息共享实质上是一种政府公共管理的创新方法，归根结底其目的是提高公共服务效率、提升公共行政满意度，进而实现公众的公共利益。因此，在居民家庭经济状况核对机制建设过程中，应遵循社会效益优先原则，不能因为影响到本部门利益而不作为、不共享信息。

2. 兼顾经济效益原则

电子政务信息共享是政府部门将政务信息收集、加工、储存、传递的连贯过程。在这个过程中，各方参与者各方都有对自身经济利益的追求，部门之间、省际之间存在要考虑自身经济利益的一面，除了失去信息独占权导致的利益受损外，参与者还需要考虑本级政府、本部门的成本，包括人力资源成本、投入到信息共享中的设备费用与软件费用、运营维护费用、业务培训费用等，这些需要耗费巨额的财政支出，但这些投入可以带来远期的经济效益，即购买电子设备、培训等电子产品的支出，拉动了消费，创造了经济效益；促成个

人、企业与政府打交道的直接费用和机会成本降低；政府运营成本降低，许多政府工作都将通过网络互动实现，节省大量人力、物力，可以促进精简编制，提高政府运营效率。居民家庭经济状况核对机制的建立也体现了上述经济效益，虽然该效益从短期来看不显著，长期经济效益必然大于当前财政投入。

（二）加强纵向顶层设计与层级协调发展

居民家庭经济状况核对自 2007 年开始建设以来，虽取得了一定成效，但整体进展较为缓慢，纵向层面的措施完善与否直接直接影响该机制的健康发展。纵向层面包括中央顶层设计规划的完善、各级政府之间共享关系协调发展。

1. 出台相关法律制度，完善顶层设计

在居民家庭经济状况核对机制建设过程中，顶层设计主体为民政部。相关政策文件规定："民政部会同有关部门抓紧制定城市低收入家庭资格认定办法"[①]，由此可见，民政部是居民家庭经济状况核对方案的顶层设计主体，随后颁布的部委级别的相关文件，如《城市低收入家庭认定办法》。而这些文件存在两方面问题：第一，较少涉及部门信息衔接、平台设计、资金投入、信息标准化建设、管理制度、监督措施以及具体落实时间等方面，各级地方政府则依据本地实际情况有选择地进行机制建设；第二，政策效力不足，文件多以部门规章、办法为主，缺乏统一的体现国家意志的法律，尤其是电子政务信息共享方面的国家层面的法律文件没有出台，致使各级地方政府、各级部门的责任、权利与义务都较为模糊，存在选择性操作空间。

西方国家的电子政务信息建设前提是颁布相关法律，通过法律性质明确各级政府与各职能部门的信息共享配合责任与义务，如德国的《联邦行政程序法》、美国的《阳光下的政府法》与《联邦信息资源管理政策》、英国的《电子政务行动法案》等。因此，我国应尽快制定中央顶层的电子政务信息共享法律，明确各级政府在建设电子政务信息共享方面的责任与义务、明确各部门有从相关部门获悉信息的权益与提供信息的义务、电子信息共享管理体制、电子信息共享的安全与保密机制等内容。居民家庭经济状况核对机制作为电子政务信息共享的一部分，它所面临的问题与电子政务信息共享面临的问题是类似

---

① 资料来源：《国务院关于解决城市低收入家庭住房困难的若干意见》（国发〔2007〕24 号）。

的，依靠民政部门解决不了各级地方政府与各部门之间利益协调问题，居民家庭经济核对机制建设进程的加快必须依托国家层面的电子政务信息共享机制的完善。

2. 各级政府之间共享关系协调发展

纵向方面的措施主要是协调处理中央与省级、省级与市县的各级政府之间共享关系，进一步理顺中央和地方在居民家庭经济信息共享中的关系、明确划分各层级政府的事权范围，充分调动积极性。

首先，中央层面可进行强有力的规划与推动，尽量减少甚至消除纵向各级地方政府间电子政务信息共享障碍。需要由国家统一管理的内容，则由中央直接管理，需要因地制宜处理的事项，则归地方管理，介于两者之间的，则由中央和地方协商管理。同时，由于各地已逐步开展居民家庭经济状况核对机制和电子政务信息共享机制建设，中央要做好将不同地方政府之间的信息平台、地方与中央层面信息平台的衔接。

其次，各级地方政府需统筹安排本地电子政务信息资源共享工作，整合各类政府信息平台与资源。具体而言，可设立各级政府信息化主管部门，专职负责组织指导和监督检查共享工作，并依据国家顶层设计要求建立电子政务信息资源目录体系、共享体系和信息共享平台等，实现对电子政务信息共享平台的统一建设管理、运行维护、日常监测等工作，同时提供统一的信息标准与技术规范，为政务信息资源共享工作奠定技术支撑，从而畅通部门间数据共享渠道，使分散于各部门的数据汇集到统一的数据平台，促进政府间各部门数据信息的共享。

（三）促进横向职能部门之间信息的自愿共享模式

横向共享是电子政务信息共享目标实现的关键，是开展协同政府的基础，是公共服务社会化的保障，但由于行政体制的制约，横向系统间不具有行政的隶属和制约关系，不同的信息资源分属不同行政系统，信息资源采集、加工整理和维护经费的渠道和比例都不相同，往往出现一些部门增加了工作量与投入，而收到收益的却是另外部门[1]，导致电子政务本身规划和投资取向的影响

---

[1] 罗贤春，文庭孝，张新宇等.电子政务信息资源共享与社会化服务研究[M].北京：人民出版社，2012.

难以实现，因此，从横向职能部门视角而言，居民家庭经济状况核对机制的完善需建立电子信息自愿共享模式。[①]

横向职能部门之间的电子信息自愿共享的前提是互惠互利，提高组织间的信任与合作，形成不同政府部门之间的多赢格局，这就需要形成共享成本与利益补偿机制。首先，在成本分摊机制上，共享单位与被共享单位形成一定比例的成本分摊机制；居民家庭经济状况核对涉及财政、税务、人力资源与社会保障、工商、交通、金融系统、住房与城乡建设等多个政府部门，因此，实现居民家庭经济状况准确核对的前提是将这些部分的信息按照规定的格式、软件以及硬件进行处理。同时还需要专人负责操作，这对非民政部门来说都是额外的工作与投入，占据有限的工作经费与人力成本，因此，应当对因建设居民家庭经济核对机制而产生的额外工作量与经费支出进行合理的成本分摊，上级部门可通过增加编制或共享单位负担相应的运行经费予以补偿等。其次，上级部门将电子政务信息共享作为绩效考核的指标，建立绩效评价机制；横向职能部门之所以对共享的积极性不高，在于电子政务信息共享直接损害了本部门工作人员的利益，增加工作量。因此横向职能部门的上级部门应建立恰当的绩效考核机制，激励和鞭策下级部门积极参与到居民家庭经济信息共享中来，形成电子政务信息共享的互惠互利意识，促使职能部门领导与下级工作人员的共享意识转化为行动。最后，引入竞争机制。居民家庭经济信息共享的合作需要建立互惠互利的利益协调机制，同时，适当引入竞争机制也是非常必要的，通过竞争规则，引起政府部门之间的竞争促进信息资源共享。如德国政府就强调，如果某一政府部门不履行信息共享的职责，那么它将不能得到其他政府部门免费提供的相关信息和服务，我们也可以参考该做法，形成横向职能部门之间的竞争意识以促进电子政务信息共享的实现。

二、加快与国家、省级电子政务信息共享平台衔接建设

电子政务信息共享是将异构系统的数据集中到同一平台，进行数据管理、数据信息查询活动，但并非所有数据都能直接在平台上查询。根据 2016 年发布的《政务信息资源共享管理暂行办法》（国发〔2016〕51 号）第九条、第十二条规定，电子政务信息共享类型分为无条件共享、有条件共享、不予共享

---

① 罗贤春，文庭孝，张新宇等.电子政务信息资源共享与社会化服务研究［M］.北京：人民出版社，2012.

三种类型，无条件共享类型可提供给所有政务部门共享使用的政务信息资源，可以在国家共享平台上直接查询获取；有条件共享类型则是指可提供给相关政务部门共享使用或仅能够部分提供给所有政务部门共享使用的信息，需要申请获得；不予共享类型是不宜提供给其他部门共享使用的信息，需要双方进行协商才能获得。居民家庭经济状况核对涉及的信息以税务、金融、社保等家庭财产方面的信息，保密性要求较高，基本属于有条件共享信息。因此现行居民家庭经济状况核对主要运作模式是民政部门通过核对平台向其他职能部门发起核对或比对信息要求，其他职能部门再在本部门系统中查询相关信息，并不能直接在国家或省级电子政务信息共享平台上直接查询，各部门数据并未放在核对平台，仍需要各职能部门利用本部门的系统进行逐步查询与比对，查询效率仍然不高。如果居民家庭经济核对平台能与国家、省级电子政务信息共享平台衔接，高质量的、高效率的、跨区域、跨部门、跨层级的居民家庭经济信息则可以被查询到，届时城乡低保的瞄准效率能得以提升。那么，在国家建立统一的电子信息政务共享平台的发展趋势下，居民家庭经济核对平台应如何实现与国家、省级电子政务信息共享平台的衔接？

（一）重视与电子政务信息共享衔接工作

随着互联网技术的发展，运用大数据推动经济发展、完善社会治理、提升政府服务和监管能力正成为全球发展趋势，电子政务信息共享则是对这一发展趋势的呼应。我国电子政务信息共享建设进程较快，基本建立了国家数据共享交换平台体系和全国数据资源目录体系，实现跨地域、跨层级、跨部门的数据共享交换到 300 亿次[①]。可见，国家与省级电子政务信息平台未来将在居民家庭经济信息方面的核查发挥居民家庭经济状况核对平台无可比拟的作用，城乡低保的家计调查工作如果依托上述两大平台，城乡低保对象的瞄准效率将会大大提高，因此，民政部门应重视与国家、省级电子政务信息共享平台的衔接。

（二）促进与国家电子政务信息共享平台衔接应准备的工作

居民家庭经济核对平台是由民政部主导建立的，并未实现跨层级、跨区域

---

① 陈发强、陈月华、杨绍亮.政务信息系统整合共享安全问题分析与对策［EB/OL］.http：//www.sic.gov.cn/News/91/9561.htm，2018–10–29.

共享，是国家电子政务信息共享整合的对象之一，即所谓的"信息烟囱"。2015年，国务院印发的《促进大数据发展行动纲要》提出要严格控制新建孤立的信息平台和信息系统，整合各类政府信息平台和信息系统。各部门数据向国家电子政务内网或外网迁移，统一接入国家数据共享交换平台。因此，民政部门要积极促进与国家电子政务信息共享平台衔接，而真正意义上的"互联网＋政务服务"是政府部门间具有很强的数据共享能力，为其他部门的业务开展提供鲜活的、实时的、权威的业务数据①。因此，具体的准备工作主要集中在信息技术标准的衔接上，可依据国家电子政务信息平台的信息化标准进行平台内部的调整，包括信息编码、概念术语、数据库标准、软件和系统设计标准、系统文本和标识规范等信息标准化基础内容（如图 8-1 所示）以及信息管理制度，民政部则向各级民政部门推广该平台的信息标准化基础内容，部署建成与国家电子政务信息共享平台衔接的核对系统，进而消除衔接过程中的障碍，将散落在各地、各级民政部门的信息数据汇集在一起，为异构数据的共享奠定基础。

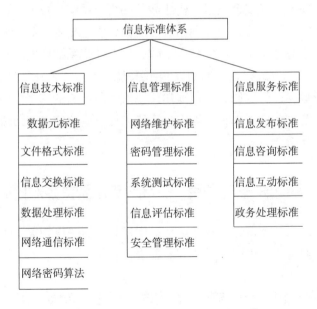

图 8-1　电子政务信息标准体系结构②

---

① 翟云．基于"互联网＋政务服务"情境的数据共享与业务协同［J］．中国行政管理，2017（10）：66-70.

② 何振等著．电子政务信息资源的共建与共享研究［M］．北京：中国科学出版社，2009.

三、构建电子政务信息安全体系，保障电子政务信息的安全

　　横向职能部门不愿意共享数据的一个主要原因是对居民家庭经济核对机制的信息安全顾虑，在实现与国家电子信息共享平台衔接之前与之后，都应注重电子信息安全体系的构建。居民家庭经济状况核对平台将多个部门的数据汇集在一起，易成为境外黑客组织的攻击目标进而影响到国家信息安全，而且个人隐私也存在泄露的风险从而可能导致个人利益受损。

　　针对电子信息安全的防御，电子政务信息安全体系应从安全策略、安全技术保障、安全组织与安全管理等多方面保护电子信息安全，防御各类侵害电子信息安全的行为[1]。2016年美国联邦网络安全研究和开发战略计划提出四个防御要素：威慑、保护、检测和适应[2]。具体到居民家庭经济状况核对平台的信息安全体系构建方面：首先，按照国家涉密信息系统分级保护等规定形成管理、保护和发布居民家庭经济状况数据信息的法律、法规与实施细则，将之作为安全策略提供全新指导，防止涉及个人隐私及其他重要数据被泄露、篡改或滥用。其次，完善信息安全技术，构建涉及网络、系统、数据与应用等方面安全的多层防御技术保障体系，可利用成熟的信息安全技术，如身份认证、访问控制、数据加密等技术手段，保障电子政务信息共享系统的安全运行与数据的安全保存。最后，形成权责分明的安全组织保障体系，明确信息安全决策层、管理层、执行层、监管层四方面制度建设，落实各层面的安全措施，规范信息系统日常安全防护管理工作，加强应急演练以提升应急能力，形成有效的安全管理流程控制体系。

四、增加支出标准的核对项目，提高对支出型贫困对象的瞄准效率

　　支出标准纳入城乡低保对象认定标准中，必然需要将相关支出项目作为核对内容进行核对，主要可以从以下方面着手：

（一）增加支出项目的核对，强化支出型贫困的精准识别

　　目前居民家庭经济状况核对平台掌握了居民的主要收入情况，由于支出型

---

① 李军，彭凯.政务地理空间信息资源管理与共享服务应用［M］.北京：北京大学出版社，2009.
② 周民.电子政务发展前沿（2017）［M］.北京：中国经济出版社，2017.

贫困的出现，本书认为只有充分掌握家庭的收支情况才能有效甄别支出型贫困群体和低保群体。

在现阶段，根据前文研究，居民家庭经济状况核对平台可以对医疗与教育支出进行核对，居民家庭经济状况核对平台可以将医保定点的各类医院与药店等医疗机构、各级学校纳入核对平台，根据居民提供的门诊、住院、学费、住宿费、学杂费等支出的发票进行数据比对，为支出型贫困对象的精准识别提供依据。

（二）提升核对工作人员的技术能力

居民家庭经济核对之所以能发挥作用，除了互联互通的信息系统之外，专业的核对工作人员也是工作有效开展的关键。核对机构普遍存在机构建设较晚、核对人员年轻化、缺乏核对专业背景和工作经验等问题，民政部门应尽快对各类核对工作人员进行全面培训，围绕法规制度、核对政策、系统运营管理、系统使用开展、数据安全等方面展开，最终形成具有丰富的核对专业知识、较高的信息安全意识和熟练的应急处理技能的人才队伍。

第三节　城乡低保基层行政管理的优化对策

行政管理是制度目标实现的载体。基层工作人员是制度的直接执行者，政策执行质量与基层工作人员息息相关。目前基层工作人员数量少、工作量大、待遇水平低、职业认同度低，应出台有效激励机制以提高工作人员积极性。

一、促进基层行政机构专职化管理

城乡低保的基层执行偏差反映出基层行政管理问题，提升基层的管理水平首要措施是实现基层行政机构专职化。专职化是指由专业人员负责某一项行政业务，实现业务专业化、专人负责制。在城乡低保基层管理机构中，业务的非专职化成为普遍现象，工作人员普遍兼职多项工作或者救助工作由其他部门的工作人员兼任，导致基层执行者工作疲于应付与执行偏差的现象。因此，应在每一级的行政管理部门设立专职的城乡低保工作人员，改变当前非专职化的做法，在县级与乡镇级别的民政机构内确保 1~2 名专职从事城乡低保工作的公务员，在村委会与居委会可通过政府购买的方式招聘城乡低保管理员。政府部门可能会担心增加岗位会增加人力资源管理成本，但专职化能有效整合散落在各环节的资源，消除救助工作的人为障碍，提高救助工作的专业化水平，最终能提高城乡低保对象认定的工作效率，提升群众对救助工作的满意度，因此，政府部门应充分衡量其中的利弊关系，促进基层行政机构专职化管理的实现。

二、提升基层执行者的综合素质

民政部门的业务繁多且复杂，城乡低保对象认定标准增加支出标准之后，必然会导致救助覆盖面的扩大，提升基层执行者的综合素质成为降低政策执行偏差的有效措施。具体的做法如下：第一，规范人才管理工作，完善对基层执行者的选拔、考核评价等制度，形成规范的人才管理系统；第二，鼓励基层执行者不断进行继续教育，面对新业务时，全方位提供相关业务的培训课程，加强他们对新政策与新的工作方法的学习，同时鼓励他们积极参加提升学历水平的教育以提升专业知识，政府部门应出台相关的激励机制提升他们进行继续教育的积极性；第三，加强思想建设，强化职业道德教育，树立工作责任意识和提高依法行政能力，提升工作人员的廉政意识。

三、完善基层执行者的激励机制，平衡工作压力

基层执行者除了工作量大之外，还面临较大的工作压力、问责风险与较低的职业认同感，疲于应付各种考核指标下的检查，这将影响政府机构工作队伍的稳定，最终影响工作效率与质量。因此，应完善基础低保执行者的激励机制，平衡他们的工作压力。

（一）完善工作考核方式

基层执行者在我国行政发包制体制下的考核是以是否达到上级设定的考核目标为主。这种考核方式过于笼统与武断，缺乏对工作过程的考核，欠缺人性化。因此，政府应在原来的目标考核基础上，完善考核内容和考核方式。在考

核内容上，细化考核目标，设立能体现工作过程的考核指标，取消低保占比考核指标；比如在低保认定时，基层执行者上门入户调查的次数等更为科学合理的指标体系，有利于体现基层执行者工作付出情况。同时，改变考核方式。考核方式可改成按照基线参照的方式，即目标完成进展的报告应以基线为参照系，而不是以目标本身为依据[①]，这种做法可以使没有实现目标的部门也看到进步和收益，而不必因为未达到目标挫伤士气。当前民政部门的绩效考核方式虽然强化了基层政府的重视程度，但也让基层干部工作压力加大，很多工作仅仅是为了完成目标而完成目标，在行政过程中并未获得成就感和自豪感，职业认同感自然就不高，不利于激励组织目标的实现。

（二）不滥用问责

政府机构建立并遵守严格的规则和程序是减轻政府问责压力的主要方式。滥用问责在于问责制度的不完善，因此应细化问责制度的规定与程序，杜绝滥用问责。首先，问责需要遵循法律法规，严格遵循各项法律规章的前提下开展问责活动。其次，按照权责对等的原则，出现基层执行问题，不仅基层需要反省，上级部门也具有不可推卸的责任，不能把责任全部压在基层工作人员身上。最后，细化问责规定，要严格对照《中国共产党问责条例》，结合当地情况与社会救助特点，不断细化与完善问责内容，实现问责法制化，发挥问责制的惩戒与警示作用。

（三）建立容错机制，激励基层执行者的工作创新

容错机制是一种计算机术语，近几年被引用到行政管理领域，"容错"是指在权力运行可控范围内允许错误认识和行为的产生，它是对干部的改革创新工作中的失误进行宽容对待[②]。它的目的在于引导创新，在面临原先的方法无法解决社会事务时，领导干部干预采取个人认为正确有效的创新政策解决问题，但创新内容必须符合我国当前改革总体方向和布局。[③] 本质上容错机制是政府替干部承担创新的风险，免除决策风险的顾虑。[④] 但并非所有的错误都能

---

①　马亮. 目标治国：官员问责绩效差距与政府行为［M］. 北京：社会科学文献出版社，2018.

②　资料来源：《关于新形势下党内政治生活的若干准则》。

③④　马晓黎，成为杰. 改革创新中的干部容错机制研究［J］. 长白学刊，2018（3）：37-44.

被容忍，从法律的角度来看，那些事实与价值已经清晰呈现的确定领域的禁止性行为，是不能被容忍的，而针对尚缺乏明确答案或答案尚有争议的领域，政府在该领域中进行改革创新而产生错误有时是不可避免的，则是属于需要被容许的错误①。

容错机制尚未形成明确的中央顶层设计，目前只有部分省份出台相关制度，作为民政部门来说，它涉及的业务复杂繁琐，但又直接影响到民众的利益，制度规定又相对滞后，那么就需要基层干部在执行过程中运用创新的方式方法来服务民众、及时解决问题。因此，在城乡低保制度中引入容错机制，可围绕以下方面展开：

第一，要明确可容错的上限边界，对不能容忍的错误必须界定清晰，即规定负面清单，将不能容忍的错误列入负面清单，如决策严重失误、重大决策失误与不经法定程序做出的重大决策失误②，清单内的失误要追究责任，对未列入清单的错误一般不追究责任，督促官员采取积极态度与措施予以弥补。在城乡低保行政执行过程中，会出现政策规定之外、情理之中的特殊情况，如附录4的案例，这类情况急需民政部门将他们纳入低保救助网内。

第二，完善容错流程。纳入容错范畴内的业务或项目，并不意味着基层工作人员可以随意行事，需有完善的流程将该机制的失误风险及损失降到最低。完善的事前备案、事中台账、事后答辩制度需要建立③，事前备案是指在做出可能会造成失误的决策时，应及早报告上级相关部门，形成备案文本存档。事中台账则是指要建立完备的资料台账，提供风险评估材料，经所在单位审核后建档。建立事后答辩制度，不仅在体制内向其他相关干部公开免责资料，并通过纪委等问责部门认定，还应向社会公众公开，让公众参与容错免责的认定程序④，引入社会评价机制，提供政府公信力，保证容错机制有效发挥。

---

①　艾丽娟，陈俊宏.责任政府背景下官员容错机制探析［J］.领导科学，2018（29）：16-18.

②　郎佩娟.容错纠错机制的可能风险与管控路径［J］.人民论坛，2016（11）：21-23.

③　马晓黎，成为杰.改革创新中的干部容错机制研究［J］.长白学刊，2018（3）：37-44.

④　中新网.浙江等多地探索干部容错激励机制 哪些差错可免责？［EB/OL］.https：//zj.zjol.com.cn/news/591063.html，2017-03-23.

第四节　其他配套措施优化对策

一、出台社会救助法律，提高违法成本

提高城乡低保对象认定的瞄准效率，除了提升政府政策执行能力之外，对城乡低保的申请者以及救助接受者的行为约束也应加强。政策实践证明了部分城乡低保申请者与救助接受者具有一定的福利欺诈动机，因此应加强对这部分群体的监督管理，出台严格的法律，提高违法成本，以减少骗保的行为。主要可以从以下方面展开：

第一，设置支出的有效期。将支出标准纳入城乡低保认定标准之中，虽能有力解决支出型贫困问题，但长期上政府的财政负担会加大，同时易诱发"福利依赖"问题，因此，在制度设计时，在考虑低保家庭的实际情况基础上，应严格设置支出的有效期，一般是半年或者一年，民政部门工作人员应根据城乡低保家庭的实际需要酌情设置有效期限的长度。

第二，建立专业的评估队伍与实施严格的法律制度。城乡低保之所以存在骗保问题，在于对欺骗后果缺乏惩罚措施，现行制度对骗保的惩罚措施为没收发放的低保金或禁止再次申请低保，这样的惩罚措施相对于低保救助待遇而言较小，对低保申请者或低保户来说具有一定的诱惑，易诱发道德风险，如隐瞒在外工作子女的收入、医疗上的进口药偏好、子女照护老人的责任推脱等。因此，首先应建立专业的评估队伍，基于现有民政部门基层工作人员力量不足的现状，可以尝试采取政府购买服务的方式让非营利组织进行评估，最后的审核权在民政主管部门；其次，尽快出台社会救助法，实施严格的法律制度以提高民众的违法成本，一旦发现违法行为，应立刻取消低保资格，且从刑法上给予惩戒。如香港的综援制度规定，骗取综援属于刑事罪行，除了导致申请人丧失领取综援资格外，还会被起诉，最高可判处监禁 14 年。[①]

---

① 资料来源：《2018 年香港综合社会保障援助指引》。

二、加大政府投入力度，明确各级政府责任

将支出标准纳入城乡低保对象认定标准中，将会扩大救助范围和救助金额，各级政府需要加大对财力物力的投入，保证制度平稳运行。因此，应明确中央政府、各级地方政府在城乡低保的财政责任，以及中央政府向地方政府转移支付的条件、规模与方式，同时做好城乡低保制度预算与决算工作，财政预算制度的切实推行是这些制度得以顺利推行的保证。

三、充分发挥社会和市场力量，形成多元化帮扶机制

缓解支出型贫困，将部分支出型贫困对象纳入城乡低保中，意味着投入其中的资金会增加，因此不但要加大政府财政投入，还应充分发挥社会力量与市场力量，形成多元化帮扶机制。政府部门除了增加财政投入之外，还应积极引导社会力量和市场力量参与到救助事业中来，社会力量是指慈善机构、企业、社会组织的帮扶力量，如慈善机构可对当地支出型贫困和城乡低保家庭建档立卡，建立救助对象信息库，帮助寻找有意向的单位和个人进行定向捐赠；市场力量主要是指金融产品对缓解支出型贫困的积极作用，重点包括：完善农村信贷市场，并将支出型贫困群体纳入扶贫小额贷款支持范围；探索小额扶贫保险制度，以农村低收入、城乡低保等为对象，由政府财政根据投保受益主体的经济承受能力给予保费补贴，以提高支出型贫困对象摆脱贫困的能力。

四、完善城乡低保对象认定监督机制

优化城乡低保对象认定机制，还应完善城乡低保对象认定监督机制，从而确保对象认定工作透明化，促进"阳光低保"的形成，具体做法如下：

首先，应健全城乡低保对象认定的监督机制。督促乡镇级别民政部门成立审核委员会，对城乡低保对象认定工作实行集中与公开评审，不断减少认定工作违法违规的可能性；严格实现岗位责任制，按照"谁审批、谁负责"的原则进行操作，做到责任到人。同时设立城乡低保督察员的岗位，其职责主要是对城乡低保审核审批的认定过程进行全程监督。

其次，完善城乡低保社会层面的监督渠道。打造多元化监督体系，完善城乡低保的监督渠道，设立救助热线、举报电话和网络载体等沟通方式，并保持各类渠道通畅，鼓励社会各界利用这些渠道对城乡低保对象认定的违规行为进

行举报与监督，从而充分发挥社会监督与舆论监督作用。同时，发挥政府审计监察部门的外部监督作用，形成城乡低保审计与监察的制度化，防止各种不良事件的发生。

最后，应健全宣传公示机制。建立健全县、乡、村三级信息公开平台，自觉接受全社会监督。同时形成电视媒体、互联网、宣传与公告栏等多层面的宣传渠道，大力进行宣传，帮助公民树立获得社会救助是一种公民权利的意识，但同时呼吁那些经济条件已经改善的低保户主动退保。

第五节　本章小结

本章主要对城乡低保对象认定机制的优化提出建议，主要结论如下：

在对象认定标准上，本书认为应出台将支出标准纳入城乡低保对象认定标准的顶层设计；结合香港的综援制度提出应在城乡低保对象认定标准中增加支出标准，并对医疗、教育、照护、住房四个方面的支出进行了设计，提出对现行的收入标准与家庭财产标准进行局部调整。

在居民家庭经济状况核对机制上，本书提出应通过：加强居民家庭经济状况核对机制纵向与横向协调发展；加快与国家、省级电子政务信息共享平台衔接建设；构建电子政务信息安全体系，保障电子政务信息的安全；增加支出标准的核对项目，提高对支出型贫困对象的瞄准效率四个方面的优化对策。

在城乡低保基层行政管理方面，本书提出应从促进基层行政机构专职化管理；提升基层执行者的综合素质；完善基层执行者的激励机制，平衡工作压力三个方面优化对策以纠正基层的执行偏差。

最后，本书认为还应优化其他配套措施来促进城乡低保对象认定机制的完善，主要措施包括出台社会救助法律，提高违法成本；加大政府投入力度，明确各级政府责任；充分发挥社会和市场力量，形成多元化帮扶机制；完善城乡低保监督机制。

第**9**章

研究创新及未来展望

本章是本书的最后一章，主要涉及研究的创新之处与未来展望。

第一节　主要创新之处

支出型贫困成为当前贫困的主要表现方式，城乡支出型贫困问题突出，有效解决支出型贫困问题成为政府民生领域的重要任务，是关系国计民生的大事。通过对城乡低保对象认定机制的优化，能精准地将支出型贫困对象纳入城乡低保救助网内，是对精准识别的回应，也是对社会成员生存权的保障。在城乡低保对象认定标准缺乏支出标准、居民家庭经济状况核对机制不完善以及基层政策执行偏差的制度背景下，实现城乡低保对象认定机制优化，以精准识别城乡支出型贫困对象，是国家完成脱贫攻坚任务、完善城乡社会救助制度、破解支出型贫困困境的关键，也是本书的主要出发点。

本书以目标定位理论、政策网络理论、正义论为理论依据，在文献研究的基础上，综合运用统计分析、实证分析、案例分析等多种方法和手段，论证支出标准纳入城乡低保对象认定标准的合理性基础上，对我国城乡低保对象认定机制的现状、问题、原因进行全面系统研究，在借鉴香港地区经验基础上，探索能精准识别支出型贫困对象的城乡低保对象认定机制优化对策。在此基础上，本书形成如下四个创新之处：

第一，研究视角新颖。本书的研究视角为将城乡低保对象认定机制置于同一研究框架内，以往研究侧重于认定机制某个部分展开，但贫困理论的更新与社会救助政策实践需要对低保对象认定机制进行整体性分析，因此对低保对象认定机制的整体性分析有助于分析各部分之间的关系，进而统筹各部分的互动机制，促进了城乡低保对象认定精准性，拓展了该领域的研究视角。

第二，扩展了支出型贫困救助理论内容。国外因较少实行支出型贫困救助制度而使得该领域研究较为缺乏，国内研究集中在对该政策的介绍、现实意义等层面，缺乏对支出型贫困救助进行更深层次研究。同时，国内已有将支出纳入低保认定标准，但理论研究较少涉及该内容，因此，本书对城乡低保对象认定标准采用支出标准进行多层次研究能有效丰富该领域研究内容。

第三，结论具有一定的创新性。本书结论之一认为，将支出标准纳入城乡低保对象认定标准之中具有可行性与必要性。通过构建城乡低保对象认定机制的悬崖效应分析框架，以对支出型贫困脆弱性的估计为研究切入点，结合倾向得分匹配法进行实证研究，结果显示城乡低保对制度内的部分群体的支出型贫困具有较高的减贫效应，并进一步分析悬崖效应的存在，从而得出将支出标准纳入城乡低保对象认定标准的可行性与必要性结论。

第四，提出城乡低保对象认定机制优化对策。国内外研究中虽已对城乡低保对象认定机制某些方面提出一些措施，但并未从认定机制整体视角考虑，也无法得知城乡低保对象认定机制的整体运作效果情况。因此，本书考虑在明确城乡低保对象认定机制的关键内容之后，基于政策网络理论分析影响城乡低保对象认定机制运行的因素，根据认定机制的三个主体特征进行相应的分析，继而提出包括优化城乡低保对象认定标准、优化居民家庭经济状况核对机制和优化基层行政管理等在内的对策建议，促进我国城乡低保制度的完善。

第二节　研究不足之处及未来展望

本书全面系统探讨了在支出型贫困背景下的城乡低保对象认定机制的问题、原因，以及优化城乡低保对象认定机制的可操作路径，但由于一些主客观因素，致使研究存在不足。同时，贫困问题是人类永久的话题，现阶段社会主要矛盾的变化赋予该主题丰富的内涵与生命力，促使社会各界重视支出型贫困问题，未来应对该主题进行持续深入研究。

一、研究的不足之处

（一）部分研究素材收集不足

本书对城乡低保对象认定机制的内容之一——居民家庭经济核对机制进行

分析，其中会涉及对居民家庭经济状况核对机制存在的问题及其原因分析，由于该机制需要纵向与横向政府部门、企事业单位的数据支持，涉及的部门非常多，同时涉及保密原则有些数据甚至不可得，每个省份、城市的建设与进展情况又完全不一致，因此本书仅对 ZJ 省和 CQ 市的民政部门、税务部门、金融机构等部门进行深入调查，利用他们提供的数据进行二次加工。

（二）政策资料收集不足

支出型贫困救助政策的特点总结有助于研究支出标准纳入城乡低保对象认定标准的合理性，但支出型贫困救助政策并未形成统一的顶层设计，各地因地制宜实行支出型贫困救助政策，造成该政策各地不一，非常多元化，且不断在变化更新，这给政策资料收集造成较大难度，不利于支出型贫困救助政策特点研究的开展。

二、未来展望

（一）国际上社会救助对象认定机制的经验借鉴

国外社会救助制度建立历史悠久，在救助对象认定方面积累了大量经验，对我国城乡低保对象认定机制优化具有一定的借鉴和参考意义。在社会救助对象认定标准上，国外社会救助制度普遍推行多重标准，不局限于收入标准，实现多维评价指标，如支出、就业、家庭物质匮乏指标等，真正体现从贫困识别的多维度。在家庭经济状况信息共享上，西方国家的税收体系、诚信制度建设较为完善，电子政务信息共享制度法律法规较为完备，能够对社会救助对象的家庭经济状况进行充分调查，为社会救助对象的瞄准精确度与瞄准效率奠定基础。在调动公务员工作积极性、防止腐败上，西方国家也有较为完善的制度与经验。因此，未来的研究方向可对西方国家上述机制建设方面的经验进行深入研究，以促进我国城乡低保制度的完善。

（二）微观层面的研究需要进一步加强

贫困的本质是家庭内部资源无法应对各种生活需求，家庭内部资源的获得除了主要依靠家庭成员工作之外，还来自政府转移，家庭也是社会救助的最终受益者，因此微观家庭层面的研究则能更进一步反映社会救助政策实施效果，为社会救助政策的制定提供方向。因此，未来研究可进一步研究从家庭的生存压力、救助政策下的行为模式等微观层面展开。

r e f e r e n c e

A 中文参考文献

A-1 著作类文献

［1］［澳］罗伯特·E.古丁.保护弱势——社会责任的再分析［M］.李茂森译.北京：中国人民大学出版社，2008.

［2］［法］卢梭.论人与人之间的不平等的起因和基础［M］.李平沤译.北京：商务印书馆，2015.

［3］［法］托马斯·皮凯蒂.21世纪资本论（第11版）［M］.北京：中信出版社，2016.

［4］［美］鲍莫尔.福利经济及国家力量［M］.郭家麟等译.北京：商务印书馆，2013.

［5］［丹］歌斯塔·埃斯平·安德森.福利资本主义的三个世界［M］.苗正民等译.北京：商务印书馆，2010.

［6］［美］亨利·乔治.进步与贫困（第2版）［M］.吴良健等译.北京：商务印书馆，2012.

［7］［美］马丁·瑞沃林.贫困的比较［M］.赵俊超译.北京：北京大学出版社，2005.

［8］［美］迈克·戴维斯.布满贫民窟的星球［M］.潘纯林译.北京：中信出版社，2017.

［9］［美］迈克尔·谢若登.资产与穷人——一项新的美国福利政策［M］.高鉴国译.北京：商务印书馆，2005.

［10］［美］米尔顿·弗里德曼，罗丝·弗里德曼.自由选择［M］.张琦译.北京：机械工业出版社，2013.

［11］［美］Neil Gilbert, PaulTerrell.社会福利政策引论［M］.沈黎译.上海：华东理工大学出版社，2013.

［12］［美］尼尔·吉尔伯特.社会福利的目标定位——全球发展趋势与展望［M］.郑秉文等译.北京：中国劳动社会保障出版社，2004.

［13］［美］约翰·罗尔斯.正义论（修订版）［M］.何怀宏，何包钢，廖申白译.北京：中国社会出版社，2009.

［14］［美］詹姆斯·M.，布坎南·戈登·图洛克.同意的计算［M］.陈光金译.上海：上海人民出版社，2014.

［15］［葡］Luis Torgo.数据挖掘与R语言［M］.李洪成，陈道轮，吴立明译.北京：机械工业出版社，2013.

［16］［土耳其］埃塞姆·阿培丁.机器学习导论［M］.范明译.北京：机械工业出版社，2016.

［17］［英］艾伦·肯迪.福利视角 思潮、意识形态及政策争论［M］.周薇等译.上海：上海人民出版社，2011.

［18］［英］安格斯·迪顿，约翰·米尔鲍尔.经济学与消费者行为［M］.龚志民等译.北京：中国人民大学出版社，2015.

［19］［英］安格斯·迪顿.逃离不平等［M］.崔传刚译.北京：中信出版社，2014.

［20］［英］沙琳.需要和权利资格：转型期中国社会政策研究的新视角.北京：中国劳动社会保障出版社，2007.

［21］［英］Stephen P.Osborne.新公共治理? ——公共治理理论和实践方面的新观点［M］.包国宪等译.北京：科学出版社，2017.

［22］［印度］阿玛蒂亚·森.再论不平等［M］.王利文等译.北京：中国人民大学出版社，2016.

［23］［印度］阿玛蒂亚·森.贫困与饥荒［M］.王宇，王文玉译.北京：商务印书馆，2014.

［24］［印度］阿玛蒂亚·森.以自由看待发展［M］.任赜等译.北京：中国人民大学出版社，2011.

［25］［印度］阿玛蒂亚·森，杰佛里·霍索恩.生活水平［M］.沈国华译.北京：机械出版社，2015.

［26］陈强.高级计量经济学及Stata应用（第二版）［M］.北京：高等教

育出版社，2014.

　　［27］陈振明.公共政策分析［M］.北京：中国人民大学出版社，2017.

　　［28］顾昕.中国社会安全网的制度建设［M］.杭州：浙江大学出版社，2008.

　　［29］何振，邓春林等.电子政务信息资源共享：模式选择与优化［M］.北京：高等教育出版社，2014.

　　［30］李军，彭凯.政务地理空间信息资源管理与共享服务应用［M］.北京：北京大学出版社，2009.

　　［31］罗贤春，文庭孝，张新宇等.电子政务信息资源共享与社会化服务研究［M］.北京：人民出版社，2012.

　　［32］马亮.目标治国：官员问责、绩效差距与政府行为［M］.北京：社会科学文献出版社，2018.

　　［33］谭羚雁.政策网络对政策结果的解释力研究［M］.沈阳：东北大学出版社，2015.

　　［34］张秀兰，王振耀.中国社会福利发展报告［M］.北京：北京师范大学出版社，2012.

　　［35］郑功成.社会保障学——理念、制度、实践与思辨［M］.北京：商务印书馆，2015.

　　［36］钟仁耀.社会救助和社会福利［M］.上海：上海财经大学出版社，2009.

　　［37］周黎安.转型中的地方政府：官员激励与治理［M］.上海：格致出版社，2018.

　　［38］周民.电子政务发展前沿（2016）［M］.北京：中国经济出版社，2016.

　　［39］周民.电子政务发展前沿（2017）［M］.北京：中国经济出版社，2017.

　　A-2 学位论文类文献

　　［1］董军.无线视频传输技术研究［D］.北京邮电大学硕士学位论文，2015.

　　［2］葛琦.整体政府视角下的居民经济状况核对研究［D］.复旦大学硕士学位论文，2012.

〔3〕李玫.西方政策网络理论研究〔D〕.云南大学博士学位论文，2013.

〔4〕李阳春.罗尔斯正义理论的制度伦理研究〔D〕.华中科技大学博士学位论文，2014.

〔5〕李博.长春市支出型贫困家庭救助模式研究〔D〕.长春工业大学硕士学位论文，2015.

〔6〕赵克.我国社会救助家庭经济状况核对的政务信息共享机制建设研究〔D〕.青岛大学硕士学位论文，2017.

〔7〕周冬霞.城市低保目标瞄准政策的评估与完善〔D〕.武汉大学博士学位论文，2015.

A-3 学术类期刊文献

〔1〕艾丽娟，陈俊宏.责任政府背景下官员容错机制探析〔J〕.领导科学，2018（29）：16-18.

〔2〕安华，赵云月.福利叠加与悬崖效应：如何让低保对象走出福利依赖？〔J〕.中国民政，2018（9）：35-36.

〔3〕安永军.规则软化与农村低保政策目标偏移〔J〕.北京社会科学，2018（9）：110-118.

〔4〕曹艳春，陈翀.从"低保"标准到"家庭运行标准"——社会救助制度的革新与设计〔J〕.现代经济探讨，2016（4）：30-34.

〔5〕曹艳春.农村低保制度对贫困群体生活水平改善效应研究〔J〕.中国人口科学，2016（6）：88-97.

〔6〕曹艳春.我国城市"低保"制度的靶向精准度实证研究〔J〕.中央财经大学学报，2016（7）：3-12.

〔7〕曹永盛，朱娜娜.利益博弈视角下中央政策执行的科层制损耗〔J〕.领导科学，2016（4）：8-13.

〔8〕陈成文.对贫困类型划分的再认识及其政策意义〔J〕.社会科学家，2017（6）：8-14.

〔9〕陈翠玉.有劳动能力城市低保人员"福利依赖"难题及其破解〔J〕.探索，2016（2）：116-122.

〔10〕陈东，张郁杨.与收入相关的健康不平等的动态变化与分解——以我国中老年群体为例〔J〕.金融研究，2015（12）：1-16.

〔11〕陈芳.政策扩散、政策转移和政策趋同——基于概念、类型与发生

机制的比较［J］.厦门大学学报（哲学社会科学版），2013（6）：8-16.

［12］陈宗胜，沈扬扬，周云波.中国农村贫困状况的绝对与相对变动——兼论相对贫困线的设定［J］.管理世界，2013（1）：67-68.

［13］仇叶，贺雪峰.泛福利化：农村低保制度的政策目标偏移及其解释［J］.政治学研究，2017（3）：63-74.

［14］褚慧蕾，宋明爽.低保政策执行中的基层自由裁量权探析——以J街道为例［J］.青岛农业大学学报（社会科学版），2016（1）：64-68.

［15］代恒猛.从"补缺型"到适度"普惠型"——社会转型与我国社会福利的目标定位［J］.当代世界与社会主义，2009（2）：166-169.

［16］党国英.贫困类型与减贫战略选择［J］.改革，2016（8）：68-70.

［17］邓锁.城镇困难家庭的资产贫困与政策支持探析——基于2013年全国城镇困难家庭调查数据［J］.社会科学，2016（7）：75-86.

［18］定明捷，卜方宇.压力情境下街头官僚应对策略选择的逻辑分析［J］.公共管理与政策评论，2018（4）：57-69.

［19］定明捷，张梁.地方政府政策创新扩散生成机理的逻辑分析［J］.社会主义研究，2014（3）：75-82.

［20］董伟玮，李靖.街头官僚概念的中国适用性：对中国街头官僚概念内涵和外延的探讨［J］.云南社会科学，2017（1）：26-33.

［21］都阳，P. Albert.中国的城市贫困：社会救助及其效应［J］.经济研究，2007（12）：24-33.

［22］杜本峰，王旋.老年人健康不平等的演化、区域差异与影响因素分析［J］.人口研究，2013（5）：81-90.

［23］段培新.支出型贫困救助——一种新型社会救助模式的探索［J］.社会保障研究（北京），2013（1）：168-177.

［24］樊丽明，解垩.公共转移支付减少了贫困脆弱性吗？［J］.经济研究，2014（8）：67-78.

［25］方迎风，邹薇.能力投资、健康冲击与贫困脆弱性［J］.经济学动态，2013（7）：36-50.

［26］冯蕾.话说人均可支配收入［J］.调研世界，2015（3）：64-65.

［27］高蓉，苏群，沈军威.中国农村收入差距、医疗保险对居民健康不平等的影响［J］.江苏农业科学，2016（5）：569-572.

［28］龚虹波.论西方第三代政策网络研究的包容性［J］.南京师大学报（社会科学版），2014（6）：29-36.

［29］顾昕，高梦滔.中国社会救助体系中的目标定位问题［J］.学习与实践，2007（4）：5-11.

［30］关信平.朝向更加积极的社会救助制度——论新形势下我国社会救助制度的改革方向［J］.中国行政管理，2014（7）：16-20.

［31］关信平.我国低保标准的意义及当前低保标准存在的问题分析［J］.江苏社会科学，2016（3）：64-71.

［32］管向梅.从"收入维持"到"资产建设"：我国低保制度的完善［J］.社会工作（学术版），2011（9）：77-80.

［33］桂铭.此收入非彼收入——浅谈城镇居民人均可支配收入与职工平均工资的区别［J］.调研世界，2012（11）：62-63.

［34］郭伟和.城镇困难家庭生活状况和社会救助政策改革要点——基于"中国城乡困难家庭社会政策支持系统建设"项目调查数据分析［J］.中国民政，2016（1）：37-38.

［35］郭熙保，周强.长期多维贫困、不平等与致贫因素［J］.经济研究，2016（6）：143-156.

［36］郭瑜，韩克庆.基本生活需要满足：一项城市低保制度的实证研究［J］.社会学评论，2014（6）：36-44.

［37］韩华为，高琴.中国农村低保制度的保护效果研究——来自中国家庭追踪调查（CFPS）的经验证据［J］.公共管理学报，2017（2）：81-96.

［38］韩华为，徐月宾.农村低保制度的瞄准效果研究——来自河南、陕西省的调查［J］.中国人口科学，2013（4）：117-126.

［39］韩华为，徐月宾.中国农村低保制度的反贫困效应研究——来自中西部五省的经验证据［J］.经济评论，2014（6）：63-77.

［40］韩玲.基于社会保障的家庭经济状况调查的制度完善——内地低保与香港综援制度的比较研究［J］.北华大学学报（社会科学版），2015（5）：130-135.

［41］郝双英，刘庚常.城乡居民重大疾病医疗支出型贫困救助标准研究［J］.西北人口，2017（2）：97-104.

［42］何玲，刘梦雨.全国信息共享"大动脉"已初步打通［N］.中国改革报，2018-1-23（9）.

［43］何瑞文，陆永娟.国外跨边界政务信息共享研究综述［J］.图书馆学研究，2013（4）：2-10.

［44］贺雪峰.农村低保实践中存在的若干问题［J］.广东社会科学，2017

（3）：173-180.

［45］侯云．政策网络理论的回顾与反思［J］．河南社会科学，2012（2）：75-78，107.

［46］胡思洋，赵曼．社会救助制度的功能定位与改革逻辑［J］．财政研究，2015（2）：24-27.

［47］黄承伟，王小林，徐丽萍．贫困脆弱性：概念框架和测量方法［J］．农业技术经济，2010（8）：4-11.

［48］黄瑞芹．民族贫困地区农村低保目标瞄准效率研究——基于两个贫困民族自治县的农户调查［J］．江汉论坛，2013（3）：61-65.

［49］蒋硕亮．政策网络路径：西方公共政策分析的新范式［J］．政治学研究，2010（6）：100-107.

［50］焦开山．健康不平等影响因素研究［J］．社会学研究，2014（5）：24-46.

［51］解垩．中国农村低保：瞄准效率及消费效应［J］．经济管理，2016（9）：173-185.

［52］金东日．论机制［J］．广东社会科学，2014（5）：72-80.

［53］景怀斌．政府决策的制度—心理机制：一个理论框架［J］．公共行政评论，2011（3）：3-10.

［54］寇浩宁，李平菊．"过度化执行"：基层政府与农村低保政策的执行逻辑［J］．深圳大学学报（人文社会科学版），2017（3）：135-141.

［55］郎佩娟．容错纠错机制的可能风险与管控路径［J］．人民论坛，2016（11）：21-23.

［56］乐章，程中培．收入是低保制度的唯一认定标准吗？——基于政策文本与中国家庭追踪调查数据的分析［J］．学习与实践，2017（7）：88-97.

［57］李海明．低保条例的理念与制度思考［J］．中共中央党校学报，2015（1）：96-100.

［58］李棉管．技术难题、政治过程与文化结果——"瞄准偏差"的三种研究视角及其对中国"精准扶贫"的启示［J］．社会学研究，2017（1）：217-241.

［59］李倩，张开云．低保制度运行中的福利欺诈与消解路径［J］．贵州社会科学，2014（10）：145-148.

［60］李琴．为什么中国城市低保存在目标瞄准问题？——基于广州市的田野调查［J］．中国民政，2014（1）：34-35.

［61］李泉然．精准扶贫视阈下社会救助政策的发展［J］．中州学刊，2017（1）：65-71．

［62］李实，詹鹏，杨灿．中国农村公共转移收入的减贫效果［J］．中国农业大学学报（社会科学版），2016（5）：71-80．

［63］李卫东，徐晓林．云政务信息资源共享的国家安全隐患及安全保障机制研究［J］．华中科技大学学报（社会科学版），2017（6）：90-97．

［64］李雪萍．多维贫困"行动—结构"分析框架的建构——基于可持续生计、脆弱性、社会排斥三种分析框架的融合［J］．江汉大学学报（社会科学版），2015（3）：5-12．

［65］李迎生，李泉然，袁小平．福利治理、政策执行与社会政策目标定位——基于N村低保的考察［J］．社会学研究，2017（6）：44-69．

［66］李永忠，董凌峰，吴真玮．基于系统动力学的政务信息共享博弈分析［J］．电子科技大学学报（社会科学版），2017（1）：35-42．

［67］李远新．这些领工资的人咋成了低保户？［N］．中国纪检监察报，2017-06-06．

［68］梁晨．农村低保政策的基层实践逻辑——以武陵山区某村为例［J］．贵州社会科学，2013（10）：67-71．

［69］梁德阔，徐大慰．上海市对"支出型"贫困群体的综合帮扶研究［J］．西北人口，2012（3）：94-98．

［70］梁晓敏，汪三贵．农村低保对农户家庭支出的影响分析［J］．农业技术经济，2015（11）：24-36．

［71］林闽钢．城市贫困救助的目标定位问题——以中国城市居民低保制度为例［J］．东岳论丛，2011（5）：13-19．

［72］林闽钢．缓解城市贫困家庭代际传递的政策体系［J］．苏州大学学报，2013（3）：15-19．

［73］林文，邓明．贸易开放度是否影响了我国农村贫困脆弱性——基于CHNS微观数据的经验分析［J］．国际贸易问题，2014（6）：23-32．

［74］刘畅，刘晨晖．低收入群体救助瞄准机制研究——基于辽宁省社会调查的实证分析［J］．财政研究，2011（6）：40-43．

［75］刘凤芹，徐月宾．谁在享有公共救助资源？——中国农村低保制度的瞄准效果研究［J］．公共管理学报，2016（1）：141-150．

［76］刘磊．基层社会政策执行偏离的机制及其解释——以农村低保政策执行为例［J］．湖北社会科学，2016（8）：31-37．

［77］刘密霞，丁艺.基于顶层设计的电子政务信息资源共享研究［J］.电子政务，2014（9）：84-90.

［78］刘敏.福利危机与改革路径——20世纪90年代以来的香港社会救助［J］.特区经济，2011（7）：13-15.

［79］刘七军，李金锜.精准扶贫视阈下民族地区支出型贫困家庭社会救助路径探析［J］.甘肃行政学院学报，2017（5）：91-96.

［80］刘伟.政策试点：发生机制与内在逻辑——基于我国公共部门绩效管理政策的案例研究［J］.中国行政管理，2015（5）：113-119.

［81］刘伟平.基于修正恩格尔系数的农村贫困线测定——以福建省为例［J］.农业经济与管理，2015（5）：63-69.

［82］刘小珉.民族地区农村低保制度的反贫困效应研究［J］.民族研究，2015（2）：41-54.

［83］刘央央，钟仁耀.基于博弈论视角的支出型贫困救助政策扩散研究［J］.社会保障研究，2017（5）：45-54.

［84］刘央央，钟仁耀.城乡低保对象认定标准增加支出标准的合理性分析——基于悬崖效应的视角［J］.社会保障研究，2019（1）：33-43.

［85］刘一伟.社会保险缓解了农村老人的多维贫困吗？——兼论"贫困恶性循环"效应［J］.科学决策，2017（2）：26-43.

［86］柳发根.农村低保制度的瞄准问题——基于文献与政策的分析［J］.贵州商业高等专科学校学报，2014（4）：44-49.

［87］路锦非，曹艳春.支出型贫困家庭致贫因素的微观视角分析和救助机制研究［J］.财贸研究，2011（2）：86-91.

［88］骆祚炎.对恩格尔系数测定贫困线的思考［J］.改革与战略，2006（2）：121-124.

［89］吕欣，裴瑞敏，刘凡.电子政务信息资源共享的影响因素及安全风险分析［J］.管理评论，2013（6）：161-169.

［90］马超，顾海，李佳佳.我国医疗保健的城乡分割问题研究——来自反事实分析的证据［J］.经济学家，2012（12）：57-66.

［91］马晓黎，成为杰.改革创新中的干部容错机制研究［J］.长白学刊，2018（3）：37-44.

［92］马瑜，李政宵，马敏.中国老年多维贫困的测度和致贫因素——基于社区和家庭的分层研究［J］.经济问题，2016（10）：27-33.

［93］穆怀中，陈曦，李栗.收入非均等贫困指数及其社会秩序风险测度

研究［J］.中国人口科学，2014（4）：14–26.

［94］倪秀艳，赵建梅.教育投入与健康不平等：来自中国健康与营养调查数据的证据［J］.农业技术经济，2014（3）：65–74.

［95］聂富强，崔亮，艾冰.贫困家庭的金融选择：基于社会资本视角的分析［J］.财贸经济，2012（7）：49–55.

［96］裴晓梅，王浩伟，罗昊.社会资本与晚年健康——老年人健康不平等的实证研究［J］.广西民族大学学报（哲学社会科学版），2014（1）：17–24.

［97］彭华民.中国社会救助政策创新的制度分析：范式嵌入、理念转型与福利提供［J］.学术月刊，2015（1）：93–100.

［98］乔世东.城市低保退出机制中存在的问题及对策研究——以济南市为例［J］.东岳论丛，2009（10）：34–38.

［99］秦德君，曹永盛.公共政策：中央政府与地方政府博弈机制的行政学分析［J］.领导科学，2015（14）：19–23.

［100］任勇.政策网络的两种分析途径及其影响［J］.公共管理学报，2005（3）：55–59，69–95.

［101］沈君彬.发展型社会政策视域下支出型贫困救助模式的目标定位分析［J］.中共福建省委党校学报，2013（10）：27–30.

［102］宋扬，赵君.中国的贫困现状与特征：基于等值规模调整后的再分析［J］.管理世界，2015（10）：65–77.

［103］孙菊，秦瑶.医疗救助制度的救助效果及其横向公平性分析［J］.中国卫生经济，2014（11）：22–25.

［104］谭羚雁，娄成武.保障性住房政策过程的中央与地方政府关系——政策网络理论的分析与应用［J］.公共管理学报，2012（1）：52–63，124–125.

［105］唐琦，秦雪征.中国家庭医疗消费挤出效应的实证研究［J］.经济科学，2016（3）：61–75.

［106］田华文.从政策网络到网络化治理：一组概念辨析［J］.北京行政学院学报，2017（2）：49–56.

［107］万广华，刘飞，章元.资产视角下的贫困脆弱性分解：基于中国农户面板数据的经验分析［J］.中国农村经济，2014（4）：4–19.

［108］汪三贵，P. Albert.中国农村贫困人口的估计与瞄准问题［J］.贵州社会科学，2010（2）：68–72.

［109］王超群.因病支出型贫困社会救助政策的减贫效果模拟——基于CFPS 数据的分析［J］.公共行政评论，2017（3）：99-115.

［110］王春萍.当代贫困的测度体系及其经济学涵义分析［J］.社会科学辑刊，2009（2）：120-123.

［111］王凤芹.中国恩格尔系数失真现状及对策探析［J］.改革与战略，2012（6）：37-39.

［112］王浦劬，赖先进.中国公共政策扩散的模式与机制分析［J］.北京大学学报（哲学社会科学版），2013（6）：14-23.

［113］王三秀，常金奎.城市低保标准的评价与重构——以武汉市为例［J］.城市问题，2016（10）：77-83.

［114］王增文，邓大松.财政分权不充分、竞争策略扭曲与社会救助支出：内在逻辑与中国的实际［J］.社会保障研究，2015（2）：62-68.

［115］王增文，邓大松.倾向度匹配、救助依赖与瞄准机制——基于社会救助制度实施效应的经验分析［J］.公共管理学报，2012（2）：83-88.

［116］王增文.农村低保制度的济贫效果实证分析——基于中国 31 个省市自治区的农村低保状况比较的研究［J］.贵州社会科学，2009（12）：107-111.

［117］王祖祥，范传强，何耀等.农村贫困与极化问题研究——以湖北省为例［J］.中国社会科学，2009（6）：73-88.

［118］吴镝，刘福华，姚建平.城市低收入人口瞄准机制研究——以沈阳、阜新、葫芦岛三市为例［J］.地方财政研究，2016（8）：20-26.

［119］夏艳玲.老年社会福利制度：补缺模式与机制模式的比较——以美国和瑞典为例［J］.财经科学，2015（1）：119-128.

［120］夏永祥，王常雄.中央政府与地方政府的政策博弈及其治理［J］.当代经济科学，2006（2）：45-51.

［121］肖云，赵品强.农村低保家庭子女高等教育阶段教育救助研究——基于农村反贫困视角［J］.农村经济，2010（5）：126-129.

［122］谢东梅，苏宝财，蒋蔚.农村低保制度贫困和不平等减少效果评估——基于福建省农村居民收入分组数据［J］.公共管理与政策评论，2016（3）：22-29.

［123］谢垩.中国农村低保：瞄准效率及消费效应［J］.经济管理，2016（9）：173-185.

［124］谢垩.代际间向上流动的私人转移支付与贫困脆弱性［J］.经济管

理, 2015（3）：170–179.

［125］谢垩. 农村家庭的资产与贫困陷阱［J］. 中国人口科学, 2014（6）：71–82.

［126］谢明, 刘爱民. 可行能力与精准扶贫：一个分析框架［J］. 北京行政学院学报, 2017（5）：39–45.

［127］谢宇, 安建增. 论社会政策比较研究的三重维度［J］. 四川理工学院学报（社会科学版）, 2015（2）：37–46.

［128］谢宇, 谢建社. 发展型社会政策视角下的支出型贫困问题研究［J］. 学习与探索, 2017（3）：40–47.

［129］徐超, 李林木. 城乡低保是否有助于未来减贫——基于贫困脆弱性的实证分析［J］. 财贸经济, 2017（5）：5–19.

［130］徐月宾, 刘凤芹, 张秀兰. 中国农村反贫困政策的反思——从社会救助向社会保护转变［J］. 中国社会科学, 2007（3）：40–53.

［131］杨帆, 章晓懿. 可行能力方法视阈下的精准扶贫：国际实践及对本土政策的启示［J］. 上海交通大学学报（哲学社会科学版）, 2016（6）：23–30.

［132］杨龙, 李萌, 汪三贵. 我国贫困瞄准政策的表达与实践［J］. 农村经济, 2015（1）：8–12.

［133］杨荣珍, 孙然. 社会保障福利模式比较研究：选择性与普遍性［J］. 中国劳动, 2007（11）：29–31.

［134］杨穗, 高琴, 李实. 中国城市低保政策的瞄准有效性和反贫困效果［J］. 劳动经济研究, 2015（3）：52–78.

［135］殷盈, 金太军. 农村低保政策的变通执行：生成逻辑与治理之道——基于街头官僚理论的视角［J］. 学习论坛, 2015（11）：63–66.

［136］于真. 论机制与机制研究［J］. 社会学研究, 1989（3）：57–62.

［137］袁迎春. 不平等的再生产：从社会经济地位到健康不平等——基于CFPS2010的实证分析［J］. 南方人口, 2016（2）：1–15.

［138］翟云. 基于"互联网＋政务服务"情境的数据共享与业务协同［J］. 中国行政管理, 2017（10）：66–70.

［139］张昊. 农村低保评审乱象的成因及治理——基于定性定量混合研究方法的分析［J］. 中国农村观察, 2017（1）：14–28.

［140］张开云, 叶浣儿. 农村低保政策：制度检视与调整路径［J］. 吉林大学社会科学学报, 2016（4）：64–71.

［141］张汝立，彭婧.中国城市改革中贫困群体政策的转型及其特点［J］.社会科学辑刊，2014（4）：44-50.

［142］张世青，王文娟.论我国社会救助水平观的发展转向［J］.东岳论丛，2015（8）：102-107.

［143］张世勇.国家认证、基层治理与精准识别机制——基于贵州W县精准识别实践的考察［J］.求索，2018（1）：132-140.

［144］张伟兵.发展型社会政策理论与实践——西方社会福利思想的重大转型及其对中国社会政策的启示［J］.世界经济与政治论坛，2007（1）：88-95.

［145］张晓萌.平等的边界：G.A.科恩与罗尔斯关于平等的论战［J］.山东社会科学，2016（5）：139-147.

［146］张勇进，章美林.政务信息系统整合共享：历程、经验与方向［J］.中国行政管理，2018（3）：22-26.

［147］张珍珠.我国支出型社会救助模式探析——以上海市和江苏省为例［J］.中共珠海市委党校珠海市行政学院学报，2015（4）：23-26.

［148］章晓懿.社区能力视角下的社会救助瞄准机制研究：转型国家的经验［J］.社会保障评论，2017（2）：134-150.

［149］赵慧，朱旭峰.政府间关系视角下的社会政策扩散——以城市低保制度为例（1993-1999）［J］.中国社会科学，2016（8）：95-116.

［150］郑飞北.低收入家庭的财产特征及其在贫困瞄准中的运用［J］.黑龙江社会科学，2016（3）：99-106.

［151］郑功成.中国社会救助制度的合理定位与改革取向［J］.国家行政学院学报，2015（4）：17-22.

［152］郑莉，曾旭晖.社会分层与健康不平等的性别差——基于生命历程的纵向分析［J］.社会，2016（6）：209-237.

［153］郑瑞强."支出型贫困"家庭社会救助模式设计与发展保障［J］.农业经济，2016（2）：95-96.

［154］钟仁耀，段培新.支出型社会救助的理论分析［N］.中国社会报，2013-10-21（3）.

［155］钟仁耀.支出型贫困社会救助制度建设：必要性及难点［J］.中国民政，2015（7）：22-23.

［156］周海欧.揭开社会选择的神秘面纱——从阿罗不可能定理到现代福祉经济学［J］.北京大学学报（哲学社会科学版），2005（5）：166-177.

［157］周黎安．行政发包制［J］．社会，2014（6）：1-38.

［158］周绿林，王璐，詹长春．基于贫困衡量视角转变的支出型贫困救助问题研究［J］．广西社会科学，2015（9）：171-174.

［159］周志忍，李倩．政策扩散中的变异及其发生机理研究——基于北京市东城区和S市J区网格化管理的比较［J］．上海行政学院学报，2014（3）：36-46.

［160］朱玲．应对极端贫困和边缘化：来自中国农村的经验［J］．经济学动态，2011（7）：27-34.

［161］朱亚鹏，丁淑娟．政策属性与中国社会政策创新的扩散研究［J］．社会学研究，2016（5）：88-113.

［162］朱亚鹏，刘云香．制度环境、自由裁量权与中国社会政策执行——以C市城市低保政策执行为例［J］．中山大学学报（社会科学版），2014（6）：159-168.

［163］朱照莉，周蕾．江苏省多元化社会救助体系设计和成本预测研究——基于收入型贫困和支出型贫困结合的角度［J］．南京中医药大学学报（社会科学版），2017（2）：119-125.

［164］祝建华，邓茜钰．"宁漏勿错"与"宁错勿漏"：低保制度目标定位的两难及化解［J］．学习与实践，2017（9）：101-108.

［165］祝建华．缓解贫困代际传递的低保家庭子女补贴制度设计［J］．江汉学术，2013（3）：5-13.

B 英文参考文献

B-1 著作类文献

［1］Alkire, S. Valuing freedoms : Sen's Capability Approach and Poverty Reduction［M］．Oxford : Oxford University Press on Demand, 2005.

［2］Citro C F, Michael R T. Measuring Poverty : A New Approach［M］．Washington, D. C : National Academy Press, 1995.

［3］Cornia, Giovanni, and Frances Stewart. Two Errors of Targeting［M］．Baltimore : Johns Hopkins University Press, 1995.

［4］Mike Brewer, Alissa Goodman, Andrew Leicester. Household Spending in Britain : What can it Teach us about Poverty［M］．Bristol : The Policy Press, 2006.

［5］Ravallion, M. The Economics of Poverty：History, Measurement, and Policy［M］. New York：Oxford University Press, 2016.

［6］Roland Gerard. Transition and Economics：Politics, Markets, and Firms［M］. Cambridge, MA：MIT Press, 2000.

［7］Sen A. Poverty, Famines：An Essay on Entitlement and Deprivation［M］. Oxford：Oxford University Press, 1981.

［8］Villar A.Lectures on Inequality, Poverty and Welfare［M］.Cham：Springer International Publishing, 2017.

［9］Walker R L. Social Security and Welfare：Concepts and Comparisons［M］.Hong Kong：Open University Press, 2005.

B-2 学位论文

Dassen, Adrie Networks：Structure and Action： Steering in and Steering by Policy Networks［D］. University of Twente, 2010.

B-3 学术期刊类文献

［1］Alkire S, Foster J. Counting and Multidimensional Poverty Measurement［J］. Journal of Public Economics, 2007, 95（7）：476-487.

［2］Alkire S, Foster J. Understandings and Misunderstandings of Multidimensional Poverty Measurement［J］. Journal of Economic Inequality, 2011, 9（2）：289-314.

［3］Arcanjo M , Bastos A , Nunes F , et al. Child poverty and the reform of family cash benefits［J］. The Journal of Socio-Economics, 2013（43）：11-23.

［4］Atkinson A B, Marlier E, Nolan B. Indicators and Targets for Social Inclusion in the European Union［J］. Jcms Journal of Common Market Studies, 2010, 42（1）：47-75.

［5］Atkinson A. B. The Restoration of Welfare Economics［J］. The American Economic Review, 2011, 101（3）：157-161.

［6］Atkinson A. B. Measuring Poverty and Differences in Family Composition［J］. Economic, New Series, 1992（59）：1-16.

［7］Azeem M. M., A. W. Mugera, S. Schilizzi.Vulnerability to Multi-

Dimensional Poverty : An Empirical Comparison of Alternative Measurement Approaches [J]. The Journal of Development Studies, 2018, 54 (2): 1–25.

[8] Bavier R. Reconciliation of income and consumption data in poverty measurement [J]. Journal of Policy Analysis and Management, 2008, 27 (1): 40–62.

[9] Besharov D. J., K. Couch. European easures of income, poverty, and social exclusion : Recent developments and lessons for U.S. poverty measurement [J]. Journal of Policy Analysis and Management, 2009, 28 (4): 713–715.

[10] Bibi S., Duclos J. Y. A Comparison of the Poverty Impact of Transfers, Taxes and Market Income across Five OECD Countries [J]. Bulletin of Economic Research, 2010, 62 (4): 387–406.

[11] Brady D., R. Burroway. Targeting, Universalism, and Single-Mother Poverty : A Multilevel Analysis Across 18 Affluent Democracies [J]. Demography, 2012, 49 (2): 719–746.

[12] Bruce Meyer, James X. Sullivan. Consumption and Income Inequality and the Great Recession [J]. American Economic Review, Papers and Proceedings, 2013 (3): 178–183.

[13] Camacho A, Conover E. Manipulation of Social Program Eligibility [J]. American Economic Journal Economic Policy, 2011, 3 (2): 41–65.

[14] Chen K., C. Leu, T. Wang. Reducing child poverty and assessing targeting performance : Governmental cash transfers in Taiwan [J]. International Journalof Social Welfare, 2015, 24 (1): 48–61.

[15] Conning J, Kevane M. Community Based Targeting Mechanisms for Social Safety Nets [J]. Social Protection & Labor Policy & Technical Notes, 2001, 30 (3): 375–394.

[16] David B., A. Bostic. Paradoxes of Social Policy : Welfare transfers, Relative Poverty and Redistribution Preferences [J]. American Sociological Review, 2015, 80 (2).

[17] Dawes. S. S. Interagency Information Sharing : Expected Benefits, Manageable Risks. Journal of Policy Analysis and Management, 1996, 15 (3): 377–394.

[18] Devereux S. et al. The targeting effectiveness of social transfers [J]. Journal of Development Effectiveness, 2017, 9 (2): 62–211.

［19］Fisher G M . Remembering Mollie Orshansky-The Developer of the Poverty Thresholds［J］. Soc Secur Bull, 2008, 68（3）：79–83.

［20］Fleurbaey M., E. Schokkaert. Unfair Inequalities in Health and Healthcare［J］. Journal of Health Economics, 2009, 28（1）：73–90.

［21］Gilbert N. A comparative Study of Child Welfare Systems : Abstract Orientations and Concrete Results［J］. Children and Youth Services Review, 2012, 34（3）：532–536.

［22］Gradin C., O. Canto, C. Del Rio.Inequality, Poverty and Mobility : Choosing Income or Consumption as Welfare Indicators［J］. 2008, 32（2）：169–200.

［23］Gunilla Ringback Weitoft. Health and Social Outcomes among Children in Low-income Families and Families Receiving Social Assistance—A Swedish National Cohort Study［J］. Social Science & Medicine, 2008（66）：14–30.

［24］Haveman R, Wolff E N. The Concept and Measurement of Asset Poverty : Levels, Trends and Composition for the U.S. 1983–2001［J］. Journal of Economic Inequality, 2005, 2（2）：145–169.

［25］Haveman R., et al. The War on Poverty : Measurement, Trends, and Policy［J］. Journal of Policy Analysis and Management, 2015, 34（3）：593–638.

［26］Heckman J. J., Ichimura H., Todd P. E. Matching As An Econometric Estimator Evaluation［J］. The Review of Economic Studies, 1998, 65（2）：261–294.

［27］Johnson D. S., Smeeding T. M., Torrey B. B. Economic Inequality through the Prisms of Income and Consumption［J］. Monthly Labor Review, 2005, 128（4）：11–24.

［28］Kidd S. Social Exclusion and Access to Social Protection Schemes［J］. Journal of Development Effectiveness, 2016, 9（9）：1–33.

［29］Korpi W., J. Palme. The Paradox of Redistribution and Strategies of Equality : Welfare State Institutions, Inequality, and Poverty in the Western Countries［J］. American Sociological Review, 1998, 63（5）：661–687.

［30］Laura R. Wherry, Bruce D. Meyer. Saving Teens : Using a Policy Discontinuity to Estimate the Effects of Medicaid Eligibility［J］. Journal of Human Resources, Summer, 2016（3）：556–588.

[31] Leu C. H. The Targeting Performance of Governmental Social Benefits : The Economically Disadvantaged as the Target [J]. Social Policy & Social Work, 2010, 14（2）: 49-90.

[32] M. Arcanjo, A. Bastos. Child Poverty and the Reform of Family Cash Benefits[J]. The Journal of Socio-Economics, 2013（43）: 11-23.

[33] Mamedova M. H., Djabrailova Z. G. Methods of Family Income Estimation in the Targeting Social Assistance System [J]. Apple. Computer. Math, 2007（1）: 80-87.

[34] Matei G., N. Tudose. Social Assistance Models in the European Union[J]. Finance-Challenges of the Future, 2015, 1（17）: 25-37.

[35] May P., Winter S. Politicians, Managers, and Street-level Bureaucrats : Influences on Policy Implementation [J]. Journal of Public Administration Researchand Theory, 2007（3）: 453-476.

[36] Nazim N. Habibov, Lida Fan.Comparing and Contrasting Poverty Reduction Performance of Social Welfare Programs across Juridsdictions in Canada using Data Envelopment Analysis（DEA）: An Exploratory Study of the Are of Devolution [J]. Evaluation and Program Planning, 2010（33）: 457-467.

[37] Neckerman K. M., Garfinkel I., Teitler J. O., et al. Beyond Income Poverty : Measuring Disadvantage in Terms of Material Hardship and Health [J]. Academic Pediatrics, 2016, 16（3）: S52-S59.

[38] Neil Gilbert. European Measures of Poverty and "Social Exclusion": Material Deprivation, Consumption, and Life Satisfaction [J]. Journal of Policy Analysis and Management, 2009, 28（4）: 738-744.

[39] Nelson K. Social Assistance and EU Poverty Thresholds 1990-2008. Are European Welfare Systems Providing Just and Fair Protection Against Low Income ? [J]. European Sociological Review, 2013, 29（2）: 386-401.

[40] Paul R. Rosenbaum, Donald B. Rubin.The Central Role of the Propensity Score in Observational Studies for Causal Effects [J]. Biometrika, 1983, 70（1）: 41-55.

[41] Qin Gao, Fuhua Zhai. Anti-Poverty Family Policies in China : A Critical Evaluation[J]. Asian Social Work and Policy Review, 2012（6）: 122-135.

[42] Ravallion M. Miss-targeted or Miss-measured [J]. Economics Letters, 2008（1）: 9-12.

[43] Ravallion M. How Relevant Is Targeting to the Success of an Antipoverty Program？[J]. The World Bank Research Observer, 2009, 24（2）: 205–231.

[44] Sabates-Wheeler R., A. Hurrell, S. Devereux, Targeting Social Transfer Programmes : Comparing Design and Implementation Errors Across Alternative Mechanisms [J]. Journal of International Development, 2015, 27（8）: 1521–1545.

[45] Sam Desiere, Wytse Vellema. A Validity Assessment of the Progress out of Poverty Index（PPI）TM [J]. Evaluation and Program Planning, 2015,（49）: 10–18.

[46] Satya R. Chakravarty, Conchita D' Ambrosio. An Axiomatic Approach to the Measurement of Poverty Reduction Failure [J]. Economic Modelling, 2013（35）: 874–880.

[47] Sherraden M. Rethinking Social Welfare : Toward Assets [J]. Social Policy, 1988, 18（3）: 37–43.

[48] Singh S. Evaluation of World's Largest Social Welfare Scheme : An Assessment using Non-parametric Approach [J]. Evaluation and Program Planning, 2016（57）: 16–29.

[49] Smeeding T. Poor People in Rich Nations : The United States in Comparative Perspective [J]. Journal of Economic Perspectives, 2006, 20（1）: 69–90.

[50] Spicker P. Targeting, Residual Welfare and Related Concepts : Mode of Operation in Public Policy [J]. Public Administration, 2005, 83（2）: 345–365.

[51] Stoeffler Q., B. Mills, C. Del Ninno. Reaching the Poor : Cash Transfer Program Targeting in Cameroon [J]. World Development, 2016（83）: 244–263.

[52] Vadapalliâ¡ D. Barriers and Challenges in Accessing Social Transfers and Role of Social Welfare Services in Improving Targeting Efficiency : A Study of Conditional Cash Transfers [J]. Vulnerable Children & Youth Studies, 2009, 4（Sup.1）: 41–54.

[53] Van Ourti T., E. van Doorslaer, X. Koolman. The Effect of Income Growth and Inequality on Health Inequality : Theory and Empirical Evidence from the European Panel [J]. Journal of Health Economics, 2009, 28（3）: 525–539.

[54] Vivi Alatas, A. B. R. H. Targeting the Poor : Evidence from a Field Experiment in Indonesia [J]. The American Economic Review, 2012, 102（4）:

1206-1240.

[55] White H. Effective Targeting of Social Programmes : An Overview of Issues [J]. Journal of Development Effectiveness, 2017, 9 (2): 145.

[56] Wim Van Lancker, Natascha Van Mechelen. Universalism under Siege？ Exploring the Association between Targeting, Child Benefits and Child Poverty across 26 Countries [J].Social Science Research, 2015 (50): 60-75.

[57] Wong C., H. Wong. The Case for an Expenditure-Based Poverty Line for the Newly Industrialized East Asian Societies[J]. Issues and Studies, 2004, 40(2): 187-205.

[58] Wydra S. Challenges for Technology Diffusion Policy to Achieve Socio-economic Goals [J]. Technology in Society , 2015 (41): 76-90.

[59] Xufeng Zhu, Youlang Zhang. Political Mobility and Dynamic Diffusion of Innovation : The Spread of Municipal Pro-Business Administrative Reform in China [J]. Journal of Public Administration Research and Theory, 2016, 26 (3): 535-551.

B-4 工作论文

[1] Bag S., S. Seth. Understanding Standard of Living and Correlates in Slums : An Analysis Using Monetary Versus Multidimensional Approaches in Three Indian Cities [R]. 2016 : 1-32.

[2] Brewer M, O'Dea C. Measuring Living Standards with Income and Consumption : Evidence from the UK [R]. Ifs Working Papers, 2012.

[3] Bronfman J. Measuring Vulnerability to Poverty in Chile Using the National Socio Economic Characterization Panel Survey for 1996, 2001 [R]. MPRA Working Paper, 2014.

[4] Brown C., M. Ravallion'D. van de Walle, A Poor Means Test? Econometric Targeting in Africa [R]. NBER Working Paper, 2016.

[5] Chaudhuri S., Jalan J., Suryahadi A. Assessing household vulnerability to poverty from cross-sectional data : A methodology and estimates from Indonesia [R]. Discussion Papers, 2002.

[6] Coady D., M. Grosh, J. Hoddinott. Targeting of Transfers in Developing Countries : Review of Lessons and Experience [R]. World Bank Working Paper,

2004.

[7] David S. Johnson. Measuring Consumption and Consumption Poverty : Possibilities and Issues [R]. American Enterprise Institute Working Paper, 2004.

[8] Deaton, A. S. Zaidi. Guidelines for Constructing Consumption Aggregates For Welfare Analysis. Princeton University, Woodrow Wilson School of Public and International Affairs, Research Program in Development Studies [R]. Working Papers, 1999.

[9] Duclos J., L. Tiberti'A. Araar, Multidimensional Poverty Targeting [R]. Cahier de recherche Working Paper, 2013.

[10] Eve Worrall, V. W. A. K., Targeting Subsidies for Insecticide Treated Mosquito Nets : A conceptual framework, Experience from other sectors and lessons for ITNs [R]. Health Economics and Financing Programme Working Paper, 2003.

[11] IRIS Center, Note on Assessment and Improvement of Tool Accuracy. https : //www.povertytools.org/training_documents/Introduction%20to%20PA/ Accuracy_Note.pdf, 2005.

[12] Ive Marx, Brian Nolan. The Welfare State and Anti-Poverty Policy in Rich Countries [R]. IZA Discussion Paper, 2014 (4): 2-4.

[13] Martin Ravallion. Geographic Inequity in a Decentralized Anti-Poverty Program : A Case Study of China [R]. The World Bank Development Research Group, Poverty Team, Policy Research Working Paper, 2007 (8): 4-22.

[14] McKenna M. Determinants of the Generosity of Means-tested Minimum Income Protection in Welfare Democracies [R]. Swedish Institute for Social Research, 2013.

[15] Pauline Leung, C. J. O. Should UI Eligibility Be Expanded to Low-Earning Workers Evidence on Employment, Transfer Receipt, and Income from Administrative Data [R]. Upjohn Institue Working Paper, 2015.

[16] Rachel Slater, J. F. Targeting of Social Transfers : A review for DFID [R]. ODI Working Paper, 2009.

[17] Robano V., S.C. Smith. Multidimensional Targeting and Evaluation : A General Framework with an Application to a Poverty Program in Bangladesh [R]. IZA Working Paper, 2013.

[18] Suggested Citation Klasen S., S. Lange. Accuracy and Poverty Impacts

of Proxy Means-tested Transfers : An Empirical Assessment for Bolivia [R]. Poverty, Equity and Growth – Discussion Papers, 2015.

[19] Tohari A., C. Parsons, A. Rammohan. Targeting Poverty under Complementarities : Evidence from Indonesia's Unified Targeting System [R]. IZA Discussion Paper Series, 2017.

[20] Tony Atkinson, et al. Microsimulation and the Formulation of Policy : A Case Study of Targeting in the European Union [R]. Working Paper No. EM2/99, 1999.

[21] Umapathi N., D. Wang, P. O. Keefe. Eligibility Thresholds for Minimum Living Guarantee Programs : International Practices and Implications for China [R]. The World Bank Social Protcetion & Labor Discussion Paper, 2013.

[22] Win Van Lancker, N. V. M., Universalism under Siege? Exploring the Association between Targeting, Child Benefits and Child Poverty across 26 Countries [R]. CSB Working Paper, 2014 : 1–32.

附录 1   访谈提纲与访谈编码

本书主要采用半结构化访谈，根据较为宽泛的访谈提纲进行访谈活动，同时，随着访谈的不断推进灵活调整顺序等内容，在访谈提纲架构内，鼓励访谈者与访谈对象尽可能多互动与提出问题，最大限度挖掘到所需信息。访谈问题的设计则以开放式问题为主，以防止访谈对象出现答非所问或者答案过少等情况出现。

一、访谈的开展与实施

根据研究目标，本书分两个阶段进行全国性抽样访谈调查：第一阶段为2016 年 5~6 月，第二阶段为 2018 年 7~9 月。第一阶段的调查地点选取依据2015 年人均 GDP 水平高低排名确定，按 2015 年人均 GDP 水平高低把全国 31个省、自治区分成三组：排名前一到前十为第一组，排名第十一到第二十为第二组，排名第二十一到第三十一为第三组，按每组的中位数序号省份作为调查地，即 ZJ 省、HN 省和 GZ，而由于第三组人均 GDP 相对较低，为更全面反映该组支出型贫困与城乡低保对象认定机制情况，增加 SH 市、HN 省作为调查地。每个省份分别在城镇地区与农村地区进行访谈，共做了 12 份访谈；访谈对象主要为从事城乡低保工作的政府工作人员，包括区级、县级、街道以及乡镇民政部门人员，居委会民政工作人员和村委会民政工作人员（二者的单位性质虽不属于政府机构，但协助政府行政工作，为编码的整体性把它们统一归为政府工作人员），他们的访谈编码以 2016G 开头。

第二阶段的调查地点的选取，为促进研究的深度，调查地点与调查部门的选取在第一阶段的基础上进行扩展。调查地点上，增加了 CQ 市、ZJ 省和 HN 省其他地区，他们的访谈编码以 2018G 开头，在调查部门的选取上，增加了金融机构、税务部门，他们的访谈编码分别以 2018B 开头和 2018G 开头，第二阶段总共做了 20 份访谈。

二、访谈提纲

本书根据研究主题、文献资料以及专家指导，形成如下访谈提纲：

访谈编号：第　　号

一、基本信息	受访者姓名		所在单位	
	访谈日期		访谈地点	
	开始时间		结束时间	
二、访谈说明	**步骤一：自我介绍** 首先对访谈对象能够在繁忙的工作中腾出时间接受访谈表示感谢，然后进行简要的自我介绍。 **步骤二：访谈目的和形式说明** 本次访谈的主要目的是了解与城乡低保对象认定机制有关的一些情况，希望您能根据切身体会和感受对以下访谈问题做出如实回答。您的谈话将仅限于本学术研究，谈话内容绝不会对您、您所在单位以及其他任何人带来不良影响，故请安心作答。谢谢您的鼎力协助。访谈需要将您的讲话内容进行录音以便整理成谈话内容，希望能得到您的允许。			
三、正式访谈	**2016 年的访谈** **已实施支出型贫困救助政策地区部门访谈：** 1. 目前您所在地区支出型社会救助制度实施情况如何？（救助人数、金额、制度特色等方面） 2. 在实施过程中，支出型社会救助制度出现了哪些问题？产生这些问题的原因是什么？ 3. 在设置标准上，您所在地方民政部门是如何平衡"保基本"与"解决困境"这两大目标？ 4. 在动态管理体制上，发现机制与退出机制目前是如何实施的？效果如何？			

续表

	5. 在与卫生部门、社保部门、医院的衔接中，主要会涉及哪些方面的衔接工作？衔接过程中出现了哪些问题？ 6. 您所在地方是否建立了低收入困难家庭经济状况核对系统？如果有，运行情况怎么样？出现了哪些问题？如果没有，那么当前存在哪些障碍之处？ 7. 处理支出型社会救助制度与其他救助制度的关系上，您是如何看待的？ 8. 您觉得未来支出型贫困救助的方向是什么？应该如何解决当前存在的问题？ **已实施支出型贫困救助政策地区部门访谈：** 1. 您所在地区贫困情况如何？ 2. 您所在地区社会救助制度构建的情况是怎样的？现行制度运行存在哪些问题？ 3. 您所在地区近两年会出台支出型社会救助制度吗？若有，请说明目前已做了哪些准备工作、预计出台时间；若无，请说明未出台支出型社会救助制度的原因？请进一步说明民政部门未来将如何解决支出型贫困问题。 4. 所在地方是否建立了低收入困难家庭经济状况核对系统？如果有，运行情况怎么样？出现了哪些问题？如果没有，那么当前存在哪些障碍之处？ **2018 年的访谈** **针对区县民政部门工作人员的访谈：** 1. 您所在的地区支出型贫困情况如何？ 2. 您所在的地区是否出台了支出型贫困救助政策？若有，它们的特色是什么？若无，原因是什么？ 3. 您所在的地区城乡低保实施情况如何？ 4. 您所在地区的城乡低保对象认定过程中存在哪些问题？ 5. 您认为产生上述问题的原因是什么？（可从认定标准、认定流程、家庭经济状况调查、财政资金投入、人力资源等层面说明） 6. 针对这些问题，您认为未来应该从哪些方面着手解决？ 7. 您觉得作为民政干部，目前主要面临哪些工作压力？上级民政部门一般给予什么帮助？上级部门一般有哪些激励措施？ 8. 在您的工作过程，能否列举一些有代表性的认定案例？ 9. 您所在部门对乡镇及村干部的考核有一些过程性的考核指标吗？自由裁量权如何得以体现？ **针对基层民政工作人员（村委会与居委会）的访谈：** 1. 您目前主要负责的工作内容有哪些？ 2. 上级民政部门给予的支出型贫困救助对象认定以及城乡低保对象认定方面的考核指标有哪些？ 3. 您觉得作为基层工作人员，在执行城乡低保对象认定过程中碰到了哪些难题？

三、正式访谈

续表

三、正式访谈	4. 应对上述难题，您觉得应具备哪些能力？ 5. 您需要上级民政部门给予什么帮助？ **针对金融机构以及税务部门工作人员的访谈：** 您所在单位是否将相关数据与民政部门共享？ 若有，请回答下列问题： 1. 请您说明贵单位的数据共享情况。 2. 在数据共享过程中出现了什么问题？ 3. 针对上述问题，请问贵单位是如何解决的？ 若无，请回答下列问题： 1. 请您说明贵单位尚未进行数据共享的原因。 2. 您觉得如果贵单位进行数据共享，需要哪些前期准备基础？ 3. 您觉得数据共享过程中，需要上级部门哪些帮助？
四、访谈结束	向受访者表示感谢并道别：感谢您接受我们的采访，并祝愿您在未来的工作中取得更好的工作业绩。再次感谢您的帮助，再见！

三、访谈编码情况

序号	访谈对象基本情况		编码
	单位	性别	
1	ZJ 省 HZ 市 YY 社区	男	2016G1
2	ZJ 省 HN 市民政局	男	2016G2
3	HN 省 CS 市 FYP 社区	女	2016G3
4	HN 省 CS 市 BS 村	男	2016G4
5	HN 省 XT 市民政局	男	2016G5
6	HN 省 KF 市 XGS 街道	男	2016G6
7	HN 省 KF 市 QP 街道	男	2016G7
8	HN 省 KF 市 TX 县 CG 镇	男	2016G8
9	HN 省 KF 市 TX 县 SY 乡	男	2016G9
10	GX NN 市 XN 区民政局	男	2016G10

续表

序号	访谈对象基本情况		编码
	单位	性别	
11	GX NN 市 WM 县 LB 镇民政办	男	2016G11
12	SH 市 PT 区民政局	男	2016G12
13	ZJ 省 HZ 市民政局	女	2018G1
14	ZJ 省 HZ 市 JC 社区	男	2018G2
15	ZJ 省 HN 市民政局	男	2018G3
16	ZJ 省 HN 市 CA 镇民政办	女	2018G4
17	ZJ 省 HN 市 XC 镇民政办	男	2018G5
18	ZJ 省 LS 市 QT 县民政办	男	2018G6
19	ZJ 省 WZ 市 DT 村	男	2018G7
20	CQ 市 YB 区民政局	男	2018G8
21	CQ 市 YB 区 YX 村村委会	男	2018G9
22	CQ 市 YB 区 JS 街道	女	2018G10
23	HN 省 XT 市 JL 社区	男	2018G11
24	HN 省 XT 市 HS 村	男	2018G12
25	HN 省 CS 市 BS 镇民政办	男	2018G12
26	HN 省 ZK 市 LY 县人民政府	男	2018G13
27	HN 省 ZK 市 LY 县 GJ 乡民政所	男	2018G14
28	HN 省 ZK 市 LY 县 GJ 村	男	2018G15
29	ZJ 省 HN 市国家税务局	女	2018G16
30	CQ 市 YB 区国家税务局	女	2018G17
31	中国邮政储蓄银行 ZJ 省分行	女	2018G18
32	中国建设银行 YB 支行	女	2018G19

附录2　调查问卷样卷

支出型贫困救助需求与社会救助实施效果问卷调查

1. 问卷编码：＿＿＿＿＿＿＿＿＿＿＿＿＿

2. 采访地点（通信地址）：

＿＿＿＿＿省（市）＿＿＿＿＿市＿＿＿＿＿县（区、市）＿＿＿＿＿乡（镇、街道）＿＿＿＿＿村＿＿＿＿＿＿（住房门牌号）；邮编＿＿＿＿＿＿＿＿

访问开始时间：[＿＿]月[＿＿]日[＿＿]时[＿＿＿]分

访问员：＿＿＿＿＿＿

尊敬的住户：

您好！

为全面了解我国支出型社会救助政策的需求与实施效果、反映低收入家庭的看法和意见，分析评估社会救助政策，受民政部委托，承担了"低保对象认定资格条件研究"课题，我们于2016年5月在全国范围内进行问卷调查。

请您依据自己的实际情况，客观、真实地反映您的真实状况。您的情况和意见将为我们分析评估政府救助政策，建立全国支出型社会救助制度提供依据。调查中涉及的您的个人资料，我们将严格保密，您不必有任何顾虑。希望您能协助我们完成这次访问，谢谢您的合作！

华东师范大学课题组

2016年5月

【填写说明】

1. 请您在答案的题号上打"√"；

2. 需填写数字的，请您在规定的地方如实填写。

一、家庭基本情况

1. 您的家庭类型是：

A. 最低生活保障家庭

B. 低收入家庭

C. 其他家庭

2. 请问现在家庭成员状况？

	人数	职业情况
18 岁及以下儿童	[___]人	
19~44 岁	[___]人	
45~59 岁	[___]人	
60 岁及以上	[___]人	

注：职业情况是指学生、待业、企业职工、事业单位职工、公务员、个体工商户、私营企业主、离退休人员。

3. 您家庭的居住情况是：

A. 自有住房

B. 与家人共住

C. 租房，每月租金 _____

4. 您家庭 2015 年可支配收入主要来源是：

（请选最主要两项并排序：1_____；2_____）

A. 务农收入

B. 工薪所得（工资、奖金、津贴等）

C. 经营所得（个体户收入等）

D. 财产性收入（出租房收入、卖房子收入等）

E. 转移性收入（离退休金、失业保险金、社会救济金等）

5. 您家庭 2015 年可支配收入是多少元？

6. 您家庭近半年生活支出主要在哪些方面？

（请选最主要两项并排序：1_____；2_____）

A. 基本生活消费支出（衣食住行）

B. 教育支出

C. 医疗支出

D. 购房建房支出

E. 转移性支出（赡养老人、送人情等）

F. 其他支出（财产性支出、社会保障支出等）

7. 您家庭 2015 年生活总支出费用约多少元？

8. 您家中是否有以下成员：

	具体分类项目	人数（没有请填"0"）
传统的民政救济对象	1. "三无"人员	
有特殊困难的家庭	2. 重病、大病人员	
	3. 重残人员	
	4. 单亲家庭或家中主要劳动力去世	
	5. 70 岁（含）以上老人	
	6. 子女上学存在严重困难	
	7. 孕妇及哺乳期妇女	
	8. 遭受自然灾害	
有劳动能力的低保对象	9. 有劳动能力但收入低于低保线	
参加保险对象	10. 商业保险	
	11. 城镇职工社会保险	
	12. 城乡居民社会保险	
	13. 机关事业单位子女统筹医疗保险	
	14. 大病医疗保险	
	15. 住房公积金	
	16. 其他	

二、支出型社会救助需求情况

您家庭中如有未满18周岁成员或在校学生，请回答第9~14题，若无，请至第15题作答。

9. 最近两年您家孩子与父母待在一起的时间是多久？

A. 1个月及以下

B. 半年

C. 1年

D. 一直与父母在一起

10. 您家孩子基本教育情况：

	年龄	就学情况 1. 幼儿园及以下 2. 中小学 3. 高中专 4. 大学及以上 5. 已辍学	学校性质 1. 公办 2. 私立	年教育支出	每年基本 生活开支
孩子1					
孩子2					
孩子3					
孩子4					

11. 您家孩子上学的各项费用主要来自：

（请选最主要两项并排序：1_____；2_____）

A. 自家出钱

B. 助学贷款

C. 借钱

D. 社会资助

E. 政府救助

F. 义务教育不收学费

G. 其他（请注明_____）

12. 您认为您家孩子教育支出对您整个家庭构成的经济压力大吗？

A. 很大

B. 较大

C. 一般

D. 较小

E. 没有

13. 您家儿童各项需求满足程度怎样？（请直接在表格内打"√"）

	高	中	低
A. 基本生活资料需求			
B. 医疗保健需求			
C. 安全需求			
D. 关爱照料需求			
E. 教育需求			
F. 社会交往需求			
G. 娱乐需求			

14. 您家人过去 12 个月健康状况如何？（请在表格内直接填写人数）

	18 岁及以下儿童			19~44 岁	45~59 岁	60 岁及以上
	学龄前	中小学	高中			
A. 很好						
B. 较好						
C. 一般						
D. 较差						
E. 很差						

15. 您家人 2015 年是否有以下慢性病及重症疾病？（在表格内填写人数）

	18 岁及以下	19~44 岁	45~59 岁	60 岁及以上
A. 高血压				
B. 高（低）血脂				
C. 糖尿病				
D. 慢性肺部疾病（哮喘、支气管炎、肺气肿等）				
E. 心脏病				
F. 肾脏疾病				
G. 胃部或消化系统疾病				
H. 肝脏疾病				
I. 关节炎或风湿病				
J. 与记忆相关疾病（老年痴呆症、帕金森症等）				
K. 各类癌症				
L. 情感及精神方面问题				
M. 无任何疾病				

16. 您家人 2015 年失能失智情况（请在表格内直接填写人数）：

	18 岁及以下	19~44 岁	45~59 岁	60 岁及以上
A. 完全自理				
B. 轻度失能失智				
C. 中度失能失智				
D. 重度失能失智				

17. 您家人过去 12 个月主要就诊次数?

	18 岁及以下	19~44 岁	45~59 岁	60 岁及以上
A. 普通门诊疾病治疗				
B. 康复保健治疗				
C. 住院医疗护理				
D. 手术住院				
E. 其他				
F. 无				

18. 您家人过去 12 个月总医疗费用是多少? ＿＿＿＿＿＿＿

19. 各类医疗保险报销费用是多少? ＿＿＿＿＿＿

20. 各类社会捐赠解决的费用是多少? ＿＿＿＿＿＿

21. 未纳入医保的自费费用是多少? ＿＿＿＿＿＿＿

22. 您觉得您家人医疗支出对整个家庭构成的经济压力大吗?
A. 很大
B. 较大
C. 一般
D. 较小
E. 没有

三、社会救助实施效果

23. 您家庭近一年来接受过的救助项目及金额是 ＿＿＿＿＿（可多选）
A. 最低生活保障制度, ＿＿＿＿   B. 医疗救助, ＿＿＿＿
C. 特困人员供养制度, ＿＿＿＿   D. 教育救助, ＿＿＿＿
E. 支出型社会救助, ＿＿＿＿   F. 住房救助, ＿＿＿＿

G. 就业援助，_____　　　　　　　H. 临时救助，_____

I. 慈善捐赠，_____　　　　　　　J. 其他救助，_____

24. 您认为造成您家庭困难的主要原因是：

（找出最重要的三个并排序：1_____；2_____；3_____）

A. 医疗支出过大　　　　　　　　　B. 教育支出过大

C. 丧失劳动能力　　　　　　　　　D. 缺乏就业技能与机会

E. 因发生意外、灾害　　　　　　　F. 其他原因_____

25. 您主要通过何种途径知道各类社会救助政策？

A. 公共场所的政策宣传　　　　　　B. 社区或村委会工作人员上门宣传

C. 亲朋、邻居街坊告知　　　　　　D. 通过看电视或报纸

E. 网络　　　　　　　　　　　　　F. 其他（请注明_____）

26. 您得到的救助金主要用途：（请选最主要两项并排序：1___；2___）

A. 日常生活费用　　　　　　　　　B. 医疗费用

C. 教育费用　　　　　　　　　　　D. 住房费用

E. 其他（请注明_____）

27. 您认为救助制度对您家庭的帮助如何？

A. 很大　　B. 较大　　C. 一般　　D. 较小　　E. 没有帮助

28. 您在申请各类社会救助过程中，遇到的最大问题是什么？

A. 不知道应该怎么申请

B. 要交的材料太多了，很烦琐

C. 审核过程比较长，时间上比较浪费

D. 要进行公示，觉得隐私被侵犯

E. 工作人员态度差，专业水平不高

29. 您最希望政府采取什么方式帮助您家脱离贫困？

（请选最主要两项并排序：1_____；2_____）

A. 教育资助　　　　　　　　　　　B. 减免医疗费

C. 帮助就业　　　　　　　　　　　D. 解决住房问题

E. 提供低息贷款和优惠政策

F. 其他（请注明 _____ ）

30. 当您家庭发生困难时，最希望谁来帮助您?

A. 政府部门 B. 亲朋好友

C. 各类社会组织 D. 其他 _____

31. 总体而言，您对目前政府社会救助工作是否满意?

A. 很满意 B. 较满意 C. 一般 D. 较不满意 E. 很不满意

调查到此结束，谢谢您的支持!

附录3　HN市CJ社区目标责任制考核

2018年度各部门对村（HN市CJ社区）目标责任制工作考核工作项目

考核项目		考核内容	分值	考核部门
中心工作（140分）		美丽乡村创建与长效管理	10	农办
		农村土地承包经营确权登记颁证	10	农办
		集体经济发展、村级"三资"管理（产权交易）	10	农办、财政局
		"清三河"及剿劣工作、农村生活污水治理、农村生活垃圾分类	30	治水办（环卫站）
		党建"双整"工作	20	组宣办
		"两违"防控	30	综合执法局
		文明城市创建	10	联创办
		耕地保护	10	国土所
		最多跑一次审改工作、商事登记联审联批	10	公共服务中心
常规工作（200分）	社会稳定	政法综治、全岗通工作、信访工作、调解、禁毒、新居民事务等	28	政法线
	卫生和计划生育	爱国卫生、公共卫生、人口与计划生育、健康宣教、食品安全、药品安全、集体聚餐管理	12	卫计办
	农业生产	土地流转、动植物疾病防控、生猪长效管控、沼气池处置、水利建设进度、水利设施维护与灌溉、植保、农产品质量监测与和管理、农技咨询	20	农业线
	"四位一体"	"四位一体"保洁工作质量	10	治水办（环卫站）
	工业经济	安全生产，统计，消防，节能减排，个转企，招商信息等	19	工业线
	劳动保障	劳动保障、社保，劳资纠纷化解等	4	人力社保站
	村镇建设	村民建房管理，农户刚需建房维修解，1+X点开启，农村危旧房治理	8	规划管理局

续表

考核项目		考核内容	分值	考核部门
常规工作（200分）	农村交通及拆迁点安置	农村交通、道路、拆迁点安置等	8	工程建设局
	民政、残联工作	优抚社救、老龄、殡葬、残疾人及村务公开民主管理等工作	13	民政线
	文体教育工作	文化活动阵地建设、管理、文体活动组织，教育等	8	文体站、教育线
	档案工作	档案收集整理、管理达标等	5	档案线
	信息、出席会议	会议出席、信息等	10	党政办
	组宣工作	"三会一课"、"三五"活动等常态化开展及记录、党员先锋指数考核、"三小组长"队伍建设、党建网格民情分析点建设情况；农村精神文明建设；"两学一做"推进情况；统战工作；宣传工作	20	组宣办
	纪检工作	党风廉政建设、村（居）监委工作，廉政文化阵地建设，四种形态运用工作等	15	纪委、监察室
	党管武装	人民武装、征兵、防空	9	人武部
	群团工作	工会（3分）、妇女（3分）、共青团（3分）、科协（1分）、关心下一代工作（1分）	11	工、青、妇、科协、关工委
个性工作		征迁工作，星级美丽乡村创建，拆迁安置点管理		征迁办、农办、
创新破难工作		由各村在1月15日前自行申报，由党委、政府审核确定，每项不超10分		考核领导小组

附录4　HY 县乡镇民政工作目标考评细则

HY 县 2018 年乡镇民政工作目标考评细则

序号	工作目标	考核内容	扣分标准	自查扣分	考核扣分
1	地名普查（10分）	加强领导，落实组织机构。将地名普查工作纳入本乡镇年度工作计划，地名普查工作分管领导、责任人、联络员职责明确；单位积极完成县地名普查工作领导小组（办）分配的任务的3分	地名普查工作机构不健全的扣1分，无专（兼）职工作人员的扣1分，无档案资料的扣1分	—	—
		宣传教育扎实。充分利用各种时机组织地名普查宣传的2分	无地名普查工作宣传标语的扣1分，无宣传栏的扣1分	—	—
		政策法规落实到位。主动履行职责，认真落实地名普查工作的2分	未开展此项工作的扣2分	—	—
		地名普查信息登记表报送及时完整，档案资料齐全完善的3分。	未做好资料报送，档案资料不完整的扣3分	—	—
2	双拥及双拥模范县创建工作（30分）	组织机构健全。将双拥及双拥模范县创建工作纳入本乡镇年度工作计划，双拥及双拥模范县创建工作分管领导、责任人、联络员职责明确，档案资料齐全完善；单位积极完成县双拥工作领导小组（办）分配的任务，年初有计划，年终有总结，活动信息报送2条以上的8分	双拥及双拥模范县创建工作机构不健全的扣2分，无专（兼）职工作人员的扣2分，无计划、总结、活动信息等档案资料不全的扣4分	—	—
		宣传教育扎实。充分利用各种时机组织双拥宣传和国防教育宣传，且有档案资料，有工作记录的7分	未开展此项工作的扣7分	—	—

续表

序号	工作目标	考核内容	扣分标准	自查扣分	考核扣分
2	双拥及双拥模范县创建工作（30分）	指导下属单位抓好相关政策法规的落实；积极开展军警民共建和走访慰问驻军活动；认真落实拥军、优抚、安置政策的8分	未开展此项工作的扣8分	—	
		军地关系密切。无重大军政军民纠纷，没有发生损害国防、军队利益及侵害军人军属、优抚对象合法权益的现象；部队没有损害地方利益、违反群众纪律的现象的7分	未做好军地关系的扣7分	—	—
		倒置扣分项目	在创建第十一届双拥模范（先进）县迎检验收中，因工作不力、档案资料上交不积极等原因导致迎检验收中扣分的，该项考核不得分（扣30分）	—	—
3	社会救助工作（20）分	城乡医疗救助，低保审批、核查，救灾、特困人员孤儿等社会救助工作20分	未按规定完成城乡低保核查的，未实施"应保尽保、应退尽退"动态管理低保的扣5分，政策未宣传到位的，未及时化解信访矛盾的扣5分，报送表册（含灾情）不及时的扣5分，资金未时发放到位的扣5分	—	
4	基层政权工作（20分）	村（居）民委员会工作制度、工作机制健全3分；按规定修订完善村规民约（居民公约）4分；按规定落实村（居）务公开8分；开展扫黑除恶专项斗争工作3分；开展农村社区试点建设加2分（共20分）	未按要求召开村民会议、村民代表会议每村扣2分；未按要求开展村委及村委干部述职测评每村扣1分。未修订村规民约每村（社区）扣2分，村规民约宣传不到位、未发放宣传单的每村扣2分。村务监督小组不健全、工作不到位的每村扣1分，乡镇未进行检查指导的扣1分，村务公开相关制度不完善的每村扣1分，未设立村务公开栏的每村扣1分，村务公开事项具体内容不明确的每村扣1分，公开不及时的每村扣1分。未建立扫黑除恶摸底台账的扣3分；开展农村社区试点工作且档案资料完善、成效明显的加2分。各项分值扣完为止		

序号	工作目标	考核内容	扣分标准	自查扣分	考核扣分
5	留守儿童（困境儿童）工作（20分）	加强领导，落实组织机构。将留守儿童（困境儿童）纳入本乡镇年度工作计划，分管领导、责任人、联络员职责明确；单位积极完成县留守儿童（困境儿童）工作领导小组（办）分配的任务；年初有计划，年终有总结等的5分	留守儿童（困境儿童）工作机构不健全的扣1分，没有纳入年度工作计划、无专（兼）职工作人员的扣1分，没完成领导小组（办）分配任务扣1份，无计划、总结等的扣2分	—	—
		制定农村留守儿童（困境儿童）关爱保护政策措施和工作方案，完善联动机制，认真组织开展覆盖本行政区域内所有农村留守儿童（困境儿童）的关爱保护工作，并建立台账的10分	无措施和方案的扣2分，未组织开展覆盖本行政区域内所有农村留守儿童（困境儿童）的关爱保护工作扣2分，未建立台账的扣6分	—	—
		开展农村留守儿童"合力监护、相伴成长"关爱保护专项行动，落实家庭责任监护制度，指导受委托监护人签订《农村留守儿童委托监护责任确认书》的5分	未开展专项行动的扣1分，未落实家庭责任监护制度，指导受委托监护人签订《农村留守儿童委托监护责任确认书》的扣4分		—

附录 5 因交通事故致残陷入困境案例

调查 HN 市时，根据民政部门工作人员介绍，当时他们发生了一个案例，凸显出民政业务的复杂性。对于一些因交通事故致残人员的救助由于残联、公安交警大队、民政、财政等部门各自政策缺乏串联性导致相关救助政策出现"真空期"。以交通事故为例：HN 市道路交通事故社会救助基金一次性补助要求在交通事故发生之日起一年内由受害方提出申请，并根据伤残等级给予特困困难补助 2000~20000 元，村民 W 的女儿由于肇事方一直不认可伤残等级鉴定结果（前后共鉴定 4 次）事故发生两年半后还未完成最终伤残认定，即使完成了伤残鉴定也已超出上述补助的申请有效期。同时残联的残疾证办理必须是在申请人出院满一年后方可申请，W 女儿于 2017 年 10 月取得肢体二级残疾证（目前正在为其办理重度成年残疾人单独施保），这意味着从出院到办理残疾证这一年多时间内民政的相关救助政策无法介入，只能"等"满时间才能介入。此外，交通事故造成重伤致残的往往是由于颅脑损伤导致，这部分人员往往需要后期的康复，在"不康复等于放弃"面前，家庭往往只能为此一搏，然而专业康复医院的康复费用往往比医疗费用更昂贵，W 女儿在皮革城康复医院住院半年，每月支出费用 2 万元（诊疗费、医药费及伙食费），如果请护工，还需支付护工 160 元 / 天。在康复半年后由于无法承受巨大的经济压力只能回家休养。残联针对颅脑损伤的康复训练补助要求首次发病起 6 个月内，而 6 个月内 W 女儿尚在住院治疗未完全脱离生命危险，何谈康复。

P o s t s c r i p t 后记

本书完成于华东师范大学读博期间。对这一主题的最初研究来自十年前我的硕士学位论文。十年之后，我国经济社会快速发展，原有的城乡最低生活保障制度设计已越来越不适应社会发展需要，尤其是精准扶贫政策之后，贫困类型从绝对贫困向相对贫困转化，城乡最低生活保障对象的认定机制能否识别范围更广泛的相对贫困呢？制约和影响精准识别的深层次原因到底是什么？中国的城乡最低生活保障对象认定机制的改革过程，不仅是一个政策设计问题，更是一个社会救助治理体系构建的过程，需要从更宏大的制度背景来分析。

在研究过程中，我要感谢我的导师钟仁耀教授。钟老师的谆谆教导令人尊敬。在钟老师的帮助下定了研究方向，并参与相关科研项目、学术会议和实地调研，为书稿的完成奠定了坚实的基础。在写作过程中，钟老师多次与我讨论书稿的结构安排、理论基础、研究方法等，引导着我不断去反思研究主题、研究内容，启迪我深入思考如何用理论剖析社会现实问题。在书稿成稿之后，钟老师多次进行修改，严谨的学术态度和认真的治学精神令人敬佩。这份师恩，我将永远铭记。

我还要感谢因各种机缘巧合认识的老师和同学。感谢华东师范大学社保所的高向东教授、石云教授、路锦非老师、曹艳春老师、余飞跃老师、张继元老师、柴化敏老师和陈力闻老师，在书稿的完成过程中都给予我很多帮助和指导。感谢刘晓雪、戴建兵、陈永胜、李文杰、侯冰、段培新、朱善文、李曼、王建云、宋雪程等同门的兄弟姐妹们，还要感谢同届的汪传江、刘彩云和郭高晶三位同学，感谢他们在学习和生活中对我的帮助。最后，作为浙江财经大学东方学院财税学院的老师，我深爱并感谢这所年轻的学院，樊小钢老师、刘颖老师、郁晓老师等领导与同事不断给予我鼓励、支持，指引着我的职业发展方向，激励我不断前行。

书稿的顺利完成，离不开家人的支持，感谢我的家人，你们如此善良与美好，用最朴实的行为与语言诠释了世间最感人的温情。

本书的出版得到了浙江财经大学东方学院、浙江省新型重点专业智库——中国政府管制与公共政策研究院的资助。

本书的出版得到经济管理出版社张艳编辑、乔倩颖的大力支持。